# 古典文獻研究輯刊

## 二三編

潘美月・杜潔祥 主編

# 第 3 冊

## 《荀子》校補（中）

蕭 旭 著

國家圖書館出版品預行編目資料

《荀子》校補（中）／蕭旭 著 -- 初版 -- 新北市：花木蘭文
化出版社，2016〔民 105〕

目 2+210 面；19×26 公分

（古典文獻研究輯刊 二三編；第 3 冊）

ISBN 978-986-404-842-7（精裝）

1. 荀子 2. 校勘

011.08                                                     105015200

ISBN-978-986-404-842-7

古典文獻研究輯刊
二三編 第三冊                    ISBN：978-986-404-842-7

## 《荀子》校補（中）

作　　者　蕭旭
主　　編　潘美月　杜潔祥
總　編　輯　杜潔祥
副總編輯　楊嘉樂
編　　輯　許郁翎、王筑　美術編輯　陳逸婷
企劃出版　北京大學文化資源研究中心
出　　版　花木蘭文化出版社
社　　長　高小娟
聯絡地址　235 新北市中和區中安街七二號十三樓
　　　　　電話：02-2923-1455 ／傳眞：02-2923-1452
網　　址　http://www.huamulan.tw 信箱 hml 810518@gmail.com
印　　刷　普羅文化出版廣告事業
初　　版　2016 年 9 月
全書字數　554401 字
定　　價　二三編 21 冊（精裝）新台幣 40,000 元

# 《荀子》校補（中）

蕭旭 著

# 目次

# 卷第六

## 《富國篇》第十校補

**（1）無君以制臣，無上以制下，天下害生縱欲**

　　　　楊倞注：無上下相制，則天下之害生於各縱其欲也。

　按：安積信曰：「害生縱欲，謂天下之人戕害其生理，放縱其私欲也。」楊
　　　注非是，安說得其句法，而未得「生」字之誼。楊柳橋曰：「生，當讀
　　　爲性。」其說是也，害生，言傷害其性情也。李滌生曰：「天下之害就
　　　生於人人之縱欲行私。」非是。

**（2）而能不能兼技，人不能兼官**

　按：王懋竑曰：「能不能兼伎，謂雖有能者，不能兼伎也。」〔註 1〕《淮南
　　　子・主術篇》：「工無二伎，士不兼官。」

**（3）離居不相待則窮，群而無分則爭**

　　　　楊倞注：不相待，遺棄也。窮，謂爲物所困也。

　按：久保愛曰：「相待，通功易事也。」王天海曰：「不相待，不互相扶持。
　　　待，通『持』。」王說非是，李滌生曰：「不相待，不依賴他人而獨立生
　　　活。」龍宇純曰：「待讀爲恃，不相待即不相依賴。」〔註 2〕李、龍說

---

〔註 1〕 王懋竑《荀子存校》，《讀書記疑》卷 11，收入《續修四庫全書》第 1146 冊，
　　　　第 354 頁。
〔註 2〕 龍宇純《讀荀卿子三記》，收入《荀子論集》，學生書局 1987 年版，第 254 頁。

是。

### （4）則必有貪利糾譑之名

楊倞注：糾，察也。譑，發人罪也。譑音矯。

按：《治要》卷38引刪去「糾譑」二字。《六書故》卷29：「矯，揉前也，引之則凡以力矯揉者皆曰矯，《漢書》亦作撟，又作譑，《荀子》曰：『貪利糾譑。』〔註3〕」王念孫曰：「糾，收也。譑，讀爲撟，取也。言貪利而收取之也。」王先謙、梁啓雄、楊柳橋、李滌生從王說。符定一謂「糾繚，轉爲『糾譑』，韻同」，按語又取王念孫說〔註4〕。久保愛引《標注》曰：「糾譑，賦斂刻急之意。」帆足萬里曰：「譑，賦斂嚴急也。」王天海曰：「糾，《廣雅》：『急也。』譑，從王說，取也。」《說文》「撟」字桂馥注曰：「本書：『摳，撟也。』通作譑，《荀子・富國篇》：『則必有貪利糾譑之名。』」符定一謂「糾譑」、「糾繚」音轉是，但取王念孫說則非。久保愛、帆足萬里解爲「刻急」、「嚴急」亦是，但未明其字。譑之言絞、繳，亦糾也。《玉篇殘卷》引《埤蒼》：「譑，糺（糾）也。」《篆隸萬象名義》：「譑，糺（糾）。」《集韻》：「譑，糾也。」「糾譑」謂纏繞急切，以狀貪利也。

### （5）固以為王天下、治萬變、材萬物、養萬民、兼制天下者，為莫若仁人之善也夫

楊倞注：材與裁同。

按：久保愛曰：「『爲』字衍。」梁啓雄從其說。龍宇純曰：「『善』字無義。此蓋本作『爲莫仁人若也』。」王天海曰：「爲，是也，字不衍。」王氏謂「爲」非衍文，是也，但所釋則誤。爲，猶則也〔註5〕。

### （6）故為之出死斷亡以覆救之

楊倞注：出死，謂出身致死。斷，猶判也，言判其死亡也。覆，蓋蔽也。

按：物双松曰：「出死者，出其死力也。」駱瑞鶴曰：「『出』當訓往。」楊柳橋曰：「出，去也。出死斷亡，謂免去死亡也。」王天海曰：「出死，

---

〔註3〕《六書故》據影鈔元刊本，四庫本「糾」誤作「約」。
〔註4〕符定一《聯緜字典》未集，中華書局1954年版，第63頁。
〔註5〕訓見王引之《經傳釋詞》，嶽麓書社1984年版，第46頁。

猶入死、猶出生，皆反義為訓也。亦『出生入死』之縮語也。」楊注
是。「出」是棄捐義。《淮南子‧氾論篇》：「使管仲出死捐軀，不顧後
圖，豈有此霸功哉？」《越絕書‧越絕外傳枕中》：「欲捐軀出死，以報
吳仇。」出亦捐也，對舉同義。「出死」猶言拼死。朱起鳳曰：「扶、
覆一聲之轉，楊注非是。」〔註6〕考《史記‧東越列傳》：「特患力弗
能救，德弗能覆。」覆自當訓蓋蔽，楊注亦是，朱說轉誤。

**（7）故仁人在上，百姓貴之如帝，親之如父母，為之出死斷亡而愉者，**
**無它故焉，其所是焉誠美，其所得焉誠大，其所利焉誠多**

楊倞注：愉，歡。是，謂可其意也。言百姓所得者多，故親愛之也。

按：①郝懿行曰：「考古書水旁心旁易為淆誤，『不愉』或『不渝』之形誤，
亦未可定。渝者，變也。其義自通。」王念孫曰：「愉，讀為偷。『愉』
上當有『不』字。出死斷亡而不愉者，民皆死其君事而不偷生也。楊
所見本已脫『不』字，故誤以愉為歡愉之愉。《王霸篇》曰：『為之出
死斷亡而不愉。』《治要》引作『不偷』，足正此篇之誤。楊不知愉為
古偷字，反以『不』為衍文，謬矣。《說文》偷薄字本作愉，從心俞
聲……經傳中愉字或作偷者，皆後人所改也。此篇之『出死斷亡而不
愉』，若非脫去『不』字，則後人亦必改為偷矣。」王先謙從王說。
劉師培亦從王說，且云：「《管子‧輕重甲篇》云：『若此則士爭前戰
為顏行，不偷而為用。』此其證。」劉師培又易其說，云：「『而』下
脫『不』字，是也。惟『愉』當作『渝』，《說文》：『渝，變渝也。』
《詩‧鄭風》曰：『捨命不渝。』與此文『出死斷亡而不渝』正相符
合。不得據《治要》所引之文遂改『愉』為『偷』也。」李滌生曰：
「王念孫說云云。案：不增改字亦可通，言人皆樂為其君而犧牲。」
王天海曰：「愉，如字，言其甘心樂意為之赴死。王說非。」王天海
引王念孫說，刪去「《王霸篇》曰」以下文字，而謂「愉如字，王說
非」，如其說，《王霸篇》豈得通耶？且其讀如字的意見，亦是剽竊李
滌生的誤說。《王霸篇》楊注：「不愉，『不』字剩耳。」楊氏據此篇
刪「不」字，非是。郝懿行及劉師培後說是也。②周大璞曰：「三『其』
字蓋皆指仁人言，楊注云云，則以『其』皆指百姓，恐未然。」〔註7〕

〔註6〕朱起鳳《辭通》卷20，上海古籍出版社1982年版，第2164頁。
〔註7〕周大璞《荀子箚記》，《清議》第1卷第9期，1948年版，第26頁。

王天海曰：「三『其』字，承上皆指仁人。所是焉，所主張者。下二『焉』皆猶『者』。楊注未得。」二氏說非也，三「其」指百姓，楊注不誤。「所得」當指百姓得之於君，「其」字決不指仁人。

## （8）父子不得不親，兄弟不得不順，男女不得不歡

按：物双松曰：「言其不得此則不親、不順、不歡也。」朝川鼎曰：「『不得』下蓄『則』字看。」冢田虎曰：「不得君，則父子亦不親也。下文同焉。」李中生曰：「三『不得』下有『之』，均承前『待之』之『之』而省。」王天海曰：「得，通『德』。不得，猶無德也。此三『得』皆承『君子以德』之德而言。」諸說皆誤。上文言「百姓之力，待之而後功；百姓之群，待之而後和……」云云，都是遵循「君子以德，小人以力」的原則，故此云「父子不得不親……」，「不得不」表示必須如此。歡，天明刊本《治要》卷38、《皇王大紀》卷79引同，金澤文庫鈔本《治要》引誤作「勸」。

## （9）有掎挈伺詐，權謀傾覆，以相顛倒，以靡敝之

楊倞注：有，讀爲又。掎，摭其事。挈，舉其過。伺，候其罪。詐，僞其辭。顛倒，反覆也。靡，盡也。敝，敗也。或曰：靡，讀爲櫱。櫱，散也。敝，盡也。

按：注二「櫱」字，遞修本、四庫本作「糜」；王天海本既以摹宋本作底本，而誤作「糜」。靡敝，巾箱本、遞修本、四庫本、久保愛本作「靡弊」，天明刊本《治要》卷38、《皇王大紀》卷79引亦作「靡弊」；金澤文庫鈔本《治要》引誤作「糜弊」，旁注一「靡」字。①本書《議兵篇》：「掎挈司詐，權謀傾覆，未免盜兵也。」楊倞注：「挈，讀爲掣，持也。掎挈，猶言掎摭也。司，讀爲伺。詐，欺誑也。皆謂因其危弱，即掩襲之也。」久保愛曰：「蓋掎者自後引之也，挈者在前提之也。」楊柳橋曰：「掎、挈，皆脅迫之意。」駱瑞鶴曰：「掎與挈義近，意謂控制。」楊注「挈」訓持、舉，非是。挈、契，並讀爲掣，字亦作摩，與「掎」皆牽引義。《爾雅》：「甹夆，掣曳也。」郭璞注：「謂牽拕。」《釋文》：「掣，本或作摩，同。」邢昺疏：「孫炎曰：『謂相掣曳入於惡也。』《周頌·小毖》：『莫予荓蜂。』毛傳云：『荓蜂，摩曳也。』鄭箋云：『群臣小人，無敢我摩曳，謂爲譎詐欺不可信也。』

然則掣曳者，從旁牽挽之言，是挽離正道，使就邪僻。掣、摩音義同。」《新唐書・祝欽明傳》：「時左僕射韋巨源助后掎掣帝，奪政事。」《音義》：「掎，偏引。掣，曳也。」②盧文弨曰：「靡，散也。」王先謙從盧說。桃源藏曰：「靡與糜通，爛也。」豬飼彥博曰：「靡，損也。」章詩同曰：「靡敝，敗壞。」楊柳橋曰：「靡，累也，傾也。敝，壞也。」駱瑞鶴曰：「靡敝，猶破敗。」章、駱說是，「靡敝（弊）」字或作「麋弊」、「靡幣」、「糜弊」、「攞弊」，猶言耗損敗壞〔註8〕。

## （10）倍其節

按：物双松曰：「『倍』、『背』同。」王叔岷指出《治要》卷 38 引正作「背」。

## （11）掩地表畝

楊倞注：掩地，謂耕田使土相掩。表，明也，謂明其經界，使有畔也。

按：注「使土」，遞修本、四庫本誤作「使地」。王引之曰：「『掩地』二字義不可通。『掩』疑『撩』之譌，理也。撩地表畝，謂理其地，表其畝也。」王先謙從王說。豬飼彥博曰：「表，猶高也，言覆土爲畝。」劉師培曰：「『掩』疑『揆』訛。揆，度也。」劉師培又曰：「凡土地之堅彊者謂之壖，而治土地使之堅彊者亦謂之壖。壖、掩音近。『掩地』當作『壖地』，即堅其土質之謂也。『表畝』即《左傳》之『表淳鹵』。」鍾泰曰：「掩，覆也。掩地者，覆土之謂。」于省吾曰：「掩，應讀作按。按地表畝，即依地表畝。」陳直曰：「掩讀爲占，視也，諗也。謂視驗其地也。」楊柳橋曰：「掩，當讀爲淹，或係誤字。淹地，謂澆地也。表，正也。表畝，謂整田也。」王天海曰：「表畝，依楊注訓爲表明經界，然此非農夫眾庶之事也。疑『表』字爲『耒』之形誤。」「掩地」楊說是，猶言耕地。「掩」取覆蓋爲義，俗字亦作穤，《廣雅》：「穤，種也。」蔣斧印本《唐韻殘卷》、《玉篇》：「穤，犁種也。」字又作稴、晻，敦煌寫卷 S.617《俗務要名林》：「稴，犁種。」《集韻》：「晻、稴、穤：種田也，或從耒從禾。」字亦作掩，P.2011 王仁昫《刊謬補缺切韻》：「掩，土覆也。」《集韻》：「掩，土覆謂之掩。」表，讀爲暴（曝）。掩地表畝，謂犁耕後曝曬其土塊也。

---

〔註8〕 參見蕭旭《鹽鐵論校補》，收入《群書校補（續）》，花木蘭文化出版社 2014
年版，第 901～902 頁。

（12）剌屮殖穀

　　　　楊倞注：剌，絕也。屮，古「草」字。

　　按：董治安校：「巾箱本、劉本。遞修本『剌』作『刺』。」遞修本正文作
　　　　「刺」，注語作「剌」，董校稍失之。朝川鼎曰：「先君曰：『剌屮，猶
　　　　言殺草也。』」于省吾據「剌」字說之，云：「剌，古『烈』字〔註9〕。
　　　　『烈』讀《孟子》『益烈山澤而焚之』之『烈』。」王天海曰：「剌，
　　　　鏟除也。《儀禮・士相見禮》：『庶人則曰刺草之臣。』鄭玄注：『刺，
　　　　猶剗除也。』」王天海說是，但其說乃明顯抄襲自《漢語大字典》及
　　　　楊柳橋說〔註10〕。沈祖緜、陳直、張政烺亦皆解爲「剗除」〔註11〕。

（13）墨子之言，昭昭然為天下憂不足

　　按：王念孫曰：「昭昭，小也。言墨子之所見者小也。」王先謙、梁啓雄、
　　　　符定一、李滌生並從其說〔註12〕。豬飼彥博引白鹿曰：「當作『怊怊
　　　　然』，憂貌。」蔣禮鴻曰：「王氏之解，非荀怡也。昭昭者，悵恨不足
　　　　之意。昭讀爲怊。《玉篇》：『怊，悵恨也。』《莊子・徐無鬼篇》：『武
　　　　侯超然不對。』司馬彪注：『超然，猶悵然。』昭、超與怊聲同義通。
　　　　字又與惆通，『怊悵』與『惆悵』同。」〔註13〕章詩同曰：「昭昭，不
　　　　安的樣子。」龍宇純曰：「『昭昭』一詞恒見爲顯明義。」〔註14〕包遵
　　　　信曰：「昭昭，明也，或作『炤炤』。」王天海曰：「昭昭然，顯明貌。
　　　　包說是。」「昭昭然」以狀憂，白鹿、蔣禮鴻、章詩同說是，字亦作怊，
　　　　《爾雅》：「怊怊，憂也。」音轉則作惆。《韓詩外傳》卷9：「藩木（籬）
　　　　之雀超然自知不及遠矣。」朱季海曰：「《說文》：『惆，失意也。』韓生
　　　　『惆』謂之『超』，晚出字作『怊』，《新附》：『怊，悲也。』」〔註15〕

---

〔註9〕　王天海引「剌」誤作「刺」，不思「刺」怎麼會是古『烈』字？于氏邃於古文
　　　　字之學，又怎麼會犯這種低級錯誤？
〔註10〕　《漢語大字典》（縮印本），湖北辭書出版社、四川辭書出版社1992年版，第
　　　　140頁。
〔註11〕　沈颺民《讀荀臆斷》，《制言》第58期，1939年版，本文第12頁。張政烺《甲骨
　　　　文「肖」與「肖田」》，收入《張政烺文史論集》，中華書局2004年版，第390頁。
〔註12〕　符定一《聯緜字典》辰集，中華書局1954年版，第44頁。
〔註13〕　蔣禮鴻《義府續貂》，其說又見蔣禮鴻《讀荀子集解》，收入《蔣禮鴻集》卷2、
　　　　3，浙江教育出版社2001年版，第151～152、281頁。
〔註14〕　龍宇純《讀荀卿子三記》，收入《荀子論集》，學生書局1987年版，第258頁。
〔註15〕　朱季海《韓詩外傳校箋》，收入《初照樓文集》，中華書局2011年版，第172頁。

朱說甚確，《廣雅》：「悃，悵也。」鈕樹玉曰：「怊，通作悃，亦作超。後魏《兗州賈使君碑》中有『超悵』字，是亦作超。」〔註16〕朱駿聲曰；「超，叚借爲悃。」〔註17〕賈誼《鵬鳥賦》：「超然自喪。」

## （14）然後瓜桃棗李，一本數以盆鼓

> 楊倞注：一本，一株也。鼓，量也。《禮記》曰：「獻米者操量鼓。」數以
> 盆鼓，謂數度以盆量也。

按：盧文弨曰：「注『以盆』下亦當有『鼓』字，各本皆脫。」王先謙、蔣
禮鴻從盧說，蔣氏又曰：「楊云『鼓，量也』者，量謂量器也。」〔註18〕
李中生曰：「梁啓雄引《廣雅》釋爲『斛謂之鼓』，是。鼓，量器名。」
王天海曰：「鼓，古代量器。楊注訓鼓爲計量，非是。盧說亦非。」盧
說是，注當作「謂數度以盆〔鼓〕量也」。蔣、梁說亦是，注「鼓，量
也」，「量」下脫「名」字，《竹溪鬳齋十一藁》續集卷 30 引已脫。《左
傳‧昭公二十九年》孔疏引服虔曰：「鼓，量名也。」「盆鼓」並列爲詞，
皆量器名。

## （15）然後六畜禽獸一而剸車

> 楊倞注：「剸」與「專」同。言一獸滿一車。

按：一，遞修本、四庫本作「一切」。遞修本注作「剸與專同。言載滿一
車也」。物双松曰：「一切而剸車，言切割一頭，足以專車也。」久保
愛曰：「『一』下舊有『切』字，據宋本除之。」冢田虎曰：「一切而
剸車，言若雞若豕一類而專一車也。今則言其多，而非言其大。注與
物說皆非也。」駱瑞鶴曰：「一猶齊，謂其種類備也。《廣雅》：『專，
擅也。』」王天海曰：「剸，讀爲團。《通俗文》：『截斷曰剸。』一而
剸車，言六畜禽獸之多，每一類皆能壓斷其運載之車。正文『一』下，
諸本有『切』字，誤也。」楊注是也，所言「一獸」，即指一類獸的
數量，而不是指一隻獸的體積。駱說專訓擅亦是，專車，猶言滿車。
《國語‧魯語下》：「吳伐越，墮會稽，獲骨焉，節專車。」《家語‧

---

〔註16〕鈕樹玉《說文新附考》卷 5，收入《續修四庫全書》第 213 冊，上海古籍出版
社 2002 年版，第 137 頁。
〔註17〕朱駿聲《說文通訓定聲》，武漢市古籍書店 1983 年版，第 321 頁。
〔註18〕蔣禮鴻《荀子餘義（上）》，《中國文學會集刊》第 3 期，1936 年版，第 78 頁。

辨物》、《說苑‧辨物》略同。韋昭注：「骨一節，其長專車。專，擅也。」《文選‧江賦》李善注引《國語》賈逵注曰：「專，滿也。」王天海說不當有「切」字是也，而訓剬爲斷則是妄說。《增韻》卷2「剬」字條、《竹溪鬳齋十一槁》續集卷30引已衍「切」字。

### （16）非將墮之也，說不免焉

楊倞注：非將墮毀墨子，論說不免如此。

按：墮，巾箱本、遞修本、四庫本、久保愛本作「隓」，正、俗字。高亨曰：「墮借爲隓，《說文》：『隓，相毀也。』《正論篇》：『則天下未嘗有說也，直墮之耳。』其義同。」王天海曰：「墮，通『隓』，詆毀也。」高說是，其語源都是「陸」。王氏以俗爲正，不通小學如此。

### （17）噆菽飲水

楊倞注：「噆」與「啜」同。

按：本書《天論》：「啜菽飲水。」楊注蓋據此爲說。《正字通》：「本作啜，俗譌作噆。」「噆」亦作「嘺」，皆是「啜」改易聲符的俗字。《增韻》卷5、《示兒編》卷19、《皇王大紀》卷79引已作「噆」。

### （18）故儒術誠行，則天下大而富，使而功

楊倞注：大，讀爲泰，優泰也。使謂爲上之使也，可使則有功也。

按：劉台拱曰：「當作『佚而功』，形近而譌也。」王念孫曰：「劉說是也。《王霸篇》：『守至約而詳，事至佚而功。』是其證。《彊國篇》亦云：『佚而治，約而詳。』下文『勞苦頓萃而愈無功』，正與『佚而功』相反。元刻作『使有功』者，涉注『有功』而誤。」劉、王說至確，郝懿行、鍾泰、楊樹達、楊柳橋皆從其說〔註19〕。本書《君道》：「急得其人，則身佚而國治，功大而名美。」《管子‧任法》：「聖君任法而不任智，任數而不任說，任公而不任私，任大道而不任小物，然後身佚而天下治。」《韓子‧飾邪》：「明主使民飾於道之故，故佚而則功。」亦其證。王懋竑曰：「當作『天下大富』，『而』字衍。『使有功』

---

〔註19〕楊樹達《荀子集解二十卷（思賢講舍刻本）》，《湖南文獻匯編》第2輯《省志初稿‧藝文志》，湖南人民出版社2008年版，第107頁。

上當有脫字。」〔註20〕豬飼彥博曰:「『使有功』當作『愈有功』,與
『愈無功』對。宋本『有』作『而』,非。」沈祖緜曰:「『使』係『便』
之誤。」〔註21〕三氏說非也。王先謙曰:「劉、王謂『有』當爲『而』,
是也。改『使』爲『佚』,非也。『大而富』承上萬物得宜言,『使而
功』承上賞行罰威言,文義甚明,不煩改字。《正論篇》『易使則功,
難使則不功』,尤爲此『使而功』明證。下文『勞苦頓萃而愈無功』,
勞苦頓萃言墨道如此,非『佚』字對文也。今從宋本改正。」王先謙
說亦非,此文不言「易使」。此文正以儒術、墨術對舉,楊樹達指出「勞
苦頓萃而愈無功」正「佚而功」之對文。王天海刪去王念孫所舉的證
據不引,而云「使而功,如楊注」,一步倒退到唐代,可見其識見之陋。

## (19) 垂事養民

楊倞注:垂,下也。以上所操持之事,下就於民而養之,謂施小惠也。

按:姚鼐曰:「垂者,廢弛之義。」俞樾曰:「垂,猶委也。垂事養民者,
委事養民也,言委置其事以養民也。楊注非。」王先謙從俞說。孫詒
讓曰:「『垂』疑當爲『舍』之誤。」陶鴻慶曰:「『民』蓋『名』字之
誤。下文云『故垂事養譽不可』,即承此文而言。」久保愛曰:「垂事,
施事業之謂也。」豬飼彥博曰:「此下文『進事務民』之反,謂緩事
務姑息民也。」劉師培曰:「『垂』疑『棄』之誤。」梁啓雄從劉說。
楊柳橋曰:「『垂』與『示』同義。垂事,謂上示下以事。」駱瑞鶴曰:
「楊倞訓垂爲下,固信而有徵矣。垂事養民,謂降身勞役以持民也。」
王天海曰:「垂,顯示也。《易·繫辭上》:『天垂象,見吉凶。』事,
治也。民,陶說『蓋名之誤』,梁啓雄(引者按:當是梁啓超)、龍宇
純說乃『譽』之譌,皆通。然據下文『垂事養譽』,則梁、龍說爲長。
垂事養譽,言其顯示治跡以養其聲譽也。」「垂事養民」不誤,《皇王
大紀》卷79引同今本。俞樾說是,王先謙從其說。下文云「拊循之,
呴嘔之,冬日則爲之饘粥,夏日則與之瓜麮,以偷取少頃之譽焉」,
皆養民之謂也。垂事養民以偷取少頃之譽,故下文承之云「垂事養

〔註20〕 王懋竑《荀子存校》,《讀書記疑》卷11,收入《續修四庫全書》第1146冊,
　　　　第354頁。
〔註21〕 沈祖緜《讀荀臆斷》,《制言》第58期,1939年版,本文第12頁。

譽」，非此文「民」爲「名」或「譽」之誤。「垂」無顯示義，「天垂象」之垂亦是下垂義；「事」訓治是動詞，非名詞，王天海說全誤。

（20）拊循之，呃嘔之

> 楊倞注：「拊」與「撫」同。撫循，慰悅之也。呃嘔，嬰兒語聲也。呃，於佳反。「嘔」與「謳」同。

按：王懋竑曰：「呃，《廣韻》作呃，音娃。」〔註22〕郝懿行曰：「呃嘔者，《玉篇》、《廣韻》並云：『小兒語也。』上於佳切，下烏侯切，二字雙聲，蓋爲小兒語聲，慈愛之也。《史記・韓信傳》說項王『言語嘔嘔』，其意正同。『嘔嘔』即『呃嘔』也。」王先謙從郝說。久保愛曰：「呃嘔，本注及《玉篇》訓嬰兒語，則知憐愍之意，發於聲音矣。」沈祖緜曰：「楊倞、郝懿行以嬰兒語聲解，雖據《玉篇》、《廣韻》，於養民之氣（意？）猶未盡。『呃』又通『喻』，《漢書・王褒傳》：『是以嘔喻受之。』注：『和悅貌。』『和悅』二字較『小兒語』爲勝。」〔註23〕楊柳橋曰：「呃，通『兒』。兒，子也。子，愛也。呃嘔，謂撫愛之，安慰之也。」楊倞、郝、久說是，呃嘔，言作小兒語以憐愛之也，沈祖緜所引訓「和悅貌」者，亦此義之引申，沈氏未會通耳。倒言則作「嘔呃」，《集韻》：「呃，嘔呃，小兒言。」又「呃，嘔呃，聲也。」音轉又作「嘔啞」，唐・白居易《念金鑾子》：「況念天札時，嘔啞初學語。」

（21）故垂事養譽不可，以遂功而忘民亦不可，皆姦道也

> 楊倞注：以，用。

按：龍宇純曰：「『以』字不當有，楊說無義。」王天海曰：「以，猶爲也。」諸說皆非。以，猶又也，表示進一層。「垂事養譽」據上文當作「垂事養民以偷譽」。

（22）則和調累解，速乎急疾

> 楊倞注：其義未詳，亦恐脫誤。或曰：累解，嬰累解釋也。

---

〔註22〕王懋竑《荀子存校》，《讀書記疑》卷 11，收入《續修四庫全書》第 1146 冊，第 354 頁。
〔註23〕沈臏民《讀荀臆斷》，《制言》第 58 期，1939 年版，本文第 12 頁。

按：王懋竑曰：「『累解』二字未詳，疑有誤。累，上聲，層累之累。累解，猶言申命也。」〔註24〕王念孫曰：「『累解』二字未詳，注非。」俞樾曰：「『累解』即『蟹螺』也，語有倒順耳。《說苑》以『蟹螺』與『汙邪』對文，則『蟹螺』猶平正也。」王先謙、梁啓雄從俞說。物双松曰：「使其攖累悉解釋。」冢田虎曰：「『累』、『絫』同，增也，重也。累解，謂解諭之丁寧也。」久保愛曰：「《韓子》曰：『若天若地，是謂累解。』」朝川鼎曰：「累解，即《莊子·養生主篇》所云『懸解』，皆謂心無係累也。」劉師培曰：「俞說近是，特此與『平正』之義不同。蓋字音與『蟹螺』相近者計有二義，一爲縱視之形，即中高旁下之象也，如《儒效篇》之『解果』是。一爲橫視之形，即旁圓中狹之象也，如此篇之『累解』是。二象雖異，然古人則以爲相同……『累解』亦圓義，猶言和調圓適也。」鍾泰曰：「累、解皆有緩義，作寬緩解爲是。」林源河曰：「『累解』當訓爲寬舒。」〔註25〕陳紹聞曰：「『累』即『勞累』之累，『解』即『懈怠』之懈。」〔註26〕周乾溁曰：「《說文》：『絫，增也。解，判也。』『累解』就是一次又一次的分別清楚。『和調』乃是對百姓來說，是和其群、調其力的意思。」〔註27〕王天海曰：「累，憂患。累解，猶解累，即解除憂患。楊注未得，他說亦未中。」俞樾、久保愛引《韓子》是也，俞樾、沈兼士、劉師培謂「累解」即「蟹螺」、「解果」倒語，亦是也。「蟹螺」、「解果」即「解構（搆）」、「解覯」、「解遘」、「邂遘」、「解垢（邂逅）」之轉語，猶言合會、交構〔註28〕。

**（23）故先王明禮義以壹之，致忠信以愛之，尚賢使能以次之，爵服慶賞以申重之**

按：壹，《治要》卷38引同，本書《王霸》、《議兵》作「道」，《性惡》作「化」。

〔註24〕王懋竑《荀子存校》，《讀書記疑》卷11，收入《續修四庫全書》第1146冊，第354頁。
〔註25〕林源河《荀子義辨》，收入《荀儒考釋與中國國樂考原》，新加坡青年書局2007年版，第54頁。
〔註26〕陳紹聞《讀書偶識》，《學術月刊》1962年第1期，第33頁。
〔註27〕周乾溁《「和調累解」之一解》，《學術月刊》1962年第4期，第61頁。
〔註28〕參見蕭旭《韓非子校補》，花木蘭文化出版社2015年版，第34～35頁。

（24）辟之若屮木，枝葉必類本

　　　　楊倞注：辟，讀爲譬。屮，古「草」字。

　　按：屮，《記纂淵海》卷 113 引誤作「山」〔註29〕。

（25）觀國之治亂臧否，至於疆易而端已見矣

　　　　楊倞注：「易」與「場」同。端，首也。

　　按：王天海曰：「楊注『場』字原誤作『場』，徑改。」摹宋本作「**場**」，遞
　　　　修本同，本就是「場」字，四庫本亦作「場」，王氏自誤耳。北齊武平
　　　　二年（571）《侍御裴府君墓誌銘》：「侵我疆場。」「場」亦作「**場**」形。
　　　　《說文》無「場」字，古多借「易」字爲之。

（26）其候徼支繚，其竟關之政盡察，是亂國已

　　　　楊倞注：候，斥候。徼，巡也。支繚，支分繚繞，言委曲巡警也。「竟」
　　　　　　　　與「境」同。盡察，極察，言無不察也。

　　按：《書叙指南》卷 6：「多設巡防曰候徼支繚。」郭嵩燾曰：「候徼支繚，
　　　　多疑而煩苦。竟關之政察，析利而苛細。」〔註30〕王先謙從郭說。高
　　　　亨曰：「『支』當作『交』。交讀爲絞。絞繚，糾纏也。楊注非。」龍宇
　　　　純曰：「『支』疑『交』字之誤，『交繚』疊韻，義同『糾繚』，一語之
　　　　轉。」〔註31〕「支繚」不誤，《法言・五百》：「何五經之支離？」汪
　　　　榮寶曰：「《莊子・人間世》：『支離疏者。』《釋文》引司馬云：『支離，
　　　　形體不全貌。』王文考《魯靈光殿賦》：『支離分赴。』李注云：『支離，
　　　　分散也。』亦作『支繚』，《荀子・富國》楊注云云。按：『支離』疊韻
　　　　連語，離、繚一聲之轉。『支離』、『支繚』皆繁多歧出之意。」〔註32〕

（27）其〔於〕禮義節奏也，芒軔僈楛，是辱國已

　　　　楊倞注：芒，昧也，或讀爲荒，言不習孰也。軔，柔也，亦怠惰之義。「僈」
　　　　　　　　與「慢」同。楛，不堅固也。

　　按：王懋竑曰：「芒軔僈楛，四字未詳，註強解，未合。」〔註33〕久保愛

────────────

〔註29〕四庫本《記纂淵海》在卷 41。
〔註30〕王天海引「析」誤作「折」，鈔錯了。
〔註31〕龍宇純《荀卿子記餘》，《中國文史研究集刊》第 15 期，1999 年版，第 220 頁。
〔註32〕汪榮寶《法言義疏》，中華書局 1987 年版，第 262～263 頁。
〔註33〕王懋竑《荀子存校》，《讀書記疑》卷 11，收入《續修四庫全書》第 1146 冊，

曰：「軔，音與『靭』通，故本注訓柔。『僈』與『漫』同。『楛』與『鹽』同。」服部元雅曰：「軔，讀爲靭。」帆足萬里曰：「芒，莽荒不治也。」高亨曰：「芒，當讀爲妄。軔，當讀爲紖。《廣雅》：『紖，盭也。』盭，古『戾』字。」朱起鳳謂「芒軔」同「鋩刃」、「芒刃」，云：「鋒鋩之鋩，古多省作芒字。軔乃車軔，此則爲刃字之訛。《荀子》言禮義節奏，是治國之鋩刃，若鋩刃不犀利，即無以治其國，非辱國而何？」〔註34〕陳直曰：「芒軔，應讀爲『芒刃』，《漢書·賈誼傳》：『芒刃不頓。』其義以芒刃比國家之政權。」符定一取楊注，云：「芒軔，荒怠也。」又云：「芒然，轉爲『芒軔』，聲同。」〔註35〕駱瑞鶴曰：「《說文》：『軔，礙車也。』是軔本止車之木，引申爲不通、停止之義。芒軔僈楛，言茫昧不通而怠慢粗楛。」王天海曰：「芒，讀爲荒，廢也。軔，乃止車之木，故有止義。『芒軔』連言，即廢止之意。楊注未安，他說亦未切也。」王天海明明是分別取楊倞、駱瑞鶴說合而爲一，而竟大言「他說未切」。然其說非也。「芒軔」當取朱起鳳、陳直說，讀爲「芒（鋩）刃」。《說文》無「鋩」字，「鋩」是「芒」的後出分別俗字；「軔」是「刃」同音借字，不必視爲誤字，後出分別俗字亦作「釼」。僈楛，本書《榮辱篇》倒言作「楛僈」，《淮南子·時則篇》作「苦慢」，皆苟且不堅固之義，已詳《脩身篇》王念孫說。牟庭曰：「靡鹽當讀若摩楛……『僈楛』、『窳楛』、『靡鹽』皆一語而聲微轉，倒言之則謂『楛僈』、『苦窳』、『苦慢』。今俗云『磨楛』，亦曰『楛麻』，皆『靡鹽』之聲，詩人之遺言也。」〔註36〕此文「僈楛」指不鋒利而言。

## （28）其於禮義節奏也，陵謹盡察，是榮國已

楊倞注：陵，侵陵，言深於禮義也。謹，嚴也，言不敢慢易也。

按：王懋竑曰：「『陵』字疑誤。」〔註37〕盧文弨曰：「《爾雅》：『淩，慄也。』郭云：『淩懅戰慄。』《釋文》云：『案郭〔注〕意當作陵。』然則陵、

---

第 354 頁。

〔註34〕 朱起鳳《辭通》卷 18，上海古籍出版社 1982 年版，第 1936 頁。

〔註35〕 符定一《聯緜字典》申集，中華書局 1954 年版，第 3 頁。

〔註36〕 牟庭《詩切》，齊魯書社 1983 年版，第 1049～1051 頁。

〔註37〕 王懋竑《荀子存校》，《讀書記疑》卷 11，收入《續修四庫全書》第 1146 冊，第 354 頁。

謹義相近。」王念孫曰:「陵謂嚴密也。」豬飼彥博說同王氏,王先謙
從王說。郝懿行曰:「陵、懍雙聲。懍懍,敬懼之貌,與謹義近。《釋
言》云:『淩,慄也。』《釋文》引《埤蒼云》:『悷,慄也。』然悷蓋
淩之或體字。淩、陵又皆假借字耳。經典此類,古無正文,大抵義存
乎聲,讀者要必明為假借,斯不惑矣。楊注望文生訓,以陵為侵陵,
則謬矣。」物双松曰:「『陵』、『棱』通,言有廉隅也。」久保愛從物
說。冢田虎曰:「陵,峻也。」劉師培曰:「盧、郝二說俱近是……『陵』
字實兼嚴、明二義。」楊柳橋曰:「《釋名》:『陵,隆也。』盧、郝說
均是,然猶未盡。《爾雅釋文》又云:「樊注作淩,冰凓也。」「懍」、「凓」
本當作「凜」〔註38〕,《說文》:「凜,寒也。從仌稟聲。」省文亦作
「凛」,「淩」、「凌」、「陵」皆借字,字亦作「悷」。《玉篇》:「陵,慄
也。」陵懍與謹嚴二義相因,陵謹猶言小心謹慎,小心即是陵懍義。

## (29) 上不隆禮則兵弱,上不愛民則兵弱

按:王天海曰:「『上不愛民』之『上』,巾箱本、題注本、遞修本作『下』,
　　非。」作「下」字是,《皇王大紀》卷 79 引亦作「下」。「下」、「上」對
　　舉,「上」非君上之上。

## (30) 百姓時和,事業得敘者,貨之源也;等賦府庫者,貨之流也

　　　楊倞注:時和,得天之和氣,謂歲豐也。事業得敘,耕稼得其次序,上不
　　　　　　奪農時也。

按:久保愛曰:「《書·堯典》曰:『百姓於變時雍。』孔傳曰:『時,是也。』
　　本注非。」帆足萬里曰:「時和,以時相和睦也。」王天海曰:「時和,
　　是和,以和為是。楊注非也,久說是。敘,續。持續也。事業得以持續
　　發展。」「敘」無持續義,王天海全是妄說。「得敘」謂得其次序,楊注
　　不誤。亦作「得序」,本書《議兵》:「三軍既定,百官得序,群物皆正,
　　則主不能喜,敵不能怒。」《韓詩外傳》卷 5:「上設其道,而百事得序。」
　　古書「時」訓「是」者,是代詞「此」義,王氏竟理解作「以……為是」,
　　不學之甚!此文「時和」,猶言常和。至於《堯典》「百姓於變時雍」,
　　裴學海曰:「時,猶而也。於,則也。言黎民則變化而和也。」〔註39〕

---

〔註38〕與從广之「瘰」異字。
〔註39〕裴學海《古書虛字集釋》,中華書局 1954 年版,第 824～825 頁。

裴說亦不安。考《太玄・玄測序》：「曆以記歲，而百穀時雍。」范望注：「時，調也。雍，和也。」

（31）故田野荒而倉廩實，百姓虛而府庫滿，夫是之謂國蹷

　　楊倞注：蹷，傾倒也。

按：王天海曰：「國蹷，國災也。《廣韻》：『蹷，有所犯災。』蹷，同『蹶』。楊注非。」楊注是，「蹷」即跌倒、顛覆、失敗義。《說文》：「蹶，僵也。」桂馥曰：「《方言》：『跌，蹷也。』注云：『偃地也，江東言踒。』《緇衣》引《書》『毋越厥命以自覆也』，注云：『越之言蹷也，言無自顛蹷女之政教以自毀敗。』《昭二十三年左傳》：『斷其後之木而弗殊，邾師過之，乃推而蹷之。』《荀子・成相篇》：『國乃蹷。』注云：『蹷顛覆也。』《富國篇》：『夫是之謂國蹷。』注云：『蹷，傾倒也。』（下略）」〔註40〕「國蹷」與「國乃蹷」二「蹷」字義同。《廣韻》「蹷」訓有所犯災」者，「蹷」取趨走義，而非災義。王天海不達其誼，恣意妄說。

（32）布衣紃屨之士誠是，則雖在窮閻漏屋，而王公不能與之爭名

按：本書《儒效》：「雖隱於窮閻漏屋，人莫不貴之。」《新序・雜事五》作「窮閻漏屋」。王念孫曰：「《廣雅》曰：『閻謂之衖。』（與『巷』同）。窮閻，即《論語》所云『陋巷』，非謂里門也。《新序・雜事篇》作『窮閻』，閻亦巷也。漏讀爲陋巷之陋。《說文》曰：『陋，阨陝也。』『陋屋』與『窮閻』同意，非謂弊屋漏雨也。《治要》引作『窮閻陋屋』，《韓詩外傳》作『窮巷陋室』，皆其明證矣。」〔註41〕王說是也，《風俗通義・聲音》：「雖在窮閻陋巷、深山幽谷，猶不失琴。」《莊子・列禦寇》：「夫處窮閻阨巷，困窘織屨。」《韓子・外儲說左上》：「見窮閻隘巷之士。」《御覽》卷291引作「窮閻隘巷」。可證「漏」即「陋」，亦即「隘（阨）」。

（33）保固視可

　　楊倞注：其境內屯聚，則保其險固，視其可進，謂觀釁而動也。

---

〔註40〕桂馥《說文解字義證》，齊魯書社1987年版，第177頁。
〔註41〕王念孫《荀子雜志》，收入《讀書雜志》卷10，中國書店1985年版，本卷第92～93頁。

按：王懋竑曰：「『視可』註連『保固』爲句，疑未然。當連下句，謂視可遇其軍，則取其將甚易也。」〔註42〕王念孫曰：「楊讀『保固視可』爲一句，非也。此當讀『境內之聚也保固』爲句，保，安也。言境內之聚既安且固也。『視可午其軍』，『可』字因上文『不可』而衍，『視午其軍，取其將，若撥麷』者，午，觸也。言境內之聚安固，則視觸人之軍，取人之將，若撥麷也。」俞樾曰：「《強國篇》亦有『視可司間』之文，舊說未可改。」王先謙曰：「見可而進，文義自明，俞說是也。」鍾泰曰：「『視可』二字當屬下讀。『境內之聚也保固』言守，『視可午其軍，取其將』言戰。」王天海曰：「保固視可，保安是可以的。固，安也。視，是也。」王天海但引王念孫「此當讀『境內之聚也保固』爲句，『視午其軍』，『可』字因上文『不可』而衍」二十六字，而把他的「午，觸也」竊作自己的按語。楊注及俞樾、王先謙說甚確。保，恃也。保固，謂恃其險固而自守。視可，見其可攻而進軍。銀雀山漢簡《孫臏兵法·十問》：「交和而舍，敵人保山而帶阻……此擊保固之道也。」《六韜·犬韜·戰騎》：「敵人無險阻保固，深入長驅，絕其糧道，敵人必饑。」《後漢書·侯霸傳》：「及王莽之敗，霸保固自守，卒全一郡。」「保固」皆此誼。「視可」亦作「見可」，《左傳·宣公十二年》：「見可而進，知難而退，軍之善政也。」《吳子·料敵》：「凡此不如敵人，避之勿疑，所謂『見可而進，知難而退』也。」《越絕書·越絕外傳記軍氣》：「夫聖人行兵……義合乃動，見可乃取。」《後漢紀》卷 25：「上兵伐謀，故見可而進，知難而退，故速戰爲下。」

## （34）午其軍，取其將，若撥麷

楊倞注：午，讀曰迕，遇也。《周禮·籩人職》云：「朝事之籩，其實麷、蕡。」鄭云：「麷，熬麥。今河間已北煮種麥賣之，名曰麷。」據鄭之說，麷，麥之牙糵也，至脆弱，故以喻之「若撥麷」，如以手撥麷也。

按：郝懿行曰：「『取其將若撥麷』者，熬麥曰麷，見《籩人》注。熬，乾煎也，今謂之爆。蓋麥乾煎則質輕脆，撥去之甚易，《荀》義當然。《籩

人》注又云：『今河閒以北煮穜麥賣之，名曰逢。』逢當音蓬，今江
南人蒸穄米乾燭之，呼米蓬，與鄭義合。知逢古音如蓬也。蓬謂蓬蓬
然張起，此後鄭義與先鄭異。楊注既引先鄭，於義已足，而幷蔓引後
鄭，又改其曰『逢』者爲『𪍿』，且云『據鄭之說，𪍿，麥之牙蘗也』，
二鄭皆無此義，楊氏不知而妄測之，皆郢書燕說耳。」姚鼐曰：「注
『𪍿，熬麥。』夫熬麥成餳，黏著於物，最難撥去矣，故以比治國之
將難取。楊倞反以爲脆弱易取，何耶？」〔註 43〕俞樾曰：「𪍿，讀爲
豐，蒲也。」梁啓雄、王天海從俞說。豬飼彥博曰：「午，午割也。『𪍿』
當作『蒙』，聲之誤也……如撥去蒙首之物也。」鍾泰曰：「若撥𪍿，
言難。𪍿輕細，非撥之可開也。」楊柳橋曰：「撥，除也，棄也。撥
𪍿，棄除一粒麥飯也，言其易舉也。」郝說是，「𪍿」音轉作逢、蓬，
指所煮的麥芽〔註 44〕。

## （35）彼愛其爪牙，畏其仇敵，若是則爲利者不攻也

　　楊倞注：愛己之爪牙。畏與我爲仇敵。

按：王天海曰：「畏，通『威』。畏其仇敵，即使仇敵見威而畏也。楊注非。」
　　楊注是，王氏妄說通假，迂曲不通。

## （36）所以說之者，必將雅文辨慧之君子也

按：駱瑞鶴曰：「以猶使也。」王天海曰：「辨慧，巧慧善辯者。『辨』字，
　　諸本作『辯』，可通。」辯、辨，正、借字。本書《非十二子》：「言無
　　用而辯，辯不惠而察。」王念孫曰：「此本作『無用而辯，不急而察』。」
　　辯者，智也，慧也。（《廣雅》：『辯，慧也。』『慧』通作『惠』，《晉語》
　　曰：『巧文辯惠則賢。』《逸周書・寶典篇》曰：『辯惠千智。』《商子・
　　說民篇》曰：『辯慧亂之贊也。』『辯』通作『辨』，《大戴記・文王官
　　人篇》曰：『不學而性辨。』《荀子・性惡篇》曰：『性質美而心辯知。』
　　《東周策》曰：『兩周辯知之士。』是辯與智慧同義。）非辯論之辯。」
　　〔註 45〕《性惡篇》「辯知」，一本作「辨知」，《治要》卷 38 引作「辨

〔註43〕姚鼐《惜抱軒筆記》卷 7《子部・荀子》，收入《續修四庫全書》第 1152 冊，
　　　　上海古籍出版社 2002 年版，第 199 頁。
〔註44〕參見蕭旭《〈方言〉「鈴」字疏證》，收入《群書校補（續）》，花木蘭文化出版
　　　　社 2014 年版，第 1834～1835 頁。
〔註45〕王念孫《荀子雜志》，收入《讀書雜志》卷 10，中國書店 1985 年版，本卷第

智」，《初學記》卷18、《御覽》卷404引作「辯智」。《莊子·天下》：
「惠施以此爲大觀於天下而曉辯者，天下之辯者相與樂之。」《釋文》
引《字林》：「辯，慧也。」《玉篇》、《廣韻》亦並云：「辯，慧也。」
王天海解爲「善辯」，非是。

（37）彼苟有人意焉，夫誰能忿之？若是，則忿之者不攻也。爲名者
否，爲利者否，爲忿者否，則國安於盤石，壽於旗翼

　　　楊倞注：否，不攻也。盤石，盤薄大石也。旗，讀爲箕。箕、翼，二十八
　　　　　宿名。言壽比於星也。或曰：《禮記》：「百年曰期頤。」鄭云：「期，
　　　　　要也。頤，養也。」

　按：方以智曰：「『旗翼』與『期頤』通。百年曰期頤。」〔註46〕方氏取楊
　　　氏後說。阮元曰：「『旗翼』即『箕翼』。其，『箕』本字也。」〔註47〕
　　　吳玉搢曰：「旗翼，箕翼也。」〔註48〕朱駿聲曰：「旗，叚借爲箕。」
　　　〔註49〕三氏取楊氏前說，惠棟、梁啓雄、尙節之、楊柳橋、李滌生亦
　　　然〔註50〕。盧文弨曰：「旗翼。以其行度之多。《天官書》亦有旗星。」
　　　王先謙、久保愛、楊柳橋從盧說。郝懿行曰：「『旗翼』之解，楊氏、
　　　謝氏雖皆有說，而未見爲必然，姑闕所疑。」孫詒讓曰：「楊、盧說並
　　　非也。旗，即《周禮》『司常之九旗』。翼，當讀爲釴。《爾雅》說鼎云
　　　『附耳外謂之釴。』《韓非子·大體篇》云：『故致至安之世，雄駿不
　　　創壽於旗幟，豪傑不著名於圖書，不錄功於盤盂。』《墨子·魯問篇》
　　　云：『則書之於竹帛，鏤之於金石，以爲銘於鍾鼎，傳遺後世子孫。』
　　　此云『壽於旗翼』，猶言創壽於旗幟，爲銘於鍾鼎，與《墨》、《韓》二
　　　子義正同。」劉師培曰：「旗與常同，翼字從羽，羽亦爲旗名。壽於旗

---

84頁。

〔註46〕方以智《通雅》卷8，收入《方以智全書》第1冊，上海古籍出版社1988年
　　　　版，第344頁。

〔註47〕阮元《積古齋鍾鼎彝器款識》卷5，收入《續修四庫全書》第901冊，上海古
　　　　籍出版社2002年版，第622頁。

〔註48〕吳玉搢《別雅》卷1，收入景印文淵閣《四庫全書》第222冊，臺灣商務印書
　　　　館1986年初版，第619頁。

〔註49〕朱駿聲《說文通訓定聲》，武漢市古籍書店1983年版，第182頁。

〔註50〕惠棟《九曜齋筆記》卷3，聚學軒叢書第三集，本卷第10頁；又收入《叢書
　　　　集成續編》第92冊，上海書店1994年版，第534頁。尙節之《荀子古訓考
　　　　（續）》，北京《雅言》1941年第6期，第20頁。

翼者，猶言壽於旗常也。楊、盧之說均非。」符定一曰：「旗翼，星也。
旗、翼疊韻之部。」〔註51〕于省吾曰：「注後說是也。期，極也。」
林源河曰：「壽亦指國之壽，謂國祚之綿長也。翼二十二星，旗十二星。
以旗翼之終古喻國祚之綿長。」〔註52〕楊氏前說是。

## （38）事之以貨寶，則貨寶單而交不結；約信盟誓，則約定而畔無日

楊倞注：《文子》作「約定而反無日也」。

按：《韓詩外傳》卷6：「事之以貨寶，則寶單而交不結；約契盟誓，則約定
而反無日。」《淮南子·詮言篇》：「事以玉帛，則貨殫而欲不饜；卑體
婉辭，則論說而交不結；約束誓盟，則約定而反無日。」許慎注：「反，
背叛也。」《文子·符言》：「幣單而欲不厭，卑體免辭，論說而交不結；
約束誓盟，約定而反先日。」「先」是「无」形譌。周廷寀曰：「『單』
與『殫』通。」〔註53〕鍾泰、楊樹達、梁啓雄、張之純說並同。《淮南》
正作「殫」。

## （39）割國之錙銖以賂之，則割定而欲無猒

楊倞注：十黍之重為銖，八兩為錙。此謂以地賂強國，割地必不多與，故
以錙銖言之。《韓詩外傳》作「割國之疆垂以賂之」也。

按：《韓詩外傳》卷6「錙銖」作「強乘」，周廷寀據楊注校作「疆垂」。《淮
南子·詮言篇》作「錙錘以事人」，王本、朱本作「錙銖」。許慎注：
「六兩曰錙，倍錙曰錘。」楊柳橋曰：「『錙銖』乃『疆垂』之誤。《說
文》：『垂，遠邊也。』《淮南子》『錙錘』亦『疆垂』之誤。」其說非
是，許慎所見本已作「錙錘」。《呂氏春秋·應言》：「凡人主之與其大
官也，為有益也，今割國之錙錘矣，而因得大官。」高誘注：「錙錘，
銖兩也。」劉剛謂當從許維遹校作「錙錘」，「錙」指四分之一，「錘」
指分之一〔註54〕。賂，《永樂大典》卷10876引誤作「貽」。

---

〔註51〕符定一《聯綿字典》卯集，中華書局1954年版，第493頁。

〔註52〕林源河《荀子義辨》，收入《荀儒考釋與中國國樂考原》，新加坡青年書局2007
年版，第60頁。

〔註53〕周廷寀《韓詩外傳校注》卷6，民國21年安徽叢書編印處據歙黃氏藏營道堂
刊本影印。下引同。

〔註54〕劉剛《讀〈韓詩外傳〉箚記一則》，《文史》2013年第1輯，第26、132頁。

（40）必至於資單國舉然後已

　　　楊倞注：單，盡也。國舉，謂盡舉其國與人也。

　按：「資單」承上文「貨寶單」而言，當作「貨單」，《韓詩外傳》卷6則作
　　　「寶單」。尚節之讀單為殫〔註55〕。徐仁甫曰：「『資單國舉』互文見義，
　　　單訓盡，舉亦訓盡。《管子‧牧民篇》：『地辟舉則民留處。』注云：『舉，
　　　盡也。』」徐說是，《史記‧項羽紀》：「殺人如不能舉，刑人如恐不勝。」
　　　舉亦勝也，盡也。楊氏未得「舉」字之誼。楊柳橋曰：「舉，與也。」
　　　王天海曰：「舉、與二字古多通用。國與，猶盡國而與之。」王氏竊楊
　　　柳橋說，然其說實非也。

（41）逢蒙視

　　　楊倞注：逢蒙，古之善射者。言處女如善射者之視物，謂微眇不敢正視也。
　　　　　　　既微視又屈腰。

　按：逢，遞修本作「逄」。王懋竑曰：「『逢蒙視』三字難解。」〔註56〕盧文
　　　弨曰：「逢蒙視，言不敢正視也，不必引善射人。《淮南子》有『籠蒙目
　　　視』語。」王念孫曰：「《淮南》本作『籠蒙目』，目即視也。今本衍『視』
　　　字，辯見《淮南‧脩務篇》。逢蒙視，微視也。《賈子‧勸學篇》有『風
　　　宣視』（今本譌作『宣虱視』），風、逢聲相近，宣、蒙聲相近。《淮南》
　　　謂之『籠蒙』，皆微視之貌。」王先謙、梁啓雄、楊柳橋、王利器從王
　　　說〔註57〕。劉師培亦從王說，且云：「據揚雄《方言》以小雀謂之篗雀，
　　　《荀子‧勸學篇》作『蒙鳩』，《大戴禮》作『蝥鳩』，是『蒙』、『蝥』
　　　二字均有細義，『逢蒙』二字亦猶是也。善射之人名逢蒙，或係以察及
　　　細微得名，然決不可以善射之逢蒙解《荀子》之『逢蒙視』，楊注之說
　　　近於望文生訓。」〔註58〕劉氏引《勸學篇》及《大戴》非是，另詳。洪
　　　頤煊曰：「『逢』疑作『蓬』，下當脫『髮』字。」郝懿行曰：「『逢蒙』
　　　難曉，楊注恐非。謝氏引《淮南子》『籠蒙目視』，洪氏頤煊云云，二說

〔註55〕尚節之《荀子古訓考（續）》，北京《雅言》1941年第6期，第20頁。
〔註56〕王懋竑《荀子存校》，《讀書記疑》卷11，收入《續修四庫全書》第1146冊，
　　　　第354頁。
〔註57〕王利器《呂氏春秋注疏》，巴蜀書社2002年版，第2230頁。
〔註58〕劉師培《古書疑義舉例補》，收入《古書疑義舉例五種》，中華書局1956年版，
　　　　第161～162頁；其說又見劉師培《荀子補釋》，收入《劉申叔遺書》，江蘇古
　　　　籍出版社1997年版，第956頁。

義固可通。余謂『逢蒙』疊韻字也，此等語言，古來或無正字，往往但取其聲，讀者亦可不求甚解耳。」冢田虎曰：「射者必邪視，故謂睇眄爲逢蒙視。」帆足萬里曰：「逢蒙視，熟視不捨之謂。」蔣禮鴻校《賈子》曰：「劉師培《斠補》云：《淮南子‧脩務篇》作『籠蒙目視（『目』字衍），冶由笑』，高注云：『籠蒙，猶眇目視也。』則『籠蒙』爲小義，與『逢蒙』同。《荀子‧勸學篇》『蒙鳩』，《大戴禮》作『蛨』，此『蛗』、『蒙』通轉之證。『逢蒙』本無定字，故此文又作『蛗虻』。案：劉氏云與『逢蒙』同者，《荀子》云云。『籠蒙』、『逢蒙』皆疊韻謰語，『逢蒙』爲微視，『蛗虻』當作『風蛗』，即『逢蒙』也。」〔註59〕說同王氏。王天海引王念孫說，但引「逢蒙視，微視也。《淮南》謂之籠蒙，皆微視之義」十七字〔註60〕，其餘不引，而作按語曰：「逢蒙視，《淮南子‧脩務篇》作『籠蒙目視，冶由笑』。《賈誼新書‧勸學篇》：『風蛗視，益口笑。』《淮南子》高注：『籠蒙，猶眇目視也。』眇目視，已斜眼視之也。籠蒙、風蛗，皆音之轉也，其義皆謂女人討好人之媚眼也。《荀子》『逢蒙』音義應與之同，猶今所言矇矓。若訓微視、不敢正視，未切也。」王天海引《淮南》及《賈子》，又音轉云云，乃剽竊王念孫說，所引《賈子》「風蛗」，原書作「蛗虻」，諸家皆未得其解，王念孫校定作「風蛗」。王念孫校《淮南子》亦云：「風蛗、籠蒙，語之轉耳。」〔註61〕王天海所引高誘注「籠蒙，猶眇目視也」，景宋本作「籠蒙，由妙睯。目，視也。」，道藏本作「籠蒙，猶妙昏。目，視也」，莊本「妙」作「眇」。「眇」同「妙」〔註62〕。其注作「目，視也」，故王念孫謂正文「視」爲衍文。孫詒讓曰：「妙睯，即《法言‧先知篇》之『眇緜』也。李注云：『眇緜，遠視。』莊本『妙』作『眇』，亦通，脫『睯』字則非。」〔註63〕王天海但知鈔書，於誤文全未校正，於前人成果未能參考，陋甚。此注「微眇」即「微妙」。逢蒙、籠蒙，楊倞、盧文弨、王念孫解作不敢正視、

---

〔註59〕蔣禮鴻《義府續貂》，收入《蔣禮鴻集》卷2，浙江教育出版社2001年版，第24～25頁。

〔註60〕王念孫原文「之義」作「之貌」，王天海鈔錯了。

〔註61〕王念孫《淮南子雜志》，收入《讀書雜志》卷15，中國書店1985年版，本卷第16頁。

〔註62〕「妙」是東漢產生的俗別字，《說文》未收。今本《老子》中的「妙」字，馬王堆帛書本都作「眇」。

〔註63〕孫詒讓《札迻》卷7《淮南子許慎高誘注》，中華書局1989年版，第238頁。

微視，甚確，言其視迷蒙，正狀女人媚人之態也。王天海解作乜斜眼視之，乃不知「眇」是「妙」字，而又好斥天下學者「未切也」，徒見笑於天下學者耳。張啓成《略論〈荀子校釋〉的創新之處》一文評論曰：「楊注注不達意，盧文弨、王念孫皆不達《荀子》文意。天海所釋，不僅有文獻與古注爲證，又能疏通文意，還能以連綿詞相觀照，依據充分，文從字順，實屬難得。」〔註64〕張氏不知王天海是鈔襲而來，且未得古籍句讀，未得古籍文意，竟目爲創新，亦足一歎，皆不學之過也。

## （42）故明君不道也

楊倞注：故明君不言也。

按：《韓詩外傳》卷6同。王念孫曰：「道，由也。」冢田虎曰：「『道』如字，言不以此爲道也。」王天海曰：「道，行也。」冢說非是。許維遹校《外傳》曰：「本書卷3作『明君不蹈也』，『道』與『蹈』同，皆言行也。」〔註65〕許說是也，本書《王制》亦作「蹈」。

## （43）名聲足以暴炙之

楊倞注：名聲如日暴火炙，炎赫也。

按：久保愛曰：「暴，音曝。」龍宇純曰：「《韓詩外傳》卷6『暴』字作『薰』。薰、炙義近爲長。」〔註66〕暴炙，《皇王大紀》卷79、《永樂大典》卷10876引同，《韓詩外傳》卷6元本亦同，沈本、寶曆本、趙懷玉校本、周廷寀校本、四庫本、許維遹《集釋》本作「薰炙」。許維遹曰：「『薰』、『暴』義同。」〔註67〕「薰」、「暴」有別，當作「薰炙」義長。《淮南子·覽冥篇》：「名聲被後世，光暉重萬物。」王念孫據《爾雅·釋魚》疏所引校作「熏萬物」〔註68〕，是也。此文謂名聲足以薰炙天下也。《爾雅》：「爞爞、炎炎，薰也。」郭璞注：「皆旱熱薰炙人。」亦作「熏炙」，《孟子·盡心下》趙岐注：「況於親見而熏炙之者乎？」

〔註64〕張啓成《略論〈荀子校釋〉的創新之處》，《貴州教育學院學報》2007年第1期，第55頁。
〔註65〕許維遹《韓詩外傳集釋》，中華書局1980年版，第229頁。
〔註66〕龍宇純《讀荀卿子三記》，收入《荀子論集》，學生書局1987年版，第260頁。
〔註67〕許維遹《韓詩外傳集釋》卷6，中華書局1980年版，第229頁。
〔註68〕王念孫《淮南子雜志》，收入《讀書雜志》卷13，中國書店1985年版，本卷第30頁。

（44）譬之是猶烏獲與焦僥搏也

　　楊倞注：焦僥，短人長三尺者。搏，鬭也。

　按：焦僥，本書《正論篇》作「僬僥」，同。音轉又爲「朱儒」、「侏儒」等
　　〔註69〕。《永樂大典》卷 10876 引「焦僥」誤作「樵」。

---

〔註69〕 參見蕭旭《〈國語〉「僬僥」語源考》，收入《群書校補（續）》，花木蘭文化出
　　　　版社 2014 年版，第 1925～1933 頁。

# 卷第七

## 《王霸篇》第十一校補

（1）國者，天下之制利用也

　　楊倞注：天下用之利者無過於國。「制」衍字耳。

　按：《御覽》卷 76 引無「制」字，《荀子》「制」、「利」二字每形譌，此相似
　　　而衍耳。《治要》卷 38、《皇王大紀》卷 79 引已衍「制」字。

（2）得道以持之，則大安也，大榮也，積美之原也；不得道以持之，
　　　則大危也，大累也，有之不如無之

　按：原，遞修本、四庫本作「源」。劉師培曰：「《御覽》卷 77 引『美』作
　　　『善』。」《御覽》卷 76 引作「積善之源也」，劉氏誤記作卷 77，董治
　　　安、王天海照鈔，而不覆檢。《通鑑》卷 4、《皇王大紀》卷 77、79 引
　　　作「積美之源也」。趙生群曰：「累，辱也。『大榮』與『大累』相對。」
　　　〔註 1〕是也。物双松曰：「大累，如家累之累。」王天海曰：「大累，
　　　大累贅。」二氏皆失之。

（3）挈國以呼禮義，而無以害之

　　楊倞注：挈，提舉也。言挈提一國之人，皆使呼召禮義。言所務皆禮義也。

---

〔註 1〕趙生群《〈荀子〉疑義新證》，《傳統中國研究集刊》第 8 輯，上海人民出版社
　　　2011 年版，第 51 頁。

無以害之，謂不以他事害禮義也。

按：王懋竑曰：「猶言舉國而尚禮義。註謂『挈一國之人』，未然。」〔註2〕
物双松曰：「呼禮義者，以禮義號令天下也。無以害之，言人不能害
之也。」久保愛曰：「呼，猶唱也。」于省吾曰：「『呼』、『乎』字通。
以，用也。乎，語辭。言挈國用乎禮義也。」梁啓雄從于說。蔣禮鴻
曰：「疑『呼』當作『好』。挈猶率，好猶從耳。」〔註3〕楊柳橋曰：「挈，
約束也。言約束國人以禮義，而不爲害於國人也。」林源河曰：「呼
字當訓爲宣揚，呼、害互對之意立見。」〔註4〕王天海曰：「挈國，猶
領國，亦治國也。呼，倡也。」挈，讀爲制。害，妨礙，楊注亦此意。
「以呼」取于說。言制國用乎禮義，而不能妨礙之。《吳子·圖國》：
「吳子曰：『凡制國治軍，必教之以禮，勵之以義，使有恥也。』」《戰
國策·趙策二》：「夫制國有常，而利民爲本；從政有經，而令行爲上。」

## （4）礫然扶持心國，且若是其固也

楊倞注：礫，讀爲落，石貌也。其所持心持國，不行不義，不殺無罪，落
然如石之固也。

按：龍宇純曰：「正文『是』字原當爲『石』。」龍氏妄改無據，而王天海
從其說，直是不知古書句法。《通鑑》卷4引同今本。「若是其A」、「若
是之A」、「若此其A」、「若此之A」、「如是其A」、「如是之A」、「如
此其A」、「如此之A」是古書固定句型（「A」表示形容詞）。本書「若
是其A」、「如是其A」各四見，「如此其A」一見。是，猶此也。其，
猶之也〔註5〕。此文「是」指代「礫（礫）然之石」。本書《君道》：「則
獨不若是其公也。」《韓詩外傳》卷4作「獨不如是之公」。

〔註2〕 王懋竑《荀子存校》，《讀書記疑》卷11，收入《續修四庫全書》第1146冊，
第354頁。
〔註3〕 蔣禮鴻《荀子餘義（上）》，《中國文學會集刊》第3期，1936年版，第79頁。
〔註4〕 林源河《荀子義辨》，收入《荀儒考釋與中國國樂考原》，新加坡青年書局2007
年版，第63頁。
〔註5〕 參見裴學海《古書虛字集釋》，中華書局1954年版，第380頁。又參見蕭旭
《古書虛詞旁釋》，廣陵書社2007年版，第168頁。關於這個句型的最新考
察，可以參看潘玉坤《「若是其×」及相關問題》，《中國文字研究》第18輯，
上海書店出版社2013年版，第121～130頁。

（5）主之所極然帥群臣而首鄉之者

楊倞注：主所極信率群臣歸向之者。

按：鄉，讀爲嚮，久保愛本作「嚮」，《通鑑》卷4引同。首亦嚮也。周家臺30號秦墓簡牘《日書》：「產子占：東首者貴，南首者富，西首者壽，北首者北（鄙）。」睡虎地秦簡《日書》乙種作「生東鄉者貴，南鄉者富，西鄉者壽，北鄉者賤」。《淮南子·說林篇》：「狐死首丘。」又《繆稱篇》：「狐向丘而死，我其首禾乎！」「向」即「嚮」省文。

（6）以國齊義，一日而白

楊倞注：「齊」當爲「濟」。以一國皆取濟於義，一朝而名聲明白。

按：《通鑑》卷4引「齊」作「濟」。下文「無它故焉，以濟義矣」，又「義雖未濟也」，正作「濟」字。

（7）國一綦明，與國信之

楊倞注：「綦」亦當爲「基」也。

按：《通鑑》卷4引此文，胡三省註：「今謂此『綦』字從上註，所謂齊人之言，其義亦通。明，顯也。」郭嵩燾曰：「『綦』當爲『期』之借字。所期約明白無欺。」冢田虎曰：「綦明，極明。」王天海曰：「綦，通『基』，即前所謂『綦定而國定』之『綦』，此言國家統一，立國之基明確。楊注是，他說非。」胡三省、郭嵩燾說是，此文與上文「約結已定，雖覩利敗，不欺其與」相應，「綦」正期約、約結之義。

（8）雖末在僻陋之國，威動天下，五伯是也

按：遞修本、四庫本無「末」字，《通鑑》卷4引亦無，當是衍文。

（9）齱然上下相信，而天下莫之敢當

楊倞注：齱，齒相迎也。齱然，上下相向之貌。齱，士角反。

按：注「迎」，遞修本、四庫本作「逆」，《增韻》卷5「齱」字條引亦作「逆」。傅山曰：「注語自矛盾，既曰『相逆』，又曰『相向』……『相逆』豈『相近』之訛耶？」傅說是也，P.2011王仁昫《刊謬補缺切韻》作「齱，齒相近」，《廣韻》、《集韻》作「齱，齒相近貌」。「逆」、「迎」皆是「近」形譌。董治安謂傅說誤，僨矣。

（10）故齊桓、晉文、楚莊、吳闔閭、越勾踐，是皆僻陋之國也，威動天下，彊殆中國，無他故焉，略信也

　　　楊倞注：雖未能濟義，略取信而行之，故能致霸也。

按：物双松曰：「言其方略得信於天下也。」久保愛曰：「《治要》卷 38 無『略』字。」鍾泰曰：「略，猶取也。」李滌生說同鍾氏。林源河曰：「『略』當訓爲率皆。」〔註6〕熊公哲曰：「略能以信自守也。」李中生曰：「略，當取法度之義。」王天海曰：「《廣雅》：『略，取也。』《方言》：『略，強取也。』鍾說是，他說非。」諸說皆誤。略，猶言通達、懂得。《淮南子‧脩務篇》：「通道略物。」高誘注：「略，猶達也。」物說、李說不通。「略」訓取是強取、搶奪義，鍾、李、王說大誤。

（11）如是，則臣下百姓莫不以詐心待其上矣

按：待，《通鑑》卷 4 引同，《治要》卷 38 引誤作「得」，形聲俱近。

（12）及以燕、趙起而攻之，若振槁然

　　　楊倞注：振，擊也。槁，枯葉也。

按：本書《議兵》：「然而秦師至鄢郢，舉若振槁。」《史記‧禮書》同，《索隱》：「振，動也，擊也。槁，乾葉也。」楊注與小司馬合。物双松曰：「『及以』二字只是『及』字意。」久保愛曰：「振，動搖之也。」朝川鼎曰：「『以』、『於』通用，『及以』猶言至於也。」裴學海曰：「以，猶乎也，夫也，句中之助詞也。」徐仁甫曰：「及以，猶及夫也。『以』、『夫』古字通。」龍宇純曰：「『以』字無義，此涉上諸『足以』字而衍。」林源河曰：「『及』字，表時間下逮之詞。『以燕趙起而攻之』自成一體。不當併『及以』爲一詞。『以』字實爲表明所恃資格而設。」〔註7〕王天海曰：「及以，猶言及爲、及被也。振，搖也。槁，枯木也。楊注未切。」朝、裴、徐說可通，龍說無據，《通鑑》卷 4 引有「以」字。王天海以「以」爲被動詞，則是不懂句法，「以」表被動，無此句型。又王氏「振，搖也。槁，枯木也」云者，乃剽竊《通鑑》胡三省註。竊古

---

〔註6〕林源河《荀子義辨》，收入《荀儒考釋與中國國樂考原》，新加坡青年書局 2007年版，第 69 頁。
〔註7〕林源河《荀子義辨》，收入《荀儒考釋與中國國樂考原》，新加坡青年書局 2007年版，第 70～71 頁。

人之說而不知恥，還洋洋而責楊注未切，有是夫！？

## （13）國者，天下之大器也，重任也，不可不善為擇所而後錯之

楊倞注：所，處也。錯，讀為措。

按：《治要》卷 38 引「國」下有「君」字，是也；又引「錯」作「措」。

## （14）涂薉則塞

楊倞注：「薉」與「穢」同。塞，謂行不通也。

按：《治要》卷 38 引「薉」作「穢」。

## （15）譬之是由好聲色而恬無耳目也

楊倞注：恬，安也。安然無耳目，雖好聲色，將何用哉？

按：《治要》卷 38 引同，《記纂淵海》卷 36 引脫「恬」字〔註 8〕。久保愛曰：「恬無耳目，安於無耳目也。」俞樾曰：「『恬』當作『姡』，字之誤也。《爾雅》：『覥，姡也。』《釋文》引李巡、孫炎注並曰：『人面姡然也。』是『姡然』為人面之貌。故《詩·何人斯篇》：『有覥面目。』毛傳曰：『覥，姡也。』鄭箋曰：『姡然有面目。』是其義也。姡無耳目，猶言姡然無耳目。學者多見『恬』，少見『姡』，因誤『姡』為『恬』。楊注即訓為安然，失之矣。」王先謙從俞說。王天海曰：「久說是也，楊注未切，俞說非也。」俞說之誤，學者多已指出，而王天海不引，何耶？文廷式駁俞說，云：「『姡』為人面之貌，何得引為無耳目之貌，俞說甚難而實非也。《富國篇》云：『輕非譽而恬失民。』楊注並以安訓之。此恬無耳目，『恬』字與『好』字對舉，即下文『恬愉無患難』之意，不必改字。」〔註 9〕陶鴻慶曰：「『姡然』為有面目之貌，若云『姡然無耳目』，則文不可通矣，俞說未可從也。竊謂楊釋恬為安，不誤，而說此文之義則非。恬無耳目者，言以無耳目為安也……《富國篇》云云，亦謂安於失民，文例正與此同。」鍾泰曰：「『好』與『恬』對文，楊注訓恬為安，未誤。恬無耳目，謂安於無耳目也。俞說非是。」楊樹達贊同鍾說〔註 10〕。潘重規曰：「『恬』與『好』相對為義，好聲色而安於無耳

---

〔註 8〕四庫本《記纂淵海》在卷 61。
〔註 9〕文廷式《純常子枝語》卷 15，收入《續修四庫全書》第 1165 冊，第 204 頁。
〔註 10〕楊樹達《鍾泰〈荀注訂補〉》，《清華學報》第 11 卷第 1 期，1937 年版，第 230 頁。

目，是逐末而亡本也，不可得已。『姡然』乃有面目之貌，不得云『姡然無面（耳）目』也。『恬』非『姡』之誤。楊訓安是也，以爲安然則非也。」〔註11〕徐仁甫曰：「楊注不誤，俞說非也。」龍宇純曰：「仍以楊說爲然。」〔註12〕王天海不知文廷式、楊樹達、徐仁甫之說，固不足怪，而陶、鍾、潘、龍四氏之說，王氏是知道的〔註13〕，卻不引錄，似乎獨有他才能判別俞說得失，甚非爲學之道。楊柳橋曰：「恬，通『覥』，雙聲字。《說文》：『覥，面見也。』韋昭《國語》注：『覥，面目之貌也。』恬無耳目，猶言面無耳目也。」其說即俞說之改易，其失與俞氏正同。「覥」訓面目之貌，指慚愧之貌，不得轉爲「面」義。

## （16）若是，則怡愉無患難矣

按：怡愉，浙北本同，遞修本、四庫本、久保愛本作「恬愉」，是也。「恬愉」亦見本書《禮論》、《正論》，秦漢文獻習見。

## （17）若夫貫日而治詳，一日而曲列之，是所使夫百吏官人爲也

楊倞注：貫日，積日也。積日而使條理詳備，一日而委曲列之，無差錯也。

按：本篇下文：「若夫貫日而治平，權物而稱用。」本書《君道篇》：「而親自貫日而治詳，一內（日）而曲辨之。」（「內」爲「日」音誤）①劉台拱曰：「一日，當作『一目』。」王念孫曰：「『一日』與『貫日』相對爲文，則『日』非『目』之謁也。《君道篇》作『一日而曲辨之』，『辨』與『別』古字通，則『列』爲『別』之謁也。貫，累也。言以累日之治而辨之於一日也。」梁啓雄曰：「曲，周也。」王天海曰：「曲列，完全陳列。」張新武曰：「《廣雅》：『列，治也。』辨訓治，爲《荀書》之常訓。王念孫說非是。」〔註14〕王念孫、梁啓雄說至確，王天海完全無視《君道篇》作「曲辨」之文，如其說，「曲辨」何謂耶？宋司馬光《知人論》引已誤作「曲列」。張新武說亦非，《廣雅》「列，治也」，王念孫

---

〔註11〕潘重規《讀王先謙〈荀子集解〉札記》，《制言》第 12 期，1936 年版，本文第 11 頁。

〔註12〕龍宇純《荀卿子記餘》，《中國文史研究集刊》第 15 期，1999 年版，第 222 頁。

〔註13〕參見王天海《校釋》第 1275、1277 頁附錄《〈荀子校釋〉引用及參攷文獻列目》第 94、99、102、131 種。

〔註14〕張新武《〈荀子〉訓解正補》，《新疆大學學報》2011 年第 6 期，第 123 頁。

無說，錢大昭曰：「列者，字當爲㮚。《說文》：『㮚，〔黍〕穰也。穰，
黍㮚已治者。』」〔註15〕錢說非是，「㮚」、「穰」指已經治理過的黍莖，
無治義。《廣雅》之「列」當亦是「別」形譌，《方言》卷3：「別，治
也。」言辨別而有條理，故爲治義。②詳，平和也，和順也，字亦作祥。
《賈子・鑄錢》：「將甚不祥。」《漢書・食貨志》作「詳」，顏師古曰：
「詳，平也。」《淮南子・氾論篇》：「順於天地，祥於鬼神。」《文子・
上義》作「詳」。高誘注：「祥，順也。」字亦作洋，或省作羊〔註16〕。
俞樾校下文曰：「『平』疑亦作『詳』。」王先謙、李滌生從其說，傎矣。
邵瑞彭曰：「俞說殊顛倒，蓋『治平』荀書多作『治辨』，本亦作『治辯』，
文缺其半誤爲『詳』耳。」〔註17〕邵說亦非，「治辨（辯）」是同義複詞，
「辨（辯）」亦治也（詳《不苟篇》王念孫說），「詳」非誤字。陳直曰：
「『治平』蓋先秦兩漢人之口頭語，上文『治詳』別作一義，不必強同。」
陳氏亦未會「詳」字之誼，故斷爲二橛。

## （18）守至約而詳，事至佚而功

按：王懋竑曰：「『功』字下脫一字。」〔註18〕非是。至佚而功，司馬光《知
人論》引同，《治要》卷38引作「至逸而功」，《類聚》卷11引作「至
狹而功」〔註19〕。「逸」同「佚」。「佚」誤作「俠」，因又誤作「狹」。
下文「所使要百事者誠仁人也，則身佚而國治，功大而名美，上可以王，
下可以霸」，即此「佚而功」之誼。

## （19）以是縣天下，一四海

按：《治要》卷38引「縣」作「懸」，「一」作「壹」。司馬光《知人論》引
「縣」作「統」，蓋臆改。

〔註15〕王念孫《廣雅疏證》，錢大昭《廣雅疏義》，並收入徐復主編《廣雅詁林》，
江蘇古籍出版社1992年版，第249頁。錢氏引《說文》脫一「黍」字，逕
補。

〔註16〕參見蕭旭《〈敦煌佛典語詞和俗字研究〉舉正》，收入《群書校補（續）》，花
木蘭文化出版社2014年版，第2621～2622頁。

〔註17〕邵瑞彭《荀子小箋》，《唯是》第3期，1920年版，第25頁。

〔註18〕王懋竑《荀子存校》，《讀書記疑》卷11，收入《續修四庫全書》第1146冊，
第354頁。

〔註19〕《類聚》據南宋紹興刻本，嘉靖胡纘宗刊本、四庫本並誤作「至狹而切」。

（20）三公總方而議，則天子共己而矣

　　　　楊倞注：總，領也。議其所統之政，自陝以東，周公主之；自陝以西，邵
　　　　　　　　公主之。一相處於內，是總方而議之也。共，讀爲恭。或讀爲拱，
　　　　　　　　垂拱而已也。

　　按：①久保愛曰：「方，庶方。」朝川鼎曰：「先君曰：『方，謂百官有司所
　　　守方法也。』」楊柳橋曰：「總方，總合四方之國事也。」李中生曰：「方，
　　　指法。總方，即《非十二子篇》所說『總方略』，即綜合各種法規。」
　　　王天海曰：「方，殷、周稱邦國之辭。（中略引，皆鈔自《漢語大字典》）。
　　　總方，即總領邦國之事也。楊注未切，他說亦未得也。」朝、李說是，
　　　「總方略」是三公之職。《漢書・武帝紀》：「詔曰：『公卿大夫，所使
　　　總方略、壹統類、廣教化、美風俗也。』」又《王嘉傳》：「君以道德，
　　　位在三公，以總方略、一統萬類、分明善惡爲職。」又《王尊傳》：「丞
　　　相衡、御史大夫譚位三公，典五常九德，以總方略、壹統類、廣教化、
　　　美風俗爲職。」②共已而矣，遞修本、四庫本作「共已而已矣」，下文
　　　作「共己而止矣」（巾箱本、題注本、遞修本「止」作「正」），《治要》
　　　卷 38 引作「拱己止矣」，《長短經・大體》引作「拱己而正矣」，司馬
　　　光《知人論》、《事文類聚新集》卷 1 引作「恭己而已矣」，《皇王大紀》
　　　卷 79、《職官分紀》卷 2 引作「共己而已矣」。王先謙曰：「此當作『共
　　　己而止矣』，台州本奪『止』字。」當作「共已而正矣」，「正」誤作「止」，
　　　又誤作「已」。楊注前說讀共讀爲恭，亦是。《論語・衛靈公》：「恭己
　　　正南面而已矣。」

（21）循其舊法，擇其善者而明用之，足以順服好利之人矣

　　　　楊倞注：擇舊法之善者而明用之，謂擇務本厚生之法而用之，則民衣食足，
　　　　　　　　而好利之民順服也。

　　按：董治安曰：「巾箱本、劉本、遞修本『循』作『修』，『人』作『民』。」
　　　王天海校同。遞修本作「脩」，董氏失檢，王氏照鈔。李中生曰：「循，
　　　當爲『修』字之誤。」李滌生曰：「明用，大用。」龍宇純曰：「『明』
　　　字無義，蓋涉『用』字而衍。」「脩」是「循」形譌，李中生說偵也。
　　　明，尊也，龍說非是。順，讀爲馴。《管子・小匡》：「脩舊法，擇其善
　　　者舉而嚴用之。」《國語・齊語六》「嚴」作「業」，餘同。「脩」當據

本書訂正。《漢書・何武傳》、《楚元王傳》並曰：「宣帝循武帝故事。」「循故事」即「循舊法」也，亦即《詩》「率由舊章」之誼，鄭玄箋：「率，循也。」《漢書・張湯傳》：「上欲遵武帝故事。」遵亦循也。《治要》卷45引《政論》：「皆先帝舊法，所宜因循。」亦其旁證。章昭注：「業，猶創也。」章說亦非是，《廣韻》：「業，嚴也，敬也。」「業」、「嚴」與「明」同義。

## （22）兩者合而天下取，諸侯後同者先危

楊倞注：兩者合，謂能盡埶盡人也。

按：于鬯曰：「取，當訓為趣。」朝川鼎曰：「先君曰：『取，當作服。』鼎曰：天下取，猶言天下可取也。」王天海曰：「取，通『聚』。上言合，此言聚，下言同，文氣一貫也。」朝川鼎解作天下可取，是也，「取」讀如字，此文應上文「取天下」而言。王天海妄說耳，「兩者合」楊注是，指上文「竭埶」、「竭人」兩者相合，都能做到，則天下可取也。

## （23）重色而衣之，重味而食之，重財物而制之

按：章詩同曰：「制，疑當作『利』字。」王天海曰：「制，裁也。章說非。物，巾箱本、題注本、遞修本俱無。」王說是也，三句亦見本書《富國篇》。

## （24）四方之國有佖離之德則必滅

楊倞注：佖，奢佖。離，乖離。皆謂不遵法度。

按：王念孫曰：「楊分『佖離』為二義，非也。佖亦離也。《爾雅》曰：『詖，離也。』《說文》曰：『詖，離別也。』作『佖』者，借字耳。陳說同，又云：《穀梁僖四年傳》：『於是哆然外齊侯也。』邵氏二雲（引者按：指邵晉涵）云：『哆然，離散之貌。』『佖』、『詖』、『哆』同。」王先謙、鍾文烝、楊柳橋從其說[註20]。梁啓雄、章詩同、熊公哲、李滌生皆謂「佖」借為「詖」，當本王念孫說。久保愛曰：「離，讀為麗。」王說是也。《爾雅》：「斯、詖，離也。」郭璞注：「齊陳曰斯詖，見《詩》。」《詩・墓門》《釋文》引作「斯、佖，離也。」邢昺疏：「郭云詖見《詩》

---

[註20] 鍾文烝《春秋穀梁經傳補注》卷9，收入《續修四庫全書》第132冊，上海古籍出版社2002年版，第441頁。

者，《小雅・巷伯》云：『哆兮侈兮，成是南箕。』鄭箋云『因箕星之哆
而又侈大之』是也。誃、侈音義同。」鄭樵注：「《小雅》云：『哆兮侈
兮。』侈即誃也。」二氏謂「侈兮」之「侈」當《爾雅》之「誃」，非
是，段玉裁指出「按當爲『哆兮』之異文，古哆、誃同音也」〔註21〕。
《周易參同契注》卷上第六：「四七乖戾，侈離俯仰。」舊注：「四七，
二十八宿也。乖戾者，差跌也。侈離者，失位也。」又卷上第二十二同，
又卷上第二十作「誃離」。字亦作誃，《玉篇殘卷》：「誃，《爾雅》：『誃，
離也。』《說文》：『分離也。周景王作洛陽誃臺。』《聲類》：『離別也。』」
又「誃，《聲類》亦誃字也。」《夢溪筆談》卷 3 引《字訓》：「誃，別也。」
王力從楊倞注〔註22〕，林源河謂「侈」爲恣肆義〔註23〕，皆非是。

### （25）罨牢天下而制之，若制子孫

> 楊倞注：「罨牢」未詳。「罨」或作「畢」，言盡牢籠天下也。《新序》作「宰
> 牢」。《戰國策》燕太子丹謂荊軻曰：「秦有貪功之心，非盡天下
> 之地，牢海內之王，其意不厭。」或曰：「罨」讀如「以薅荼蓼」
> 之薅，「牢」與《漢書》「丘嫂轑釜」之轑義同，皆修理幹運之意
> 也。

按：楊注所引《戰國策》見《燕策三》，今本「功」作「利」，「牢」作「臣」，
「厭」作「饜」。王懋竑曰：「當從《新序》作『宰牢』，宰制牢籠也。」
〔註24〕盧文弨曰：「《後漢書・馬融傳》：『皐牢陵山。』章懷注云：『皐
牢，猶牢籠也。』引此作『皐牢』。『皐』俗作『皐』，亦轉寫爲『罨』。」
王念孫從盧說，並指出「《困學紀聞》已辯之」。《困學紀聞》見卷 10。
王天海亦指出「盧氏乃襲用王應麟《困學紀聞》」，則是襲用王念孫說
也，眞所謂賊喊捉賊，徒增一笑耳。郝懿行曰：「《干祿字書》：『罨，
俗皐字。』蓋『皐』俗作『皐』，譌轉爲『罨』，又復加頭作『罨』，
以別於『罨』……『皐韜』爲覆冒之意，故『皐牢』亦爲牢籠，皆雙

---

〔註21〕段玉裁《詩經小學》卷 2，收入《續修四庫全書》第 64 冊，上海古籍出版社
2002 年版，第 204 頁。
〔註22〕王力《同源字典》，商務印書館 1982 年版，第 165 頁。
〔註23〕林源河《荀子義辨》，收入《荀儒考釋與中國國樂考原》，新加坡青年書局 2007
年版，第 21 頁。
〔註24〕王懋竑《荀子存校》，《讀書記疑》卷 11，收入《續修四庫全書》第 1146 冊，
第 354 頁。

聲疊韻字也。《馬融傳》云：『皋牢陵山。』章懷注引此即作『皋』字，是已然。考『睪』字由來已久……蓋此俗字起於六朝以前，正朱育所傴近鄙別字者也，與『宰』音義異而古書亦通用，故此『睪牢』，楊注引《新序》（今本無）作『宰牢』。」樊波成曰：「《說文》：『牿，牛馬牢也。《周書》曰：「今惟牿牛馬。」』『牿』即『牢』，故而孔傳訓『牿牛馬』謂「牿牢之牛馬」。『皋牢』應該就是『牿牢』。」〔註 25〕王應麟及盧、郝說是，「皋牢」猶言牢籠，取深大爲義。方以智曰：「皋牢，或作『膠侔』，猶牢籠也。《馬融傳》：『皋牢陵山。』注：『猶牢籠也。《孫〔卿〕子》：「皋牢天下。」』郭璞注《方言》曰：『傮（膠）侔，䰍大皃。』膠，洛膠反，則皋牢之聲也。《淮南子》：『牢籠天地。』高誘注：『牢音霤。楚人謂牢曰霤。』」〔註 26〕所引《淮南子》見《本經篇》，所引《方言》注見卷 2「傮，盛也，陳宋之間曰傮」郭璞注。《集韻》：「侔、勞：膠侔，䰍大貌，或從勞。」《玉篇殘卷》：「睪，古夐反。《埤蒼》：『峯牢（嶂牢），力高反。』《埤蒼》：『嶧嵁（嶂峄），古亭，在上艾（艾），山嶧嵝（嶂峄）也。』」〔註 27〕「睪」、「峯」、「嶧」即「嶂」俗譌。《玉篇》：「嶂，嶂峄，亭。」又「峄，嶂峄。」《廣韻》：「嶂，嶂峄，古亭。」又「谹，谹谺，深谷皃。」又「谺，谹谺，深谷皃。」《集韻》：「谺，谹谺，深也。」又「峄，嶂峄，山皃。」「皋牢」音轉又作「皋韜」，《釋名》：「高，皋也，最在上，皋韜諸下也。」王先謙曰：「皋韜，猶皋牢也。《荀子·王霸篇》：『睪牢天下而制之。』『睪』與『皋』同。《後漢·馬融傳》：『皋牢陵山。』『皋牢』、『皋韜』並雙聲疊韻字，皆覆冒意也。」〔註 28〕王說可信。又音轉作「顜顗」，倒言則作「顗顜」。《廣韻》：「顜，顗顜，大面皃。顗音刀。」又「顗，都牢切，顗顜，大面皃。」《集韻》：「顜，顜顗，面大。」又「顗，顗顜，大面皃。」山高爲嶂峄，谷深爲谹谺，面大爲顜顗，皆取大義，其義一也。

---

〔註 25〕樊波成《經學與古文字視野下的〈荀子〉新證》，上海社科院 2012 年碩士學位論文，第 74 頁。

〔註 26〕方以智《通雅》卷 5，收入《方以智全書》第 1 冊，上海古籍出版社 1988 年版，第 217 頁。方氏原文「孫卿子」脫作「孫子」。

〔註 27〕「上艾」漢屬太原郡。

〔註 28〕畢沅、王先謙《釋名疏證補》，中華書局 2008 年版，第 98 頁。

（26）若是，則人臣輕職業、讓賢而安隨其後

按：王念孫謂「業」字衍文，楊柳橋從其說。久保愛曰：「安，語助也。」
于省吾曰：「王說非是。王氏最以增損古人字句，極其能事，然得失
參半矣。『輕職業』與『讓賢而』爲對文，『讓賢而』即『讓賢能』，
『而』、『能』古音近字通。舊讀作『而安隨其後』句，失之。」王天
海從于說，以「讓賢而」三字爲句，且云：「安，猶乃也。」諸說並
誤。《治要》卷38、《皇王大紀》卷79引同今本，則「業」非衍文。
此文當是「賢」下脫「能」字，「讓賢能」、「輕職業」對舉成文。本
書《仲尼篇》：「推賢讓能而安隨其後。」「而」是順承連詞，正當「而
安隨其後」句。于氏校《荀》，每妄說通假，失大於得。安隨，猶言
安心跟隨、樂意跟隨。「安」非語助詞。

（27）楊朱哭衢涂曰：「此夫過舉蹞步，而覺跌千里者夫！」

楊倞注：衢涂，歧路也，秦俗以兩爲衢。或曰：四達謂之衢。覺，知也。
半步曰蹞。跌，差也。言此歧路第過舉半步，則知差而哭，況跌
千里者乎？

按：①朱駿聲曰：「衢，叚借爲岐。」〔註29〕朱起鳳曰：「衢、逵，古文讀
岐。」〔註30〕楊氏前說是，「衢」爲兩出之道，而非四達之路。②朱
駿聲從楊注訓覺爲知〔註31〕。王懋竑曰：「言此衢路第過舉半步，而
其差已千里矣，故哀而哭之。注不明。」〔註32〕郝懿行曰：「下一『夫』
字疑當作『末』，形缺而譌。末者，無也。言無有覺知而哀哭之者。」
劉台拱曰：「覺跌千里，言至千里而後覺其差。注似非。」王念孫先從
劉說，後作《補遺》引顧千里曰：「覺，疑當讀爲較，音校。《孟子音
義・離婁下》、《告子上》、《盡心下》覺音校，凡三見。盧學士《鍾山
札記》云云，在本書『覺有校義』一條〔註33〕。《文選・西京賦》注
引《鄧析子》：『賢愚之相覺，若九地之下與重天之顚。』亦覺義之一

---

〔註29〕朱駿聲《說文通訓定聲》，武漢市古籍書店1983年版，第430頁。

〔註30〕朱起鳳《辭通》卷17，上海古籍出版社1982年版，第1754頁。

〔註31〕朱駿聲《說文通訓定聲》，武漢市古籍書店1983年版，第292頁。

〔註32〕王懋竑《荀子存校》，《讀書記疑》卷11，收入《續修四庫全書》第1146冊，
第354頁。

〔註33〕引者按：盧文弨《鍾山札記》卷3「覺有與校音義並同者」云云，收入《續修
四庫全書》第1149冊，上海古籍出版社2002年版，第672～673頁。

證。則言此衢涂過舉弟半步而其較之乃差千里明甚。又下文『君人者千歲而不覺也』，覺讀爲較，不覺言不較榮安存三者與辱危亡三者之衢也。楊注非。」俞樾曰：「『覺』當爲『𧥣』，《玉篇》引《聲類》曰：『𧥣，誤也。』《廣雅》同。𧥣訓誤〔註34〕，正與楊注跌訓差其義相近。言此歧路第過舉蹉步，而其跌乃至千里，故可悲也。自誤爲『覺』，而義不可明矣。」王先謙曰：「衢涂過舉蹞步，即覺其跌至千里，喻人一念得失，可知畢生。不必果至千里而後覺其差也。下文『覺』字與此相應，不當改字。下『夫』字上屬爲句。諸說皆未當。」梁啓雄從王先謙說。胡懷琛針對王念孫從劉說，駁云：「楊倞言固非，劉台拱言亦未是。《荀子》原文即『失之毫釐，差以千里』之意，此所以臨歧不敢發而爲之一哭也。惟『覺』字疑有誤者，依劉氏言行至千里而後覺其差，則臨衢時並未覺其差也，安用哭哉？此不通之論也。」〔註35〕胡氏駁劉是也，但竟然不知王氏後改從顧說，而謂「覺」字有誤，亦失考矣。久保愛曰：「『而』當作『不』。或曰：『而』下脫『不』字。」豬飼彥博曰：「覺，疑當作『竟』。」安積信曰：「或曰：覺，『竟』之訛。案『覺』字衍。」潘重規曰：「此衢涂誤蹋半步，及覺時而已差千里矣。『覺』即下文『君人者千歲而不覺』之覺，諸解求之過深，而意轉晦。」〔註36〕蔣禮鴻曰：「『覺』有去聲讀……『相覺』謂相差異。蓋差異形於校量，由校量而引申，則有差異之義。又引申之，則爲誤差。《荀子》『覺跌』，則亦以音同於『校』、『較』而其義通爲誤差。斯則『覺跌』二字同義連文，雖不改字可也。」〔註37〕林源河曰：「『過』謂犯錯之際，『覺』謂悔悟之時。兩『夫』字並語氣助詞。」〔註38〕王雲路曰：「『覺跌』同義連文，二字皆訓差。（下舉《三國志》等四例，略）」〔註39〕王天

〔註34〕王天海引「𧥣訓誤」誤作「𧥣誤覺」，鈔書不認眞。

〔註35〕胡懷琛《王念孫〈讀書雜志〉正誤・荀子》，收入《叢書集成續編》第24冊，新文豐出版公司1988年印行，第668頁。

〔註36〕潘重規《讀王先謙〈荀子集解〉札記》，《制言》第12期，1936年版，本文第11頁。

〔註37〕蔣禮鴻《義府續貂》，收入《蔣禮鴻集》卷2，浙江教育出版社2001年版，第62～64頁。

〔註38〕林源河《荀子義辨》，收入《荀儒考釋與中國國樂考原》，新加坡青年書局2007年版，第77頁。

〔註39〕王雲路《〈讀書雜志〉失誤舉例與分析》，收入《詞彙訓詁論稿》，北京語言文化大學出版社2002年版，第34～35頁。

海曰:「覺,悟也。蓋言錯半步即會體悟差失千里。諸說因『覺』字而
歧義各出,實無謂也。」此文不誤,王先謙、林源河說下「夫」屬上,
語氣詞,是也。「覺」字顧千里、蔣禮鴻讀爲較是也。王雲路說亦是也,
然亦不知王念孫後已改從顧說,又不知蔣說,且所舉例偏晚。王天海
不通小學,至謂「諸說實無謂也」,然則以王、顧、俞、蔣之碩學,豈
有不知「覺」訓悟之理(「覺」訓悟見《說文》)?顧千里所引《鄧子》
見《轉辭篇》:「是以賢愚之相覺,若百丈之谿與萬仞之山,若九地之
下與重山之顚。」《御覽》卷77、《路史》卷13引「覺」作「較」;錢
熙祚、孫詒讓、王啓湘、沈延國並謂「覺」、「較」二字古通。「較」是
差異、比較之義〔註40〕。蔡偉曰:「『覺』應爲『覺』之後起分別字,『覺』
爲通用字,似不必以爲誤字。案『覺』有『謬誤』之義,是因爲『覺』、
『謬』音近之故。如《老子》有『寂兮寥兮』之語,馬王堆帛書《老
子》甲本作『繡呵繆呵』,乙本作「蕭呵漻呵」,而北大藏《老子》作
『蕭覺』,就是例證。賈誼《新書·審微》曰:『故墨子見衢路而哭之,
悲一跬而繆千里也。』文義與《荀子》極近,『一跬而繆千里』就是『蹞
步而覺跌千里』。」〔註41〕蔡君謂「覺是覺後起分別字」,是也,而以
「謬」爲本字則誤。

(28)政令制度,所以接下之人百姓,有不理者如豪末,則雖孤獨鰥寡,
必不加焉

　　楊倞注:不以豪末不理加於孤獨鰥寡也。

按:下文云「政令制度,所以接天下之人百姓,有非理者如豪末,則雖孤獨
鰥寡,必不加焉」,王念孫謂「天」字衍。言百姓有豪末非理處,不加
政令制度懲罰也。王天海曰:「不理,不利也。」於下文又解「理」爲
「合理」。一人著作,僅隔數頁,而說不同者竟如此!其漫不經心亦甚
矣!

(29)尺寸尋丈,莫得不循乎制度數量

---

〔註40〕 諸說參見蕭旭《鄧析子集證》,收入《群書校補(續)》,花木蘭文化出版社 2014
　　　　年版,第 2564 頁。
〔註41〕 蔡偉《誤字、衍文與用字習慣——出土簡帛古書與傳世古書校勘的幾個專題
　　　　研究》,復旦大學 2015 年博士學位論文,第 127 頁。

按：盧文弨曰：「各本作『制數度量』，今從宋本。」駱瑞鶴從盧說。王念孫曰：「作『制數度量』者是也。《富國篇》：『無制數度量則國貧。』是其證。《禮記・王制》：『度量數制。』『數制』即『制數』。」鍾泰曰：「『得』字衍文。」李中生曰：「莫得不，猶不得不。」王說是，王天海把王念孫所引的二證刪去，從駱說，亦陋矣。《皇王大紀》卷 79 引作「莫不得脩乎制數度量」，「循」雖形譌作「循」，而「制數度量」仍同各本。「度量」是本書恒語，「數量」則未見。

## （30）既能當一人，則身有何勞而為

楊倞注：而、為，皆語助也。

按：冢田虎曰：「猶言身為何勞之有。」久保愛曰：「有，讀為又。而，讀為之。」梁啓雄曰：「『勞』、『為』疑當互易。」裴學海曰：「而為，猶然為也。『然為』猶言『乎哉』，是反詰兼感歎之詞。」〔註42〕楊柳橋從裴說。蔣禮鴻曰：「有，讀為又。」〔註43〕徐仁甫曰：「楊注是也。有，讀為又。」龍宇純曰：「楊注誤。『為』同下文『舍是而孰足為』之『為』。『有』讀同『又』。身又何勞而為，猶《君道》之言『果何道而便』。或曰『為』是『焉』之誤，『而』字出後增。」〔註44〕李中生曰：「楊倞注可從。『而』字是插進凝固結構『何+動詞+為（語末助詞）』中間足音助詞。」〔註45〕王天海曰：「何勞而為，猶言為何而勞也。」久說是，梁說無據，冢說、李說、王說不合句法。為，猶有也，動詞。身有何勞而為，猶言身又何勞之有。

## （31）齊桓公閨門之內，懸樂、奢泰、游抏之脩，於天下不見謂脩

楊倞注：懸，簨簴也。「泰」與「汰」同。「抏」與「玩」同。言齊桓唯此是脩也。天下不謂之脩飾也。

按：諸家誤點作「懸樂奢泰，游抏之脩」。「之脩」猶言是脩，「懸樂奢泰游

〔註42〕裴學海《古書虛字集釋》，中華書局 1954 年版，第 545 頁。

〔註43〕蔣禮鴻《荀子餘義（上）》，《中國文學會集刊》第 3 期，1936 年版，第 83 頁。

〔註44〕龍宇純《荀卿子記餘》，《中國文史研究集刊》第 15 期，1999 年版，第 224 頁。

〔註45〕李中生《〈荀子簡釋〉注釋中校改意見的疏失》，收入《荀子校詁叢稿》，廣東高等教育出版社 2001 年版，第 33 頁。

抗」是「脩」的主語（或說是前置賓語，余不取）。①劉師培曰：「懸，讀若般。《爾雅》、《詩》箋均訓般爲樂。楊說非也。」蔣禮鴻曰：「《仲尼篇》：『閨門之內，般樂奢汰。』劉氏本此爲說。然『般』、『縣』音讀不相近，似不得叚借。又此下連『游抏之脩』，則『縣』作鐘縣解，『樂』爲聲樂，二字平列，亦未嘗不可通，不必用《仲尼篇》改此讀也。」〔註46〕嚴靈峰曰：「《仲尼篇》楊注：『般亦樂也。』則『懸』固係『般』之誤。」楊柳橋曰：「縣，讀爲愃。『愃』與『歡』聲相近。『懸』即『愃』之變體。」王天海曰：「般樂者，大樂也。般，讀若盤。」劉說是，楊注「般亦樂也」亦是，王說誤，另詳《仲尼篇》校補。②末句，章詩同曰：「但天下之人並不以他這樣是專門講求享樂。」李中生曰：「脩，行也。即從事某種活動。」王天海曰：「上『脩』言其遊樂之具完備，此『脩』則異也。今謂『脩』通『羞』，醜也。言不被天下人認爲是羞醜。楊注非，諸說皆未得也。」章詩同說近之。二「脩」字同義。言齊桓惟遊樂是求，但不被天下人認爲是追求遊樂。

## （32）知者易爲之興力而功名綦大

按：豬飼彥博曰：「知者，謂賢臣也。言君能任賢，則知者爲之立功易也。」龍宇純曰：「『易』字無義。六國文字『爲』與『易』形近，疑即涉『爲』字而衍。」易，讀爲亦，猶乃也〔註47〕。

## （33）是悖者也

楊倞注：悖，惑。

按：安積信曰：「悖，是悖逆顛倒之意。」王天海曰：「悖，通『背』，背離常理也。」上文云「是過者也」，悖、過皆謬誤之義。

## （34）故明主好要而闇主好詳

按：張之純曰：「要，約也。」楊柳橋曰：「《廣雅》：『要，約也。』要，本字。約，借字。」章詩同曰：「要，要領、簡要。」張、楊說是。要、詳對舉，「要」即「約」。上文：「主者守至約而詳。」又《不苟》：「窮則約而詳。」又《彊國》：「約而詳。」皆作「約」字。此篇下文「要百

---

〔註46〕蔣禮鴻《荀子餘義（上）》，《中國文學會集刊》第 3 期，1936 年版，第 83 頁。
〔註47〕「易猶乃」參見裴學海《古書虛字集釋》，中華書局 1954 年版，第 175 頁。

事之聽」，亦讀爲約，章詩同訓求，王天海訓總括，皆非是。

## （35）故君人勞於索之，而休於使之

楊倞注：索，求也。休，息也。

按：久保愛曰：「《呂氏春秋》曰：『賢主勞於求人，而佚於治事。』《君道篇》『人』下有『者』字，是也。」高亨曰：「休，猶佚也，猶逸也。《韓非子・難二篇》：『君人者勞於索人，佚與（於）使人。』可作此文佐證。《君道篇》亦有此語，其上文曰：『急得其人則身佚而國治。』又曰『不急其人，則身勞而國亂。』正勞、佚相對。則休爲逸義可知矣。」梁啓雄引高亨說作「《君道篇》亦有此語，『休』並當作『佚』，字之誤也。勞、逸誼相對。《韓非子・難二篇》云云」。梁氏所引，蓋高氏原稿。徐仁甫曰：「『君人』下當有『者』字，《君道篇》亦有此語，正有『者』字。《韓非子・難二》云云，亦有『者』字。」楊柳橋曰：「休，暇也。又：休，或當作『佚』。」熊公哲曰：「休，《君道篇》作『佚』。《韓非・難二》云云。」王天海曰：「『君人』下，當據《君道篇》補『者』字。休，『佚』字形誤也，亦當據《君道篇》作『佚』。」高氏原說是也，王天海乃竊取高亨原說及楊柳橋後說。台州本《君道篇》作「故君人者勞於索之，而休於使之」，遞修本、四庫本同，《治要》卷38引亦作「休」。王天海不覆核，且於《君道篇》失校，無已疏乎！久氏所引《呂氏春秋》，見《士節篇》。《大戴禮記・子張問入官》：「勞於取人，佚於治事。」〔註48〕《墨子・所染》：「故善爲君者，勞於論人，而佚於治官。」《呂氏春秋・當染》：「故古之善爲君者，勞於論人，而佚於官事，得其經也。」《新序・雜事四》：「故王者勞於求人，佚於得賢。」《鹽鐵論・刺復》：「故君子勞於求賢，逸於用之。」《漢書・王褒傳》：「君人者勤於求賢，而逸於得人。」《後漢書・王堂傳》：「古人勞于求賢，逸于任使。」

## （36）用國者，得百姓之力者富，得百姓之死者彊，得百姓之譽者榮

按：王天海曰：「『得百姓之力者富』之『得』上，《治要》有『國』字。」王氏誤校，《治要》卷38引作「國得百姓之力者富」，脫「用」、「者」

---

〔註48〕 《家語・入官》同。

二字。死，《小學紺珠》卷 8 引作「心」。

### （37）三德者具而天下歸之，三德者亡而天下去之

按：王天海曰：「兩『三德』，題注本、遞修本、龔本、明世本、四庫本皆作
『三得』。古『德』、『得』二字通。」天明刊本《治要》卷 38 引作「三
得」，金澤文庫鈔本《治要》引作「三德」。

### （38）湯武者循其道，行其義

按：循，各本作「修」，《皇王大紀》卷 79 引同。徐復曰：「作『修』之本是
也。修，治也。」董治安曰：「『循』、『修』俱通，似不必改。」徐說是
也，本書《正論》作「脩」。

### （39）生民則致寬，使民則綦理辨

按：辨，除浙北本外，各本作「辯」。龍宇純曰：「此『辯』字非衍，當是
『寬』字上若下有脫文。疑『理』是『輕』之壞誤。『辯』讀與『便』
同。使民則綦輕便，即上文『時其事，輕其任』之意。」梁啓雄、李
滌生、楊柳橋、駱瑞鶴、董治安、王天海皆以「辨（辯）」屬下句。梁
氏曰：「辯借爲辨。」李氏曰：「『辯』疑爲衍文。」駱氏曰：「古字辨、
辯、班音同而通用……此文爲班布字，班布又作頒布。」王氏曰：「綦
理，極合理，由下文『非理者』可知。辨，治也。它本一作『辯』，通
用。龍說大謬。」「辨」當屬上句，不當「辨政令制度」爲句，上文同
句「政令制度」上無「辨」字。《治要》卷 38 未引此句，而引下句「政
令制度，所以接百姓者」，是亦不以「辨」屬下爲句也。下文云「生民
則致貧隘，使民則綦勞苦」（遞修本等「綦」作「致」），與此對文。此
文「寬」下疑脫「平」字，本書《賦篇》：「此夫安寬平而危險隘者邪？」
是其證也。「理辨」與「勞苦」對文，辨亦平也，異字同義，古書自有
此例。《富國篇》：「忠信調和均辨之至也。」王念孫曰：「辨讀爲平，
均、辨同義。」使民則極理平，不勞苦之也。

### （40）使愚詔知，使不肖臨賢

按：物双松曰：「詔，在上命令之也。」安積信曰：「詔，告也。」梁啓雄
曰：「詔，教也。」梁說是，王天海從物說，可謂陋識。《淮南子・泰

族篇》：「今使愚教知，使不肖臨賢，雖嚴刑罰，民弗從也。」正本此文。《治要》卷 38、41 分別引二文，「知」皆作「智」。金澤文庫鈔本《治要》卷 38 引「詔」誤作「詺」。

### （41）日欲司間而相與投藉之

楊倞注：司間，伺其閒隙。投，摘也。藉，踐也。一作「投錯之」。

按：王天海曰：「藉，巾箱本、遞修本、明世本、四庫本並作『籍』。」注「摘」，遞修本、四庫本並作「擲」，王氏失校。

### （42）以小人尚民而威

楊倞注：尚，上也。使小人在上位而作威也。

按：劉師培曰：「尚，當作『掌』。掌者，主也。掌民者，猶言治民。」王天海謂楊注是。楊注讀尚為上，是也，而釋為「在上位」則誤。上，猶言欺陵。《國語・周語中》引《書》：「民可近也，而不可上也。」即「上民」之謂，韋昭注：「上，陵也。」《左傳・桓公五年》：「君子不欲多上人，況敢陵天子乎？」上亦陵也。

### （43）以非所取於民而巧

楊倞注：若兵甲、田賦之類也。

按：注「田賦」，四庫本同，遞修本誤作「作賤」。

### （44）其於聲色、臺榭、園囿也，愈厭而好新，是傷國

楊倞注：厭，足也。

按：物双松曰：「言愈新愈厭也。注非。」冢田虎曰：「言愈厭舊而愈好新也。」朝川鼎曰：「愈厭足而又好新，即窮欲之義。」李中生曰：「愈，勝過、超出。」王天海取張覺說，謂「愈」通「愉」，云：「愉厭，即樂於滿足也。」張覺說竊自章詩同。冢說是，即愈加喜新厭舊義。章說非是，「愉厭」不辭。此文「厭」下脫「舊」或「故」字。「愈」讀如字，副詞。《列女傳》卷 2：「好新而嫚故。」《潛夫論・交際》：「背故而向新。」

### （45）百官則將齊其制度，重其官秩

楊倞注：秩，祿也。其制馭百官，必將齊一其制度，使有守也；厚重其秩

　　　禄，使不貪也。

按：王天海曰：「齊，整敕也。」楊注是，本書《儒效》「一制度」凡三見。

### （46）百工將時斬伐

按：王天海曰：「將，以也。」王說非是，下文「縣鄙將輕田野之稅」與此對舉，「將」自是時間副詞。「時」即按時、以時義。《周禮・地官・司徒》：「令萬民時斬材，有期日。」《論語・學而》：「學而時習之，不亦說乎？」皆其例。

### （47）如是，農夫莫不朴力而寡能矣

　　楊倞注：但質朴而力作，不務他能也。

按：劉師培曰：「能，蓋『罷』字之脫文。罷，勞也。寡罷，猶言樸力而不勞也。」梁啓雄曰：「『能』當讀爲『態』。『態』讀爲『姦慝』之慝。」李中生曰：「劉說『能』當爲『罷』，甚是。但解爲『不勞』，則非。寡能，應解爲不疲軟。」王天海曰：「能，任也。任，猶事也。寡能，即少事也。楊注非，劉說亦不是。」「能」字不誤，楊、郝說是。「寡能」即少能，農夫治田，不必他能也，故或稱農夫爲「寡能之民」。《韓子・六反》：「力作而食，生利之民也，而世少之曰寡能之民也。」本書《王制》：「使農夫朴力而寡能，治田之事也。」彼文楊倞注：「使農夫敦朴於力穡，禁其佗能也。」說與此同。郝懿行曰：「朴力寡能，謂力作朴素，技能寡少，故專治於田事。」郝說亦是，王先謙從其說。劉師培校彼文，亦謂「能」當作「罷」，王天海《校釋》第394頁注彼文則曰：「能，依劉說或『罷』之訛。罷，通『疲』，困也。」二文相同，而王氏以楊注不誤爲誤，於劉說又或依或違，總由識短，讀不懂《荀子》而強作解人，貽誤後學耳。

# 卷第八

## 《君道篇》第十二校補

（1）故有君子，則法雖省，足以徧矣；無君子，則法雖具，失先後之施，不能應事之變，足以亂矣

按：高亨曰：「徧，讀爲辯，治也。」楊柳橋說同。帆足萬里曰：「『不能』以下十字，疑是古人注釋之辭。」高、楊說是也，駱瑞鶴從高說。李滌生解作「周徧」，非是。二句對舉，「失先後之施不能應事之變」十一字是注語混入正文，《治要》卷38引正無此十一字。

（2）不知法之義而正法之數者，雖博傳，臨事必亂

按：此十八字疑亦是正文「無君子，則法雖具，足以亂矣」的注語而混入正文，《治要》卷38引無。物双松曰：「博傳，博於傳習也。」久保愛曰：「舊本『博』下有『傳』字，今據元本、標注本除之。孫鑛本亦以爲衍。」梁啓雄曰：「數，指法的條文。」章書簡曰：「正，猶治也。正法數即治法數。」〔註1〕徐仁甫曰：「正，定也。數猶條目。」〔註2〕王天海曰：「義，通『宜』。正，定也。正法之數者，決定法之數量也。此正承上文『法雖省』、『法雖具』而言，訓爲『條文』者非。博傳，

---

〔註1〕章書簡《荀子札記》，安慶《學風》第7卷第2期，1937年版，第2頁。
〔註2〕徐仁甫《荀子舉正》，成都《志學月刊》第1期，1942年版，第19頁。徐氏後又改其說云：「正，猶止也。」今不取。徐仁甫《荀子辨正》，收入《諸子辨正》，成都出版社1993年版，第137頁。

即博習，物說是也。『傳』字，僅題注本、遞修本無，據此二本刪之者，非也。」久、梁、章、徐四氏說是。《皇王大紀》卷79引無「傳」字。「雖博」是「法雖具」的釋文。言不知法之義理而去確定法之條文者，法雖博，臨事必亂也。「而」是順承連詞，楊柳橋曰：「而，猶與也。」亦誤。

（3）合符節別契券者，所以為信也，上好權謀，則臣下百吏誕詐之人乘是而後欺；探籌投鈎者，所以為公也，上好曲私，則臣下百吏乘是而後偏

按：楊柳橋曰：「『誕詐之人』四字，贅，當為旁注之誤入正文者。」其說是也，下文皆作「臣下百吏」。《記纂淵海》卷21引作「別契券者，所以為信也，上好權謀，則誕詐之人乘是而後欺；探籌投鈎者，所以為公也，上好曲私，則下乘是而後偏」〔註3〕，已誤作「誕詐之人」。宋·褚伯秀《南華真經義海纂微》卷29引陳祥道註引作「符節契券，所以為信也，上好權謀，則下乘是而後欺；探籌投鈎，所以為公也，上好曲私，則下乘是而後偏」。

（4）斗斛敦槩者，所以為嘖也，上好貪利，則臣下百吏乘是而後豐取刻與，以無度取於民

按：盧文弨「後」下補「鄙」字，曰：「斗，元刻作『勝』，『勝』與『升』通用。嘖，情也。此當作情實解。宋本、世德堂本皆無『鄙』字，今從元刻。」梁啟雄、章詩同取盧說，訓嘖為情實。郝懿行曰：「斗斛，本或作『勝斛』。『勝』與『升』雖同音假借，然作『斗斛』為長。」王念孫曰：「元刻有『鄙』字者，後人以意加之也。上文『欺』與『信』相反，『偏』與『公』相反，『險』與『平』相反，此『無度』與『嘖』亦相反。嘖者，齊也。（《說文》：『嫧，齊也。』嫧與嘖通。又《說文》：『齰，齒相值也。』《釋名》曰：『幘，齰也，下齊眉齰然也。』又曰：『柵，齰也，以木作之，上平齰然也。』又曰：『冊，齰也，敕使整齰不犯法也。』並聲近而義同。）無度則不齊，故與『嘖』相反，若云『乘是而後鄙』，則『鄙』與『嘖』義非相反，與上三條不合，且加一

『鄙』字，則下文『豐取刻與』云云，竟成贅語矣。盧據元刻加『鄙』字，又訓嘖爲情，皆失之。宋呂、錢二本皆無『鄙』字。」《廣雅》：「嫧，齊也。」王念孫《疏證》說同，又補舉《太玄・玄攡》「嘖以牙者童其角」、《左傳・定九年》「晢幘而衣狸製」（杜預注：「幘，齒上下相值也。」）二例，錢繹《方言箋疏》全取王說〔註4〕。冢田虎曰：「今印本『鄙』字脫耳。此二句繫乎上『欺、偏、險、鄙』四件也。」久保愛曰：「嘖，平正之義。『鄙』字舊本無，今據元刻本、孫鑛本、標注本補之。」帆足萬里曰：「『嘖』、『積』同，使其積均平也。」朝川鼎曰：「王納諫本《標注》曰：『嘖，謂嘖嘖服人也。』桃源藏曰：『嘖疑清之誤。』」劉師培曰：「《禮書》卷103引作『勝斛』，是北宋亦有作『勝』之本。」董治安曰：「巾箱本、劉本、遞修本『斗』作『勝』。巾箱本、劉本、遞修本、盧校謝刻本『後』下有『鄙』字。」李中生曰：「盧說是而王念孫說非。『嘖』與『豐取刻與』相反，而非與『無度』相反。」王天海曰：「嘖，諸說皆未安。據文意推之，當爲『準』之意也。上文言『爲信』、『爲公』、『爲平』，此言『爲準』正相貫也，且與下文『無度取於民』相反也。『後』下『鄙』字原無，巾箱本、題注本、元刻明修本、四庫本皆有之。」《記纂淵海》卷21引「斗」作「勝」，有「鄙」字。王念孫說是，王先謙、鍾泰、楊柳橋、熊公哲、李滌生皆取王念孫說，訓嘖爲齊。陳直曰：「嘖爲嫧字之假借字，齊也。蓋整齊畫一之意。」其說亦同王氏。斗斛敦槩者，是用以取物之齊平之器也。字亦作蹟，P.2011王仁昫《刊謬補缺切韻》「蹟，正也。」《玉篇》：「蹟，正也，齊也，好也，或作䐑。」「蹟」即「䐑」形譌，「姬」或作「娀」，是其比。王天海謂「嘖當爲準意」，純是臆說。

## （5）故械數者，治之流也，非治之原也；君子者，治之原也

按：君子，陶鴻慶謂當作「君」，下文「君者民之原也」是其證；包遵信謂當作「君人」，下文「官人」與「君人」相對；李中生謂「君子」不誤。陶說是，《御覽》卷430引作「君者治之源也」。下文云：「君者，民之

〔註4〕 王念孫《廣雅疏證》、《廣雅疏證補正》，收入徐復主編《廣雅詁林》，江蘇古籍出版社1992年版，第317～318頁。錢繹《方言箋疏》卷5，上海古籍出版社1984年版，第348頁。

－267－

原也。」《御覽》卷 620 引《孫卿子》：「君者源也，水者流也。」亦其證。《治要》卷 38、《記纂淵海》卷 29、《皇王大紀》卷 79 引已衍「子」字〔註5〕。

## （6）百姓莫敢不順上之法，象上之志，而勸上之事，而安樂之矣

按：鍾泰曰：「勸，勉也。元刻作『勤』，疑不知者妄改。」王天海曰：「象，仿效。巾箱本、題注本、遞修本『勸』字作『勤』。《治要》亦作『勸』，三本妄改之，鍾說是。」《皇王大紀》卷 79 引「勸」作「勤」。本書《議兵》：「修（循）上之法，像上之志。」象、像亦順也，依隨、依順也。《淮南子·覽冥篇》：「驕主而像其意。」高誘注：「像，猶隨也。」本書《彊國篇》：「夫下之和上，辟之猶響之應聲，影之像形也。」《文選·七命》李善注引「像」作「隨」。《賈子·禮》：「作此詩者，以其事深見良臣順上之志也。」正作「順」。

## （7）故藉斂忘費，事業忘勞，寇難忘死

按：藉斂，遞修本、四庫本作「籍斂」，正字。久保愛曰：「藉斂，猶言稅斂也。」亦借「作斂」、「措斂」爲之，《墨子·節用上》：「多其使民勞，其籍斂厚。」王引之曰：「籍斂，稅斂也。《大雅·韓奕篇》『實畝實籍。』箋曰：『籍，稅也。』《正義》引《宣十五年公羊傳》曰：『什一而籍。』《辭過篇》：『厚作斂於百姓。』『作斂』與『籍斂』同。《非樂篇》：『厚措斂乎萬民。』『措』字以昔爲聲，『措斂』亦與『籍斂』同。」〔註6〕冢田虎曰：「藉斂，蓋厚斂也。」冢說非是。

## （8）城郭不待飾而固，兵刃不待陵而勁

按：王懋竑曰：「『陵』字恐誤。」〔註7〕久保愛曰：「陵，《正字通》引此曰：『淬也。』」王先謙曰：「陵，謂厲兵刃也。」梁啓雄、楊柳橋、李滌生從王先謙說，楊氏且指出「陵、厲雙聲」。帆足萬里曰：「『陵』、『稜』通。言磨礪使之尖利也。」陳直曰：「陵讀如硎，砥石也。」王天海不

〔註5〕四庫本《記纂淵海》在卷 60。
〔註6〕王引之說轉引自王念孫《墨子雜志》，收入《讀書雜志》卷 9，中國書店 1985 年版，本卷第 64 頁。
〔註7〕王懋竑《荀子存校》，《讀書記疑》卷 11，收入《續修四庫全書》第 1146 冊，第 354 頁。

引楊柳橋說，竊其說而曰：「陵、厲一聲之轉。」考《增韻》卷2：「陵，淬也。《荀子》云云。」《洪武正韻》卷6同，此《正字通》所本，《康熙字典》亦本之。舊《辭源》、《辭海》並曰：「陵，磨礪。」《漢語大字典》：「陵，淬礪。」然此說無據。王先謙、楊柳橋說是。

## （9）敬詘而不苟

按：王天海曰：「不苟，《外傳》作『不慢』，意相近也。錢佃謂諸本作『不悖』。巾箱本、題注本、遞修本並作『不悖』。」《記纂淵海》卷104、《皇王大紀》卷79引並作「不悖」〔註8〕。趙善詒曰：「悖、慢義同。」〔註9〕

## （10）問為人夫？曰：「致功而不流，致臨而有辨。」

按：傅山曰：「似謂致其女功，而不與之狎褻流連。而不流，致其臨蒞之道，妻妾之間，辨而不混也。」王懋竑曰：「二語未詳。」〔註10〕郝懿行曰：「辨，《外傳》卷4作『別』。謂夫婦有別也。『致功而不流』句未詳，疑有譌字。」物双松曰：「言致其作功之事而不流湎，此夫之所以率妻也。致臨而有辨，言致其臨御之道而有辨別，此夫之所以睦妻也。」久保愛曰：「不流，無流淫之行也。」帆足萬里曰：「功，治家功程也。臨者，臨下之道。」劉師培曰：「『功』字乃『和』之訛也。」梁啓雄、李滌生、龍宇純從劉說〔註11〕。鍾泰曰：「『辨』與『別』通。」梁啓雄曰：「臨，讀為隆，或指隆禮。」龍宇純指出梁說誤〔註12〕。徐仁甫曰：「『功』疑『調』之誤。又疑『功』為『和』字之誤。」賴炎元曰：「照臨，這裏解作審理、照顧。」〔註13〕楊柳橋曰：「功，事也。流，猶淫放也。」王天海曰：「致功，致力於功業。不流，不流湎於私情。致臨，極親近。有辨，有別也。」二「致」字同義，王天海分作

〔註8〕四庫本《記纂淵海》在卷40。
〔註9〕趙善詒《韓詩外傳補正》，商務印書館1938年版，第108頁。
〔註10〕王懋竑《荀子存校》，《讀書記疑》卷11，收入《續修四庫全書》第1146冊，第354頁。
〔註11〕龍宇純《讀荀卿子三記》，收入《荀子論集》，學生書局1987年版，第265頁。
〔註12〕龍宇純《讀荀卿子札記》，收入《荀子論集》，學生書局1987年版，第197頁。
〔註13〕賴炎元《韓詩外傳今注今譯》，臺灣商務印書館1979年第3版，第162頁。

二義，非是。致功，致其成功也。致臨，致其臨御也。傅、郝、物三氏解下句，皆得之。《韓詩外傳》卷 4 誤作「照臨」。流，讀爲留，稽留、耽擱。言致其成功而不稽留其事，謂疾力於功業，幹大事業。

## （11）夫有禮，則柔從聽待；夫無禮，則恐懼而自竦也

按：久保愛曰：「竦，畏敬貌。」帆足萬里曰：「『竦』、『疎』通，言不敢褻也。」王天海曰：「侍，原作『待』，據諸本改之。《外傳》此二句作『妻柔順而聽從，若夫行之而不中道，即恐懼而自竦』。」竦，遞修本誤作「竦」。《皇王大紀》卷 79、《記纂淵海》卷 103 引同諸本作「侍」、「竦」，《記纂淵海》卷 191 引作「侍」、「悚」〔註 14〕。「悚」是「竦」的分別字，久說是，帆氏妄說通借。

## （12）此道也，偏立而亂，俱立而治，其足以稽矣

按：稽，久保愛、帆足萬里訓考、徵，是也。言道偏立則亂，俱立則治，皆足以稽考也。王天海從張覺說，讀稽爲楷，訓楷模、法式、準則，非是。

## （13）古者先王審禮，以方皇周浹於天下，動無不當也

按：《皇王大紀》卷 79 引「方皇」作「旁皇」，「不當」作「不審」。「不審」是「不當」形譌。《韓詩外傳》卷 4 作「昔者先王審禮以惠天下，故德及天地，動無不當」。「方皇周浹」另詳《禮論篇》校補。

## （14）故君子恭而不難，敬而不鞏

按：《韓詩外傳》卷 4 同。盧文弨曰：「恭而不難，所謂『恭而安』也。《說文》：『鞏，以韋束也。』此亦謂敬而不過於拘束也。」王懋竑曰：「恭而不難，恭而不以爲難，即『恭而安』之意。『鞏』字難解。」〔註 15〕王引之曰：「難，讀《詩》『不戁不竦』之戁。鞏讀《方言》『蛩㤨，戰栗也』之蛩，說見《經義述聞》《大戴記・曾子立事篇》，盧說『難』、『鞏』二字皆失之。」《大戴禮記・曾子立事》：「君子恭而不難，安而

---

〔註 14〕四庫本《記纂淵海》分別在卷 39、81，二卷「竦」皆作「悚」。
〔註 15〕王懋竑《荀子存校》，《讀書記疑》卷 11，收入《續修四庫全書》第 1146 冊，第 354 頁。

不舒,遜而不諂,寬而不縱,惠而不儉,直而不徑。」王引之曰:「難,讀爲戁。《爾雅》曰:『戁,動也。』又曰:『戁,懼也。』《商頌·長發篇》:『不戁不竦。』毛傳曰:『戁,恐也。』恭敬太過則近於恐懼,故曰君子恭而不戁。《荀子·君道篇》云云,難亦讀爲戁。鞏,《方言》作戁,云:『戁恭,戰栗也。荆吳曰戁恭。戁恭又恐也。』戁,郭璞音鞏。鞏與戁聲義並同,又與恐聲相近也。『恭而不戁,敬而不鞏』,鞏與戁義正相承;『恭而不戁,安而不舒』,舒與戁義正相反也。」〔註16〕王樹枏、楊柳橋取王引之說,王樹枏又云:「《釋名》:『難,憚也。』憚亦恐懼義,與戁蓋通字。」〔註17〕《廣雅》:「戁恭,懼也。」王念孫曰:「戁、恭之爲言,皆恐也。《方言》:『戁恭,戰慄也,荆吳曰戁恭,戁恭又恐也。』《荀子·君道篇》云云,難即『不戁不竦』之戁。『鞏』與『戁』同。《說文》:『恭,戰慄也。』」〔註18〕物双松曰:「難,憚也。『鞏』、『恐』同。」冢田虎曰:「鞏,固也。」久保愛曰:「難,讀爲戁。鞏,讀爲恐。」梁啓雄從久說。王天海曰:「『難』、『戁』通,懼也。鞏,固也,固執也。上已言『恭而不懼』,此『鞏』若訓爲恐,則義複,語贅也。」王念孫、王引之、王樹枏、物双松、久保愛說是,二句只是一義。王天海引王引之說,刪去「說見經義述聞大戴記曾子立事篇」十四字,亦不一檢《經義述聞》原文,而竟勇於立說云「鞏若訓爲恐,則義複,語贅也」,然則「恭」、「敬」亦義複,又怎不語贅耶?其不明古人語法,有如此者。

## (15)並遇變應而不窮

按:盧文弨曰:「變應,宋本作『變態』。」王念孫曰:「元刻以下文有『應變故』,故改『變態』作『變應』,而不知其謬也。並,猶普也,徧也。言遇萬事之變態而應之不窮也。」冢田虎曰:「謂事之變與應並遇之也。」久保愛曰:「並遇變應,《臣道篇》『應卒遇變,齊給如響』之意也。」于省吾曰:「態,應讀作式,謂爽忒。」龍宇純曰:「此以態爲忒。《說

〔註16〕 王引之《經義述聞》卷 11,江蘇古籍出版社 1985 年版,第 279～280 頁。
〔註17〕 王樹枏《校正孔氏〈大戴禮記補注〉》卷 4,收入《叢書集成初編》第 1031 冊,中華書局 1985 年影印,第 102 頁。
〔註18〕 王念孫《廣雅疏證》,收入徐復主編《廣雅詁林》,江蘇古籍出版社 1992 年版,第 161 頁。

文》：『忒，更也。』是態亦變也。」〔註 19〕王天海曰：「『並遇變』句，『應而不窮』句，如是讀文意自通。《外傳》作『應變而不窮』，與此文義同。盧說宋本作『變態』，不知所據爲何本？」各本皆作「變應」，盧氏誤記，王念孫、于省吾、龍宇純據誤文說之，非是。「變應」當乙作「應變」，是先秦成語，言應其變化、應其變故也。本書《哀公》：「所謂大聖者，知通乎大道，應變而不窮。」〔註 20〕又《王制》：「舉措應變而不窮。」「並遇」不通，疑「遇卒」之誤倒。久保愛所引《臣道篇》「應卒遇變」，即此「遇卒應變」之誼。「應」、「遇」都是應接、對付義。字亦作偶，《淮南子·氾論篇》：「應時偶變。」字或作耦，《淮南子·原道篇》：「夫執道理以耦變。」又《齊俗篇》：「此皆聖人之所以應時耦變。」又「欲以耦化應時。」又《兵略篇》：「而欲以少耦眾，不能成其功。」「卒」同「猝」。王天海說「並遇變」句，大誤。

## （16）其於事也，徑而不失

按：冢田虎曰：「徑，直也。《外傳》作『經』，似是矣，謂經紀。」久保愛曰：「徑，徑直也。」駱瑞鶴曰：「徑，讀爲經，謂順理也。言順其理而無有失錯。」王天海從駱說。《外傳》作「經」，當據此文讀爲徑。趙懷玉曰：「經，他書作徑。案經亦訓徑。」〔註 21〕其說是也，而未明晰。周大璞曰：「徑猶疾也，疾猶敏也。《外傳》卷 4『徑』作『經』，蓋字之叚借。」〔註 22〕章詩同、熊公哲、劉如瑛亦訓捷速、敏疾。言於事雖疾速而無過失也。

## （17）其所爲身也，謹修飾而不危

按：久保愛據遞修本刪「所」字，是也。「危」讀如字，即「危險」之危，言謹修飾其身而不危身也。王念孫讀危爲詭，訓違；鍾泰訓危爲高，楊樹達、梁啓雄、李滌生從鍾說〔註 23〕；楊柳橋訓危爲憂懼，又訓爲疑；

---

〔註 19〕 龍宇純《荀卿子記餘》，《中國文史研究集刊》第 15 期，1999 年版，第 225頁。
〔註 20〕 《大戴禮記·哀公問五義》、《說苑·臣術》略同。
〔註 21〕 趙懷玉校本《韓詩外傳》卷 4，《龍溪精舍叢書》本。
〔註 22〕 周大璞《荀子札記》，《清議》第 1 卷第 9 期，1948 年版，第 26 頁。
〔註 23〕 楊樹達《鍾泰〈荀注訂補〉》，《清華學報》第 11 卷第 1 期，1937 年版，第 226頁。

王天海謂「危，通『詭』，詐僞也。危、僞聲韻通」；並失之。

### （18）其居鄉里也，容而不亂

按：久保愛曰：「『容』上疑脫『寬』字，《臣道篇》曰：『寬容而不亂。』」
梁啓雄、李滌生、龍宇純從久說〔註24〕，蔣禮鴻說亦同久氏〔註25〕。
楊柳橋曰：「容，寬也，猶和同也。」李中生曰：「容，指禮容，即禮儀。
不能強改『容』爲『寬容』。」王天海曰：「容，從容自如也。『容』下，
巾箱本、題注本、遞修本並有『不容』二字。」不當有「不容」二字，
《韓詩外傳》卷4亦作「容而不亂」。此「容」指容於鄉里，爲鄉里所
接受，諸說並誤。《臣道篇》「寬容而不亂」與此無涉。

### （19）仁厚兼覆天下而不閔，明達用天地、理萬變而不疑

按：①物双松曰：「不閔，不病也，言無所不足也。」久保愛曰：「《外傳》
『閔』作『窮』，是也。」帆足萬里曰：「不閔，言不以爲勞也。」鍾
泰曰：「『閔』字不可解，疑『閣』字之譌。」楊柳橋、李滌生並曰：「閔，
憂也。」張覺曰：「閔，通『昧』，昏暗。」王天海曰：「仁厚，《外傳》
作『仁義』，較長。閔，勉也，此指費力。他說皆未得之。」閔，讀爲
泯。《爾雅》：「泯，盡也。」猶言滅沒、窮盡，與「窮」義近。明達，
《韓詩外傳》卷4作「明通」，義同。「仁厚」是《荀子》習語，本書
《強國》：「求仁厚明通之君子而託王焉。」亦以「仁厚」、「明通」連
文，尤足證此文當是「仁厚」。②下句，四庫本同，遞修本作「明達用
天地理萬物變而不凝」，《韓詩外傳》卷4作「明通天地、理萬變而不
疑」，《皇王大紀》卷79引作「用天地理萬物變而不凝」。王念孫曰：「『用』
當爲『周』，字之誤也。」久保愛說同。梁啓雄曰：「『疑』同『凝』，
凝滯之意。」王叔岷曰：「『物』字疑衍（《外傳》無『物』字），或『變』
一本作『物』，後人因並溷入耳。」駱瑞鶴曰：「明達，即『明通』。『用』
爲裁用之用，不當爲『周』。疑，惑也。」龍宇純曰：「元刻『物』字
當係衍文，『凝』亦當爲『疑』字之誤。『用』字當涉『明』字而衍。」
〔註26〕李中生曰：「當讀爲『明達用，天地理，萬變而不疑』。疑，迷

〔註24〕龍宇純《讀荀卿子三記》，收入《荀子論集》，學生書局1987年版，第266頁。
〔註25〕蔣禮鴻《荀子餘義（上）》，《中國文學會集刊》第3期，1936年版，第84頁。
〔註26〕龍宇純《讀荀卿子三記》，收入《荀子論集》，學生書局1987年版，第267頁。

惑。」王天海曰：「《外傳》作『明通天地理，萬變而不疑』。此『用』猶『通』也。用、通一聲之轉。若訓爲『治』，地或可治，天不可治也。『萬』下，巾箱本、題注本、遞修本並有『物』字，『疑』皆作『凝』，非也。疑，惑也，梁說非。」梁說是，龍說「物」、「用」衍文亦是。正因爲明達（明通），所以能不凝滯於物也。本書《富國》、《樂論》皆有「治萬變」語，即此「理萬變」之誼。李中生、王天海未得二文之讀。

（20）**請問為國？曰：「聞脩身，未嘗聞為國也。」**

按：王天海曰：「爲國，治國也。巾箱本、題注本、遞修本作『未聞修國也』。或曰：爲國，當爲『修國』。然『修身』者常聞，『修國』不常聞也。」遞修本作「脩」，不作「修」。《大學衍義》卷 1 引同慕宋本，《記纂淵海》卷 29 引作「未聞修國也」〔註 27〕。作「脩國」亦通，此修辭手法。

（21）**君者槃也，民者水也，槃圓而水圓；君者盂也，盂方而水方**

按：《示兒編》卷 4：「《荀子》曰：『君者盤也，水者民也，盤圓則水圓。』謂之盤圓則水圓，則盤非沐浴之器而何？」久保愛曰：「『槃』與『盤』同，沐浴器也。」王天海曰：「『民者水也』四字，今諸本除宋浙本外，皆無之。《類聚》引作『水者民也』。」《類聚》卷 73 引作「君者盤也，水者民也，盤圓則水圓，盤方則水方」，《白氏六帖事類集》卷 4 引作「民者水也，盤圓則水圓，盤方則水方」〔註 28〕（此條劉師培已及），《廣韻》「君」字條、《帝範・君體》卷 1 注引作「君者盤也，民者水也，盤圓則水圓」（此條盧文弨、王念孫已及），《御覽》卷 620 引作「君者盤也，水者民也，盤方則水方，盤員則水員」（此條劉師培已及），又卷 758 引作「君者槃也，水者民也，槃圓則水圓，槃方則水方」（此條董治安已及）；「水者民也」是「民者水也」誤倒。《記纂淵海》卷 29、《大學衍義》卷 1 引亦無「民者水也」四字。此蓋孔子語，《韓子・外儲說左上》引孔子曰：「爲人君者猶盂也，民猶水也，盂方水方，盂圓水圓。」《治要》卷 36 引《尸子》引孔子曰：「君子者盂也，民者水

〔註 27〕四庫本《記纂淵海》在卷 60，下同。
〔註 28〕《白帖》在卷 13。

也。盂方則水方，盂圓則水圓。」〔註29〕（二例劉師培已及）。《劉子・從化》：「水之在器，器方則水方，器圓則水圓，是隨器之方圓也。」

## （22）君者，民之原也

按：劉師培曰：「《御覽》卷620引作『君者源也，民者流也』，未知所據何本？」《御覽》引作「君者源也，水者流也」，劉氏誤記「水」作「民」，王天海照鈔，而不一檢原文。

## （23）善班治人者也

按：劉台拱曰：「班治，《外傳》作『辨治』。班、辨一聲之轉。」久保愛曰：「班治，各分其職以治之也。」王先謙曰：「班，讀曰辨。辨、治同義。說詳《不苟篇》。」梁啓雄說同，陳直申證王說。劉師培曰：「『班』爲『辨』叚，《外傳》卷5『班』作『辨』，是其證。」朱起鳳曰：「辨、治二字同義……辯、辨同音通用，班、辨一音之轉。」〔註30〕王天海曰：「班治，分等級而治。久說近是，王說非。《外傳》作『辯治』者，誤也，不可從。」劉台拱、王先謙說是，「辨」乃「辯」借字，《治要》卷44引《桓子新論》：「吏卒辨治之苦，不可稱道。」亦作借字。本書《不苟》：「物至而應，事起而辨。」王念孫曰：「辨者，治也。《說文》：『辯，治也。』字或作辨，《議兵篇》：『城郭不辨。』注曰：『辨，治也。』合言之則曰『治辯』，或作『治辨』，倒言之則曰『辯治』，《荀子・君道篇》：『善班治人者也。』『班』亦與『辯』同，《外傳》作『辯治』。《成相篇》：『辨治上下。』」此乃王先謙、劉師培、朱起鳳、梁啓雄說所本。王引之亦謂「班治」即「辯治」〔註31〕，蓋用其父之說。《說文》「辯，治也」條桂馥注亦云：「辯，又通作班。」〔註32〕「辨（辯、班）治」是秦漢人成語。睡虎地秦簡《語書》：「而惡與人辨治。」居延新簡E.P.T50:1A《蒼頡篇》：「苟務成史，計會辨治。」又68.191：「☒案：尊以縣官事賊傷辨治☒。」王先謙已指示「說詳《不苟篇》」，

---

〔註29〕 《後漢書・宦者列傳》《上靈帝陳事疏》引《尸子》：「君如杅，民如水。杅方則水方，杅圓則水圓。」李賢注：「杅，椀屬也，音于，字亦作盂。」

〔註30〕 朱起鳳《辭通》卷2，上海古籍出版社1982年版，第166頁。

〔註31〕 王引之《與陳碩甫書》，收入《王文簡公文集》卷4，《續修四庫全書》第1490冊，上海古籍出版社2002年版，第395頁。

〔註32〕 桂馥《說文解字義證》，齊魯書社1987年版，第1291頁。

王天海竟不一檢，信口開合，以不誤爲誤，以誤爲不誤，其不通訓詁
也如此！其著書草率也如此！

### （24）善顯設人者也

按：顯設，《御覽》卷76引《外傳》同，《韓詩外傳》卷5作「設顯」。設，
冢田虎、久保愛解爲「陳設」，俞樾解爲「大」，王先謙解爲「用」。劉
師培曰：「『設』當作『役』。『顯』字古與『間』同。所謂『顯役』者，
即更迭用人及分別用人之義也。」王天海曰：「設，置也。顯設，猶言
置人於顯要之位。王訓設爲用，迂遠也，且不切文意。劉說大謬。」劉
氏所改，確是不妥。王天海訓置，與解爲「陳設」、「用」並無不同。上
文云「善生養人者也」、「善班治人者也」，下文云「善藩飾人者也」，龍
宇純、楊柳橋取俞樾說，龍氏且指出「顯設」、「生養」、「班治」、「藩飾」
皆同義平列〔註33〕，是也。《外傳》「藩飾」作「粉飾」，「粉」是雙聲借
字。本書《榮辱》楊倞注：「藩飾，藩蔽、文飾也。」（梁啓雄已引）又
《富國》楊注：「藩飾，藩衛、文飾也。」屈守元引翟灝《通俗編》卷
22，謂「粉飾」以喻言〔註34〕，非是。王天海讀藩爲繁，訓多，其說乃
竊自《榮辱篇》物双松說，亦非是。

### （25）若夫重色而成文章，重味而成珍備，是所衍也

按：俞樾曰：「『珍備』二字無義，此本作『重味而備珍怪』。《正論篇》『食
飲則重太牢而備珍怪』，是其證也。因涉上句『重色而成文章』誤衍『成』
字，遂倒『備珍』爲『珍備』，而臆刪『怪』字矣。《韓詩外傳》作『重
色而成文，累味而備珍』，上句無『章』字，下句無『怪』字，然『成
文』、『備珍』正本《荀子》，可據以訂正。」王先謙、梁啓雄、楊柳橋、
李滌生從俞說。高亨曰：「備，疑當作『脩』。珍脩猶珍羞也。」李中生
曰：「高說是。成，通『盛』，多也。」王天海從高、李說。四庫本作「珍
脩」。李說非是，「成」當讀如字。本書《富國》、《王霸》並有「重色而
衣之，重味而食之」，楊倞注並云：「重，多也，直用反。」俞說可通，
高說亦通。言多色而織成文章，多味而製成珍羞也。

---

〔註33〕龍宇純《讀荀卿子三記》，收入《荀子論集》，學生書局1987年版，第268頁。
〔註34〕屈守元《韓詩外傳箋疏》卷5，巴蜀書社1996年版，第510頁。

（26）故天子諸侯無靡費之用，士大夫無流淫之行，百吏官人無怠慢之事，眾庶百姓無姦怪之俗，無盜賊之罪，其能以稱義徧矣

按：李中生曰：「『稱義』複合詞。義，禮義、道義。徧，通『辨』，治也。」王天海曰：「稱，好，美好。稱義者，美好之道義也。徧，通『辨』，治也。」二說皆誤。「稱」讀去聲，言適宜。稱義，猶言符合其義。「徧」讀如字，周徧。謂如此則諸侯以至百姓盡皆能夠符合其義也。

（27）隆禮至法則國有常，尚賢使能則民知方

按：物双松曰：「『至』當作『致』。」久保愛曰：「至，讀爲致。知方，知所趣向也。」王先謙曰：「知方，皆知所向。」鍾泰曰：「『知方』即《論語》『且知方也』之『知方』，謂知義也。」楊樹達從鍾說〔註35〕。嚴靈峰曰：「『至』疑當作『正』。」李滌生曰：「《大略篇》：『隆禮尊賢而王，重法愛民而霸。』『至法』應即『重法』之義。」龍宇純指出《強國》、《天論》並有「隆禮尊賢而王，重法愛民而霸」語，「至」即「重」之誤〔註36〕。楊柳橋曰：「至，通『致』，深審也。《廣雅》：『方，正也，義也。』」王天海曰：「至，極也。至法，極盡法制。常，綱常。方，向也。鍾說非。」王天海說全誤。龍說是也，本書《富國》：「其百吏好法，其朝廷隆禮。」「好法」義亦近之。「方」亦「常」也，指禮法。本書《成相》：「君法明，論有常，表儀既設民知方。」亦同。《論語‧先進》：「比及三年，可使有勇，且知方也。」何晏《集解》：「方，義方。」《釋文》引鄭玄曰：「方，禮法也。」《漢書‧刑法志》引《論語》，顏師古注：「方，道也。」《文選‧江賦》、《嘯賦》、《演連珠》李善注並引鄭玄《論語》注：「方，常也。」《治要》卷48引杜恕《體論》：「夫賞賢使能，則民知其方。賞罰明必，則民不偷。」即本《荀子》。

（28）然後明分職，序事業

按：《治要》卷38、《長短經‧適變》引同，《治要》卷48引杜恕《體論》亦同，《韓詩外傳》卷6作「然後明其分職，考其事業」。「考」同「攷」，「序」同「叙」，「叙」形譌作「攷」。下文「故職分而民不探，次定而

〔註35〕 楊樹達《鍾泰〈荀注訂補〉》，《清華學報》第11卷第1期，1937年版，第230頁。
〔註36〕 龍宇純《讀荀卿子三記》，收入《荀子論集》，學生書局1987年版，第269頁。

序不亂」，即承此而言。下文又云「守職循業」，循業者，即遵其事業
之序也。

## （29）故職分而民不探，次定而序不亂

按：王懋竑曰：「探，索也。有分職，則民各從其事而無所探索。」〔註37〕
王念孫曰：「『不探』二字，義不可通，《外傳》作『不慢』，是也。」
王先謙、楊柳橋從王念孫說。物双松曰：「探，探聽之意。」久保愛曰：
「謂職分既定，不待探索也。《外傳》『探』作『慢』，謂怠慢也。」劉
師培曰：「『探』字不誤。探，取也，試也，遠取之也。探者，徼幸而
窺伺之謂也。王說非。」潘重規曰：「《說文》：『探，遠取也。』此言
民有定業，故無旁鶩之情也。」李滌生從潘說。駱瑞鶴曰：「『探』、『慢』
當各自為義。探者，旁窺之名，謂踰越本位。」王天海曰：「探，取也，
試也。不探，言職有分則民不作非分之求取也。」王天海引劉說，不
引「探，取也，試也」之文，而作為自己的按語。「探」字不誤，《皇
王大紀》卷 79 引誤作「深」，《外傳》作「慢」，當據此校正。探之言
貪也。《釋名》：「貪，探也，探入他分也。」言職分既定，則民不貪取
他分。《商君書·定分》：「夫賣〔兔〕者滿市，而盜不敢取，由名分已
定也。」〔註38〕《呂氏春秋·慎勢》引《慎子》：「積兔滿市，行者不
顧。非不欲兔也，分已定矣。分已定，人雖鄙不爭。」

## （30）兼聽齊明而百事不留

按：豬飼彥博曰：「齊，等也，言視聽不偏也。」李滌生曰：「《修身篇》：『齊
明而不竭。』注：『無偏無頗曰齊。』」其說是也，齊，均齊也。王天
海曰：「齊，全也。」其說竊自李中生〔註39〕。非是。

## （31）故天子不視而見，不聽而聰，不慮而知，不動而功

按：本書《君子》：「天子……不視而見，不聽而聰，不言而信，不慮而知，

---

〔註37〕王懋竑《荀子存校》，《讀書記疑》卷 11，收入《續修四庫全書》第 1146 冊，
第 354 頁。
〔註38〕「兔」字據《長短經·理亂》引補。
〔註39〕李中生《從王先謙〈荀子集解〉看清代訓詁學的得失》，其說又見《讀〈荀子〉
札記》，並收入《荀子校詁叢稿》，廣東高等教育出版社 2001 年版，第 114、
134 頁。

不動而功。」《管子‧戒》：「所以謂德者，不動而疾，不相告而知，不爲而成，不召而至。」《禮記‧中庸》：「如此者，不見而章，不動而變，無爲而成。」《呂氏春秋‧本生》：「若此人者，不言而信，不謀而當，不慮而得。」《淮南子‧原道篇》：「故聖人……不謀而當，不言而信，不慮而得，不爲而成。」又《精神篇》：「不學而知，不視而見，不爲而成，不治而辯。」《文子‧微明》：「眞人者，不睬而明，不聽而聰，不行而從，不言而公。」

（32）今人主有六患：使賢者爲之，則與不肖者規之；使智者慮之，則與愚者論之；使脩士行之，則與汙邪之人疑之。雖欲成功，得乎哉

　按：成功，《治要》卷 38 引同，各本作「成立」〔註40〕，宋‧司馬光《功名論》、《皇王大紀》卷 79 引亦作「成立」。《治要》卷 48 引杜恕《體論》：「使賢者爲之，與不肖者議之；使智者慮之，與愚者斷之；使修士履之，與邪人疑之。此又人主之所患也。」即本《荀子》。規，謀議。久保愛曰：「規，規度之也。」近是。蔣禮鴻曰：「規讀爲窺。」〔註41〕楊柳橋曰：「規，正也。」李滌生解作「規正」。皆非是。王天海竊楊、李說，曰：「規，匡正也。」

（33）語曰：「好女之色，惡者之孽也；公正之士，衆人之痤也。」

　按：痤，《治要》卷 38、宋‧司馬光《功名論》引同，《皇王大紀》卷 79 引誤作「瘥」。

（34）循乎道之人，汙邪之賊也

　按：循，四庫本同，《治要》卷 38 引亦同。盧文弨曰：「元刻『循』作『修』。」遞修本作「脩」，盧氏誤記。宋‧司馬光《功名論》、《皇王大紀》卷 79 引作「修」。俞樾謂當從元刻作「修」，龍宇純謂俞說誤。作「循」義長。汙，《治要》引作「釫」，下同。

（35）與之安燕，而觀其能無流慆也

〔註40〕董治安校：「巾箱本、劉本、遞修本『成』作『立』。」當云「『功』作『立』」。
〔註41〕蔣禮鴻《荀子餘義（上）》，《中國文學會集刊》第 3 期，1936 年版，第 84 頁。

按：流慆，各本作「陷」。盧文弨曰：「流慆，疑即『流淫』。元刻作『陷』，無『流』字。」物双松曰：「陷，溺也。」梁啓雄曰：「慆，借爲滔。《說文》：『滔，水漫漫大貌。』《廣雅》：『滔，漫也。』是滔與淫義相近。流滔，猶言流淫。」楊柳橋曰：「慆，慢也。王逸《離騷》注：『慆，淫也。』」張覺曰：「流慆，同『慆淫』，放蕩享樂之意。」王天海不引楊柳橋說，竊其說，曰：「慆，慢也。」楊、張說是，「流慆」即「淫慆」音轉，倒言則作「慆淫」，猶言奢淫慆慢。《書·湯誥》：「無即慆淫。」《國語·周語下》：「及其失之也，必有慆淫之心間之。」孔傳、韋昭注並曰：「慆，慢也。」

## （36）彼誠有之者與誠無之者若白黑然，可詘邪哉

按：王懋竑曰：「可詘邪哉，疑有誤字。」〔註42〕冢田虎曰：「詘，猶言誣也。或『誣』之誤與？」久保愛曰：「詘，疑當作『誣』，字之誤也。」王先謙曰：「詘，屈也，枉也。」梁啓雄從王說。于省吾曰：「詘，應讀作茁，有『明』訓。」劉如瑛曰：「詘，當爲『誣』。誣，欺。『黑』字逗，『然』字屬下較勝。然，通『焉』。」王天海從劉說。「然」當屬上句，與「若」字呼應。「可」字表反詰語氣。詘，讀爲汩，字亦作滑，謂混亂。《小爾雅》：「汩，亂也。」本書《議兵》、《解蔽》楊注並曰：「滑，亂也。」

## （37）內不可以阿子弟，外不可以隱遠人

按：包遵信曰：「『阿』乃『訶』字之訛。訶，責也，怒也。」李亞明曰：「『阿』字不煩改，偏私義。」李中生曰：「阿，義爲偏袒。」二李說是，《治要》卷38、《皇王大紀》卷79引作「阿」，《韓詩外傳》卷4亦同。

## （38）將內以固誠，外以拒難

按：董治安曰：「巾箱本、劉本、遞修本『固城』作『城固』，劉本『拒』作『距』。」四庫本、久保愛本作「固城」。遞修本「拒」亦作「距」。陶鴻慶曰：「『城』蓋『民』字之誤。《臣道篇》：『內足使以一民，外足

使以拒難。』」王天海曰：「誠，信也。諸本及《治要》、《外傳》『誠』
並作『城』，形聲之誤也。」二說非是，「固城」與「拒難」其義相因。
上文云：「求兵之勁城之固。」《王制》：「刑政平，百姓和，國俗節，
則兵勁城固。」即此「固城」之謂。

## （39）齫然兩齒墮矣

按：兩，當從各本及《外傳》卷4作「而」。《增韻》卷3「齫」字條、《記
纂淵海》卷122引作「齫然而齒墜矣」〔註43〕，《六書故》卷11「齻」
字條引作「齫然而齒隊矣」。傅山曰：「齫，空袞切，齒起貌。」其說
本於《增韻》。盧文弨曰：「齫，當作『齾』，與『齻』同，《外傳》作
『齻』。」郝懿行曰：「齫，當依《外傳》作『齻』。《說文》：『齻，無
齒也。』二字形近而譌耳。」董治安曰：「巾箱本、劉本、遞修本『墮』
作『墜』。」王天海曰：「齫，『齫』之俗字，即『齻』也。盧、郝二
說是。諸本『墮』作『墜』，於義較長。」墮之言脫也，落也〔註44〕，
王天海說誤。《玉篇》：「齻，無齒皃。齫，同上。」P.2011 王仁昫《刊
謬補缺切韻》：「齻，無齒，亦作齫。」《廣韻》：「齻，無齒。齫，上
同。」《正字通》：「齫，同『齻』，省。《荀子》本作『齻』。齫，俗省
作『齫』。」

## （40）牆之外，目不見也；里之前，耳不聞也

按：物双松曰：「里之前，猶言一里之外也。」久保愛曰：「里之前，猶言
里之外也，言一里以外也。案《呂氏春秋》曰：『十里之間而耳不能
聞，帷牆之外而目不能見。』」王天海從張覺說，解爲「里門之前」。
物、久說是也，久氏所引《呂氏春秋》見《任數篇》。《淮南子‧主術
篇》：「惟（帷）幕之外，目不能見十里之前，耳不能聞百步之外。」
〔註45〕《子華子‧大道》：「夫目之明，能見於百步之外，而顧不見其
背也；惟（帷）墻之後則無睹也。」皆本《荀子》，雖有一里、十里
之別，然可證「里」不指里門。

---

〔註43〕四庫本《記纂淵海》在卷71。
〔註44〕參見蕭旭《〈說文〉「祇」字音義辨正》，收入《群書校補（續）》，花木蘭文化
　　　　出版社2014年版，第1842～1843頁。
〔註45〕《治要》卷41引「惟」作「帷」。

（41）天下之變，境內之事，有弛易齵差者矣

按：王懋竑曰：「齵，疑作『齵』。《廣韻》：『齵，齒重生。』」〔註46〕久保愛
曰：「齵，齒差錯不齊貌。」王先謙曰：「齒不齊曰齵。齵差，參差不齊。」
王先謙說是，梁啟雄從其說。徐仁甫指出字亦作「偶睦」、「隅差」、「隅
皆」，亦是〔註47〕。

（42）故曰：人主不可以獨也

按：王天海曰：「獨，獨裁也。」王氏妄說。下文言「無卿相輔佐足任使者
之謂獨」，已自作解釋，人主須有所助，故曰不可以獨也。本書《臣道
篇》：「故明主好同而闇王好獨。」楊倞注：「獨，謂自任其智。」

---

〔註46〕王懋竑《荀子存校》，《讀書記疑》卷11，收入《續修四庫全書》第1146冊，
第354頁。
〔註47〕另參見蕭旭《〈越絕書〉古吳越語例釋》，收入《群書校補（續）》，花木蘭文
化出版社2014年版，第2008頁。

# 卷第九

## 《臣道篇》第十三校補

**（1）應卒遇變，齊給如響**

按：楊柳橋曰：「卒，通『猝』，急也。遇，待也。應卒、遇變，義相類。」
李滌生說同。遇亦應也，猶言對待、應付。字亦作偶、耦，已詳《君道
篇》校補。王天海解爲「遭遇」，非是。

**（2）推類接譽，以待無方**

> 楊倞注：無方，無常也。推其比類，接其聲譽，言見其本而知其末也。待
> 之無常，謂不滯於一隅也。

按：譽，物双松、久保愛、俞樾讀爲豫；王先謙、梁啓雄、李滌生讀爲與，
亦類也（引者按：說本《儒效篇》王念孫，李中生從王說）；朝川鼎、
龍宇純疑當作「舉」，讀接爲捷〔註1〕。諸說皆未得。譽，讀爲異，一
聲之轉。本書《正名》：「辨異而不過，推類而不悖。」《小爾雅》：「接，
達也。」「接異」謂通達其異，與「辨異」義近。待，應付。

**（3）君有過謀、過事，將危國家、殞社稷之懼也，大臣、父子、兄弟
有能進言於君，用則可，不用則去，謂之諫；有能進言於君，用
則可，不用則死，謂之爭**

---

〔註1〕 龍宇純《讀荀卿子三記》，收入《荀子論集》，學生書局 1987 年版，第 274 頁。

按：殞，《治要》卷 38 引作「隕」。殞、隕，猶言失去，並讀爲抎，另詳
　　《議兵篇》校補。懼，遞修本、四庫本凢、保愛本作「具」，《治要》
　　卷 38 引亦作「具」。《皇王大紀》卷 79 引無「之懼也」三字。《說苑·
　　臣術》：「君有過不諫諍，將危國、殞社稷也，有能盡言於君，用則留
　　之，不用則去之，謂之諫；用則可生，不用則死，謂之諍。」此文「之
　　懼（具）」是衍文，當據《說苑》校正。此文二「進言」，《說苑》作
　　「盡言」，古字通，當以「盡」爲本字，謂極其言也。《管子·君臣上》：
　　「能上盡言於主，下致力於民，而足以修義從令者，忠臣也。」鍾泰
　　曰：「之懼，猶是懼。」熊公哲說同，駱瑞鶴從熊說。王叔岷曰：「『具』
　　蓋『懼』之壞字。懼、惧，正、俗字。」王天海曰：「將，猶此也，
　　說見裴學海《虛字集釋》。懼，憂也。」皆非是。「將」是副詞。裴學
　　海《虛字集釋》雖有「將，猶此也」之訓，未舉此例。

（4）有能比知同力，率群臣百吏而相與彊君、橋君，君雖不安，不能
　　不聽，遂以解國之大患，除國之大害，成於尊君安國，謂之輔
　　　楊倞注：比，合也。知，讀爲智。「橋」與「矯」同，屈也。

按：《治要》卷 38 引「知」作「智」，「橋」作「矯」。《說苑·臣術》「知」
　　作「和」，「橋」作「矯」。孫詒讓指出「和」是「知」形誤〔註2〕。「成」
　　與下文「成國之大利」之「成」同義，梁啓雄、楊柳橋、李滌生並曰：
　　「成，猶終也。」非是。

（5）有能抗君之命，竊君之重，反君之事，以安國之危，除君之辱，
　　功伐足以成國之大利，謂之拂
　　　楊倞注：抗，拒也。戰功曰伐。拂，讀爲弼。弼，所以輔正弓弩者也。或
　　　　　　讀爲佛，違君之意也。

按：《治要》卷 38 引「拂」作「弼」。《說苑·臣術》「抗」作「亢」，「拂」
　　作「弼」，「功」作「攻」。《長短經·定名》引《說苑》作「抗」。孫詒
　　讓指出「攻」是「功」借字〔註3〕。盧文弨曰：「舊本『咈』作『佛』，
　　訛。《說文》：『咈，違也。』今改正。」王先謙從盧說。駱瑞鶴曰：「楊

〔註2〕 孫詒讓《札迻》卷 8，中華書局 1989 年版，第 254 頁。
〔註3〕 孫詒讓《札迻》卷 8，中華書局 1989 年版，第 255 頁。

注以後一說為當。《性惡篇》楊倞注：『拂，違戾也。』《禮記‧曲禮上》
鄭玄注：『佛，戾也。』拂、咈、佛，古字音同而通用。」王天海曰：「楊
注前說是。注文『咈』原作『佛』，皆誤也，此據盧說正之。」駱說是，
此文「拂」即「抗君之命，竊君之重，反君之事」之誼，明取違逆為義。
「咈」是本字，「拂」、「佛」皆借字，字亦省作「弗」，又作「費」。不
煩改字。本篇下文引《書》：「從命而不拂。」「拂」亦違逆不從義。

（6）《傳》曰：「從道不從君。」

　按：本書《子道》：「從道不從君，從義不從父。」

（7）故明主好同而闇王（主）好獨

　　　楊倞注：獨，謂自任其智。

　按：同，《說苑‧臣術》作「問」。向宗魯曰：「『同』與『獨』對，『問』字
　　　誤。」〔註4〕

（8）明主尚賢使能而饗其盛，闇主妒賢畏能而滅其功

　　　楊倞注：盛，謂大業，言饗其臣之功業也。滅，掩沒也。

　按：久保愛曰：「盛，讀為成。『饗』與『享』同。《彊國篇》曰：『大功已立，
　　　則君享其功。』」王先謙曰：「盛，成也。」梁啓雄曰：「盛，讀為成。
　　　成亦功也。」諸說是也，《說苑‧臣術》作「明君上賢使能而享其功，
　　　闇君畏賢妒能而滅其業」。

（9）事暴君者，有補削，無橋拂

　　　楊倞注：補，謂彌縫其闕。削，謂除去其惡。言不敢顯諫，闇匡救之也。
　　　　　　　橋，謂屈其性也。拂，違也。橋拂則身見害，使君有殺賢之名，
　　　　　　　故不為也。拂，音佛。

　按：橋拂，遞修本、四庫本作「撟拂」，《皇王大紀》卷79引作「矯拂」。
　　　《御覽》卷620引《鬼谷子》亦作「矯拂」，《御覽》上條引《孫卿子》
　　　文，此誤記出處〔註5〕。盧文弨曰：「拂，讀為弼。前注是也。此音佛，

〔註4〕　向宗魯《說苑校證》，中華書局1987年版，第51頁。
〔註5〕　秦恩復石研齋刻本以為是《鬼谷子》佚文，孫詒讓指出「此《荀子》語，《御
　　　覽》誤」。沈欽韓曰：「此蓋《鬼谷子》佚篇中文句」，誤同秦氏。孫詒讓《籀

誤。」王引之曰：「補削，謂彌縫其闕也。削者，縫也。《韓子‧難篇》
曰：『管仲善制割，賓胥無善削縫，隰朋善純緣。』《呂氏春秋‧行論
篇》曰：『莊王方削袂。』《燕策》曰：『身自削甲札，妻自組甲絣。』
蓋古者謂縫爲削，而後世小學書皆無此訓，失其傳久矣。」楊柳橋曰：
「補，修也。削，平也。平亦修也。」王天海曰：「橋拂，猶矯弼。
補削，楊注是，王說非。」王天海於所不知，不肯闕如，觀天下書未
周，而又好妄下雌黃。「橋拂」楊注是，盧說誤。《漢書‧王莽傳》：「拂
世矯俗。」顏師古曰：「拂，違也。矯，正也。拂音弗。」「矯」、「拂」
對舉，與此文義同。「補削」王引之說是，楊注誤。王先謙、符定一、
梁啓雄、蔣禮鴻、熊公哲、李滌生、李中生皆從王說〔註6〕，高亨說
亦同王氏〔註7〕。楊樹達曰：「長沙謂縫衣如峭之平聲，云『補補峭峭』，
久疑不知當作何字。近讀《荀子》，王引之云云。按：王氏發明削有
縫義，石破天驚，精當無比。余因悟『補峭』當作『補削』字，蓋古
音讀削如峭。」〔註8〕姜亮夫指出「楊說極允」，又云：「削，音如『巧』
陰平。昭人謂縫衣履邊緣細斜平比曰削。」〔註9〕吳小如舉南京方言
證楊樹達說〔註10〕。削訓縫，字亦作絜、綃、綃、絮、鏷、繰、鍫（鏨），
今各地方言尚存此語〔註11〕。蔣宗福指出本字爲「敲」〔註12〕，亦是

庼碎金》，收入《籀庼遺著輯存》，齊魯書社 1987 年版，第 292 頁。沈欽韓《漢
書疏證》卷 25，收入《續修四庫全書》第 266 冊，上海古籍出版社 2002 年版，
第 698 頁。

〔註6〕 符定一《聯緜字典》子集、申集，中華書局 1954 年版，第 473、265 頁。蔣
禮鴻《讀〈韓非子集解〉之餘》，收入《蔣禮鴻集》第 3 卷，浙江教育出版社
2001 年版，第 315 頁。李中生《荀子校詁叢稿》，廣東高等教育出版社 2001
年版，第 108 頁。

〔註7〕 高亨《韓非子新箋》，收入《諸子新箋》，《高亨著作集林》卷 6，清華大學出
版社 2004 年版，第 222 頁。

〔註8〕 楊樹達《長沙方言續考》，收入《積微居小學金石論叢》卷 4，上海古籍出版
社 2007 年版，第 277 頁。

〔註9〕 姜亮夫《昭通方言疏證》，收入《姜亮夫全集》卷 16，雲南人民出版社 2002
年版，第 326 頁。

〔註10〕 吳小如《讀楊樹達先生〈長沙方言考〉〈長沙方言續考〉札記》，《語言學論叢》
第 5 輯，1963 年版，第 97 頁。

〔註11〕 參見蕭旭《韓非子校補》，花木蘭文化出版社 2015 年版，第 228～229 頁。

〔註12〕 蔣宗福《四川方言詞語考釋》，巴蜀書社 2002 年版，第 558～561 頁；又見蔣
宗福《中古近代漢語文獻詞語札記》，收入《語言文獻論集》，巴蜀書社 2002
年版，第 241～244 頁。余著《韓非子校補》時，失檢蔣書，與蔣氏所論詳略

也。

## （10）橋然剛折

　　　　楊倞注：橋，彊貌。剛折，剛直面折也。

　按：橋，遞修本、四庫本作「撟」。劉師培曰：「折，斷也。剛折，言斷事剛
　　　直也。」王天海曰：「折，指斥也。剛折，猶言直斥也。」「折」劉師培
　　　訓斷是也，但釋「剛折」爲斷事剛直則誤。《家語・三恕》：「剛折者不
　　　終。」王肅注：「剛則折矣，不終其性命矣。」「剛」是與「柔」相對的
　　　概念。

## （11）調而不流，柔而不屈，寬容而不亂

　　　　楊倞注：雖調和而不至流湎，雖柔從而不屈曲，雖寬容而不與爲亂也。

　按：王天海曰：「調，協也。流，淫也。」楊注調訓和調，是也，而未得
　　　「流」字之誼。「調而不流」即《論語・子路》「和而不同」之誼。《禮
　　　記・中庸》：「故君子和而不流，強哉矯。」鄭玄注：「流，猶移也。」
　　　孔疏：「性行和合而不流移。」《禮記・樂記》：「樂勝則流。」鄭玄注：
　　　「流，謂合行不敬也。」又《鄉飲酒義》：「知其能和樂而不流也。」
　　　鄭玄注：「流，猶失禮也。」調而不流者，言雖和調而不合流失禮也。
　　　《國語・越語下》：「柔而不屈，強而不剛。」《淮南子・兵略篇》：「柔
　　　而不可卷也，剛而不可折也。」《說苑・至公》：「柔而不撓，剛而不
　　　折。」皆足證「柔而不屈」義。寬容，朱起鳳讀爲「寬裕」〔註13〕，
　　　是也。本書《非十二子》：「遇賤而少者，則脩告導寬容之義。」《韓
　　　詩外傳》卷6作「寬裕」。《韓詩外傳》卷3：「德行寬裕者，守之以恭。」
　　　又卷8作「寬容」。皆其證。《淮南子・時則篇》：「廣大以容，寬裕以
　　　和，柔而不剛，銳而不挫。」此文言內心寬裕平和而不亂也。

## （12）因其怒也，而除其怨

　　　　楊倞注：怨惡之人，因君怒除去之也。

　按：久保愛曰：「怨，謂怨君者也。」鍾泰曰：「《哀公篇》『怨財』注曰：

亦異，附識於此。
〔註13〕 朱起鳳《辭通》卷17，上海古籍出版社1982年版，第1781頁。

『怨讀爲薀。』此『怨』字當亦同。除其薀者，除其薀藏之宿惡也。」
王天海曰：「怨，借爲薀。薀，滯積也。除其薀，猶言除君滯積之過
也。又案：『怨』或係『惡』字之譌。」王氏不引鍾說，其說顯然竊
自鍾泰前說。此「怨」當讀如字，言因順君之怒，不違拂觸犯之，而
除其怨心也。

## （13）以德復君而化之，大忠也

楊倞注：復，報也。以德行之事報白於君，使自化於善。

按：劉台拱曰：「《外傳》作『以道覆君』，下言周公之於成王，則作『以道
覆君』似勝。」郝懿行謂「《外傳》是矣」。物双松曰：「注非也。言復
之於善也。」冢田虎曰：「復，反復之謂。」久保愛曰：「韓本『德』作
『道』，《外傳》『德復』作『道覆』，《治要》『復』作『覆』。」俞樾曰：
「《外傳》『復』作『覆』，當從之。以德覆君，謂其德甚大，君德在其
覆冒之中，故足以化之。」王先謙從俞說，並指出「《治要》正作『覆』。」
豬飼彥博曰：「《外傳》『復』作『覆』，言以德覆翼之也。」王天海曰：
「復，通『覆』，蓋也，蔽也。」以德復君，《長短經・定名》引作「以
德覆君」，《類說》卷 38 引作「以道輔君」。「道」當作「德」。復、覆，
並讀爲服〔註14〕，俞說迂曲。言以德服君而化之也。《國語・楚語下》：
「其後三苗復九黎之德。」《潛夫論・志氏姓》、《中論・曆數》同，《史
記・曆書》「復」作「服」。

## （14）以德調君而補之，次忠也

楊倞注：謂匡救其惡也。

按：劉台拱曰：「補之，《外傳》作『輔之』。」郝懿行謂「《外傳》亦於義
爲長。楊注非」。王天海曰：「調，協也。補，或『輔』之誤也。以德
協助其君而輔之也。」調，和調。補，讀爲輔。王氏未達通借。《戰國
策・秦策一》：「昔者神農伐補遂。」姚宏注：「補遂，《後語》『輔遂』。」

## （15）以是諫非而怒之，下忠也

楊倞注：使君有害賢之名，故爲下忠也。

---

〔註14〕通借之例參見張儒、劉毓慶《漢字通用聲素研究》，山西古籍出版社 2002 年
版，第 176 頁。

按：劉師培曰：「《外傳》卷 4『怒』作『怨』，《御覽》卷 418 引《外傳》
『怨』作『死』，據楊注，似本書『怒』亦作『死』。上文『有能進言
於君，用則可，不用則死，謂之爭』，是其證。」楊柳橋曰：「怒，勉
也，今作『努』。」龍宇純曰：「『非』字當爲『君』，與上文文同一例。」
楊柳橋說誤。龍氏拘於對句，改字亦非。《治要》卷 38、《長短經・定
名》、《西山讀書記》卷 12、《皇王大紀》卷 79 引同今本，《禮記集說》
卷 13 引長樂陳氏引文亦同。元刻本《韓詩外傳》卷 4 作「以諫非而
怨之」，寶曆本、薛氏刊本同，沈氏刊本作「以諫非君而怨之」，《初
學記》卷 17 引作「以是諫非而怨之」，《御覽》卷 418 引作「以是諫
非而死之」。趙懷玉據《御覽》校作「以是諫非而怨之」〔註 15〕，是
也。「死」是「怨」脫誤，劉說非。

## （16）若曹觸龍之於紂者，可謂國賊矣

按：王天海曰：「『者』字《外傳》無。依上文例，亦當無。然屬之下句亦
可，此『者』字同『則』也。」王氏以「者」屬下句非是。上文云：
「若周公之於成王也，可謂大忠矣；若管仲之於恒公，可謂次忠矣，
若子胥之於夫差，可謂下忠矣。」「者」字自當屬上句。

## （17）《詩》曰：「不敢暴虎，不敢馮河。」

楊倞注：暴虎，徒搏。馮河，徒涉。

按：久保愛曰：「暴，或與『搏』古音通。」王天海曰：「郝懿行《義疏》：
『暴者，搏也，古音相近。』馮，讀爲憑。馮河，涉水過河。」《爾雅》：
「暴虎，徒搏。」舍人注：「暴虎，無兵空手搏之也。」《論衡・儒增
篇》：「以勇夫空拳而暴虎者。」據裘錫圭考證，「暴」的本字是「虣」，
引郭沫若說解爲「象兩手執戈以搏虎」，又云「徒搏是指不乘田車徒步
搏虎，漢代人錯誤地理解爲徒手搏虎了」〔註 16〕。這是裘錫圭先生近
四十年前的成果，王天海不知吸收，而仍墨守清人舊說。「馮」表示徒
涉，本字是「淜」，本指無舟渡河，俗字亦作淜、䟴、蹾〔註 17〕。《爾

---

〔註 15〕趙懷玉校本《韓詩外傳》卷 4，《龍溪精舍叢書》本。
〔註 16〕裘錫圭《說「玄衣朱襮袥」～兼釋甲骨文「虣」字》，《文物》1976 年第 6 期，
　　　　第 75～76 頁；又收入《裘錫圭學術文集》卷 3，復旦大學出版社 2012 年版，
　　　　第 3～5 頁。
〔註 17〕參見蕭旭《〈說文〉「淜」字義疏》，收入《群書校補（續）》，花木蘭文化出版

雅》:「馮河，徒涉也。」《釋文》:「馮，字又作憑，依字當作淜。」《釋文》明確指出「依字當作淜」，王天海居然不知唐人舊說，而誤以「凴」爲本字。「凴」是「凭」俗字，是依靠義，何得有徒涉義？此信口臆說耳！

（18）調和，樂也

　　楊倞注：調和，不爭兢也。

按：王天海曰：「注文『兢』當作『競』，字之誤也。」遞修本、四庫本正作「競」，王氏失檢。

（19）通忠之順

　　楊倞注：忠有所雍塞，故通之，然而終歸於順也。

按：久保愛曰：「通，達其義也。」梁啓雄從其說。豬飼彥博曰：「『忠』疑當作『逆』，蓋因下文『致忠』而誤。」龍宇純說同豬飼。楊柳橋曰：「推而行之謂之通。之，至也。」李中生曰：「之，猶而也。意思是既貫通了忠，而同時也是順。」王天海曰：「通忠之順，達忠歸順也。楊注是。之，猶歸也。下二『之』同此。」通，猶言通曉、懂得，久說是也。「之」是結構助詞。上文云：「敬而不順者，不忠者也；忠而不順者，無功者也。」通忠之順，猶言通曉忠誠的順從。下文云：「爭然後善，戾然後功……夫是之謂通忠之順。」爭也戾也，即所謂忠；善也功也，即所謂順。

（20）權險之平

　　楊倞注：權用危險之事，使至於平也。或曰：權，變也。既不可扶持，則變其危險，使治平也。

按：注「權用」，遞修本、四庫本誤作「權困」，盧校謝刻本、王先謙本脫「用」字。權，當作「壞」，字之誤也。《管子·宙合》、《淮南子·本經篇》並有「壞險以爲平」之語〔註18〕。險，不平。《賈子·道術》:「據當不傾謂之平，反平爲險。」權險之平，猶言摧壞不平的平。下

社 2014 年版，第 1881～1883 頁。
〔註18〕《文子·下德》「壞」誤作「攘」。

－290－

文云：「奪然後義，殺然後仁，上下易位然後貞（正）……夫是之謂權險之平。」奪也殺也，皆所謂險；義也仁也，皆所謂平。壞其險使得平，此「平」即壞險之平。舊說未得，不引。

### （21）禍亂之從聲

楊倞注：君雖禍亂，應聲而從之也。

按：此句與上二句「通忠之順，權險之平」句法不同。「禍亂」是主語。「從聲」楊注是也，猶言隨聲。舊說未得，不引。

### （22）爭然後善，戾然後功

楊倞注：諫爭君，然後能善。違戾君，然後立功。

按：注「違戾」，王天海本誤作「違逆」。王天海曰：「『戾』、『捩』同，轉也。」楊注是也，王氏妄說通借。「戾」、「爭（諍）」對舉，「戾」即上文「拂」字之義，指違君之意也。

### （23）功參天地

按：王天海曰：「參，配也。《國語·越語》：『夫人事必將與天地相參。』」王說非是，「參」即「三」，其所引《國語》，韋昭注亦云：「參，三也。」《漢書·揚雄傳》：「參天地而獨立兮。」顏師古注：「參之言三也。」舊注歷歷可考，王氏竟不一檢。

### （24）不邺是非，不治曲直

按：遞修本、四庫本「邺」作「恤」，「治」作「論」。龍宇純曰：「『曲直』疑當作『曲正』，曲正猶曲直也。此以『正』字入韻。」〔註19〕龍宇純後又易其說，云：「『直』當是『徑』之誤，叶韻。」〔註20〕考《荀子》文例，「曲直」是《荀》書成語，凡十三見，「曲正」、「曲徑」皆未見。「不邺是非，不治曲直」二語亦見《王霸》，又《性惡》：「不恤是非，不論曲直。」又《彊國》：「正是非，治曲直。」又《解蔽》：「分是非，治曲直。」皆以「曲直」與「是非」對舉。《荀子》此句未必

---

〔註19〕龍宇純《先秦散文中的韻文》，收入《絲竹軒小學論集》，中華書局 2009 年版，第 254 頁。

〔註20〕龍宇純《荀卿子記餘》，《中國文史研究集刊》第 15 期，1999 年版，第 231 頁。

用韻，龍氏二說皆不足信。

## 《致士篇》第十四校補

### （1）殘賊加累之譖，君子不用

楊倞注：殘賊，謂賊害人。加累，以罪惡加累誣人也。

按：冢田虎曰：「加累，加陵也。言犯陵病辱人也。」朱駿聲曰：「加，叚借爲桊，今字作架。加、桊雙聲。」〔註21〕徐仁甫曰：「《說文》：『加，語相譖加也。』（『譖』各本作『增』，從段玉裁改）段玉裁注云：『「譖」下曰：「加也。」「誣」下曰：「加也。」譖、誣、加三字同義。』」龍宇純曰：「加，誣也。《尚書大傳》：『大罪勿累。』注云：『累謂延罪無辜。』是此文『累』字之義。」〔註22〕王天海曰：「累，通『縲』，繫也。加累者，亦罪囚也。加累，即加罪。」楊注、朱說是，徐、龍說「加」亦是，冢說非，王氏妄說通借，極盡牽附之能事。「累」是「纍」俗字。《說文》：「纍，增也。」「增」同「譖」。《慧琳音義》卷78引《考聲》：「誣，加謗也。」加、累皆指不以實情誣謗毀傷人。

### （2）聞聽而明譽之，定其當而當，然後士其刑賞而還與之

楊倞注：「士」當爲「事」，行也。言定其當否，既當之後，乃行其刑賞，反與之也。

按：郝懿行曰：「士者，事也。謂事其事也。」王引之曰：「『士』當爲『出』。」王先謙從王說。朱駿聲曰：「士，叚借爲事。」〔註23〕久保愛曰：「『譽』疑當作『詧』，字之誤也。詧，古『察』字。士，察也，理也。」梁啓雄從久說以「譽」爲「詧」譌，霍生玉則竊取久說作己說〔註24〕。朝川鼎曰：「還，音旋，疾也。」豬飼彥博曰：「『士』疑當作『正』。」

---

〔註21〕朱駿聲《說文通訓定聲》，武漢市古籍書店1983年版，第496頁。
〔註22〕龍宇純《讀荀卿子三記》，收入《荀子論集》，學生書局1987年版，第275頁。
〔註23〕朱駿聲《說文通訓定聲》，武漢市古籍書店1983年版，第168頁。
〔註24〕霍生玉《〈荀子〉楊倞注訓詁說略》，湖南師範大學2001年碩士學位論文，第21頁。（又其文同頁改《儒效》「億萬之眾而博若一人」之「博」爲「搏」，亦無據，附識於此。）其說又見霍生玉《〈荀子〉楊注析疑》，《湖南師範大學社會科學學報》第30卷，2001年版，第239頁。

蔣禮鴻曰：「王引之說自可通。然又疑『士』當爲『正』，亦字之誤也。」〔註25〕說同豬飼氏。劉師培曰：「據注說，『而』疑『不』譌，即『否』字也。當作『定其當否（句）當（句）然後士其刑賞而還與之』。」劉師培又曰：「『而』字係『不』字之譌，『當』與『不當』爲對文。」尚節之曰：「『士』當爲『時』。時其刑賞者，言功罪既明，則有罪者加刑，有功者受賞。」〔註26〕高亨曰：「王、劉說皆是也。還，即也。與，予也。」于省吾曰：「注說是，王引之說非也。金文『卿士』皆作『卿事』，即其證。又古文『事』、『使』同字。使，用也。」陳直曰：「『士』疑『平』之誤字。」章詩同曰：「『聞』乃『闇』字之誤。言聽之於暗而舉之於明。」龍宇純曰：「士，讀爲在，察也。」〔註27〕龍宇純後又易其說，云：「前說自可通。今以爲『士』當是『才』之誤。才讀爲裁，斷也。」〔註28〕李中生曰：「『譽』乃『與』之借，有贊許、同意的意思。」王天海曰：「劉說是。士，通『伺』。伺其刑賞，察其刑賞也。還與之，返與之。」劉師培改作「定其當不當」是也。張新武謂當校作「當而不當」，「而」猶「與」，引《墨子·尚同上》「聞善而不善」爲證（王引之曰：「而，猶與也。」）〔註29〕，亦備一說。「還」字高、朝說是。還與之，言立即予以刑罰或賞賜也。「士」取郝、朱、于說，不必以爲誤字。《白虎通·爵》、《董子·深察名號》並曰：「士者，事也。」皆其證。《書·呂刑》：「士制百姓于刑之中。」吳汝綸曰：「《後漢書》『士』作『爰』。汝綸案：《詩》：『勿士行枚。』《荀子·致仕（士）篇》云云，此經之『士』與彼文『士』同。《詩》傳：『士，事也。』鄭《禮記》注：『事，猶爲也。』《玉篇》：『爰，爲也。』是『士』與『爰』同義，語詞也。」〔註30〕吳氏以爲是語詞，非是。王天海讀士爲伺，又是妄說。伺訓察是探察，君之施行賞罰，有探察之

〔註25〕蔣禮鴻《荀子餘義（上）》，《中國文學會集刊》第 3 期，1936 年版，第 84 頁。

〔註26〕尚節之《荀子古訓考》，北京《雅言》1941 年第 6 期，第 21 頁。

〔註27〕龍宇純《讀荀卿子三記》，收入《荀子論集》，學生書局 1987 年版，第 275 頁。

〔註28〕龍宇純《荀卿子記餘》，《中國文史研究集刊》第 15 期，1999 年版，第 231 頁。

〔註29〕張新武《〈荀子〉校勘訓釋補正》，《語言與翻譯》2011 年第 4 期，第 13 頁。

〔註30〕吳汝綸《尚書故》卷，收入《續修四庫全書》第 50 冊，上海古籍出版社 2002 年版，第 731 頁。

理乎？久氏改「譽」爲「詧」，章氏改「聞」作「闇」，皆無據。譽，讀爲舉，猶言稱引、提出。

（3）忠言、忠說、忠事、忠謀、忠譽、忠愬，莫不明通，方起以尚盡矣

　　楊倞注：明通，謂明白通達其意。方起，並起。「尚」與「上」同。上盡，謂盡忠於上也。

　按：古屋鬲曰：「『尚』猶『不尚息焉』之尚，庶幾盡其忠也。」久保愛曰：「『方』與『並』通。」俞樾曰：「盡忠於上曰『上盡』，甚爲不詞。盡，當讀爲進。尚盡，猶言上進。忠言、忠說、忠事、忠謀、忠譽、忠愬皆願進於上。」王先謙、楊柳橋從俞說。駱瑞鶴曰：「『方』與『旁』通，溥也。尚，即崇尚。盡，極盡之而不遺。」李滌生曰：「尚，同『上』，進也。盡，竭也。」王天海曰：「方起，即徧起。駱說是。尚盡，以盡忠爲尚，諸說皆非。」方，讀爲並，楊、久說是。「尚盡」俞說是。

（4）川淵深而魚鼈歸之，山林茂而禽獸歸之，刑政平而百姓歸之，禮義備而君子歸之

　按：王叔岷曰：「『備』字《意林》引同。元本、類纂本並作『脩』。《外傳》卷5作『禮義脩明』，此文無『明』字，則當作『禮義備』爲是。」王天海曰：「禮義備，錢佃《考異》云諸本作『禮義脩』〔註31〕，巾箱本、題注本、遞修本亦作『禮義修』。《外傳》作『禮義修明，則君子懷之』。《意林》引仍作『禮義備』。」遞修本作「脩」，不作「修」。《意林》卷1引「淵」作「泉」。《逸周書・大聚解》：「泉深而魚鼈歸之，草木茂而鳥獸歸之，稱賢使能官有材而〔賢〕歸之，關市平商賈歸之，分地薄斂農民歸之。」〔註32〕《史記・貨殖傳》：「淵深而魚生之，山深而獸往之，人富而仁義附焉。」《文子・上德》：「因高爲山，即安而不危；因下爲淵，即深而魚鼈歸焉。」《呂氏春秋・功名》：「水泉深則魚鼈歸之，樹木盛則飛鳥歸之，庶草茂則禽獸歸之，人主賢則豪桀歸之。」《韓詩外傳》卷5：「水淵深廣則龍魚生之，山林茂盛則禽獸歸

〔註31〕王天海引「脩」誤作「修」，逕正。董治安引誤同。
〔註32〕「賢」字據《玉海》卷60、《黃氏日抄》卷52引補。

之，禮義修明則君子懷之。」王叔岷說非是。《荀子》「川」是「水」形譌，「備」是「脩」形譌，下句「故禮及身而行脩，義及國而政明」即承此言，是當作「脩」之明證。《永樂大典》卷 13453 引誤同今本。《釋名》：「懷，亦言歸也，來歸己也。」《玉篇》：「懷，歸也。」

## （5）能以禮挾而貴名白，天下願，令行禁止，王者之事畢矣

楊倞注：挾，讀爲浹。能以禮浹洽者，則貴名明白，天下皆願從之也。

按：尚節之從楊注〔註 33〕。顧千里曰：「按『禮』下疑當有『義』字，承上『禮義備而君子歸之』、『故禮及身而行脩，義及國而政明』言之，楊注已無『義』字，非也。《韓詩外傳》卷 5 有此句，作『能以禮扶身』，疑『扶身』二字，亦『義挾』二字之誤。」〔註 34〕楊柳橋從顧說。顧氏補「義」字，是也，餘說則誤。《韓詩外傳》卷 5 作「能以禮扶身，則貴名自揚，天下順焉……」。挾亦扶也，輔也，楊注非是。《廣雅》：「挾，輔也。」字亦作夾，《玄應音義》卷 12、16、18 並引《三蒼》：「夾，輔也。」字亦作俠，《法言・淵騫》：「滕灌樊酈曰俠介。」俞樾曰：「『俠』與『夾』通。夾介，猶言輔助。」〔註 35〕此文「挾」下當據《外傳》補「身」字。又上文言禮義，此文「禮」下當脫「義」字，本作「以禮義挾身」。《永樂大典》卷 13453 引誤同今本。蔣禮鴻曰：「『挾』上當有『周』字。」〔註 36〕則據楊注誤說補字，亦非也。

## （6）川淵枯則龍魚去之，山林險則鳥獸去之

按：郝懿行曰：「險，當爲『儉』。儉，如山之童、林木之濯濯皆是。」洪頤煊說同〔註 37〕。王念孫曰：「郝說是也。險非險阻之險，乃儉之借字耳。山林儉則鳥獸無所依而去之，猶川淵枯而龍魚去之也。此與上文之『山林茂』正相反。」冢田虎曰：「險，言斧斤入之而棲宿之危也。」

---

〔註 33〕尚節之《荀子古訓考》，北京《雅言》1941 年第 6 期，第 21 頁。
〔註 34〕顧廣圻《荀子》校本，王念孫《荀子雜志補遺附錄》，收入《讀書雜志》卷 12，中國書店 1985 年版，本卷第 51 頁。
〔註 35〕俞樾《法言平議》，收入《諸子平議》卷 35，上海書店 1988 年版，第 702 頁。
〔註 36〕蔣禮鴻《荀子餘義（上）》，《中國文學會集刊》第 3 期，1936 年版，第 85 頁；其說又見蔣禮鴻《讀荀子集解》，收入《蔣禮鴻集》卷 3，浙江教育出版社 2001 年版，第 283 頁。
〔註 37〕洪頤煊《讀書叢錄》卷 15，收入《續修四庫全書》第 1157 冊，第 690 頁。

久保愛曰：「枯，讀爲涸。險，險阻也。」沈祖緜曰：「郝說誤。『險』當如字，即傷也。」〔註38〕楊柳橋曰：「險，傾側也。」久說全誤。王天海從郝說，而不引王念孫、洪頤煊說，是陰竊其說而陽沒其名也。「險」決非險阻、高峻之險，亦非傾側、傷之義。《易林·觀之巽》：「澤枯無魚，山童無株。」《淮南子·道應篇》：「禿山不遊麋鹿。」與本文義近。《廣雅》：「婾、約、險、磷，襮也。」王念孫曰：「《爾雅》：『蜄，大而險。』郭璞注云：『險，謂汙薄也。』襮，經傳皆通作『薄』。」〔註39〕險之訓襮，字亦借作儉，此王氏未及者。《玉篇》：「襮，婾也，約也，儉也，磷也，菲也，今爲薄。」《玉篇》與《廣雅》是互相爲訓，正作「儉」字。山林險，猶言山林薄，指山林不茂。

（7）無土則人不安居，無人則土不守；無道法則人不至，無君子則道不舉

按：下「道」下脫「法」字，當作「道法不舉」。下文云：「君子也者，道法之摠要也，不可少頃曠也。」故無君子則道法不舉。

（8）得眾動天，美意延年；誠信如神，夸誕逐魂

楊倞注：逐魂，逐去其精魂，猶喪精也。務夸妄誕，作僞心勞，故喪其精魂。

按：郝懿行曰：「四句一韻。魂者，神也。所謂逐物意移，心動神疲者也。」王先謙從其說。周大璞曰：「《爾雅》：『逐，病也。』逐魂者，謂病其精神。郝氏得其解矣，楊注未免迂曲。」〔註40〕龍宇純曰：「疑『魂』原作『人』字，後人臆改之耳。」〔註41〕龍宇純後又易其說，云：「『魂』原當作『賢』。『賢』亦眞部字，而與『魂』雙聲，涉『神』字而誤爲『魂』耳。」〔註42〕楊柳橋曰：「逐，病也。病，敗也。」王天海曰：「『魂』字屬文部，與上文『天、年、神』不同部，龍說或可從也。」「天、年、

〔註38〕沈瓞民《讀荀臆斷》，《制言》第58期，1939年版，本文第14頁。
〔註39〕王念孫《廣雅疏證》，收入徐復主編《廣雅詁林》，江蘇古籍出版社1992年版，第89頁。
〔註40〕周大璞《荀子札記》，《清議》第1卷第9期，1948年版，第27頁。
〔註41〕龍宇純《讀荀卿子三記》，收入《荀子論集》，學生書局1987年版，第276頁。
〔註42〕龍宇純《荀卿子記餘》，《中國文史研究集刊》第15期，1999年版，第231頁。

「神」與「魂」字真、文二韻旁轉，本可以合韻。江有誥《先秦韻讀》失收此例〔註43〕。龍氏二說皆妄改，無當於文意，王氏盲從其後說。逐魂，猶言傷神，周大璞、楊柳橋說是。

（9）夫言用賢者，口也；却賢者，行也

按：《治要》卷 38 引同，《中論‧亡國》引作「言賢者，口也；知賢者，行也」，據下文「口行相反」云云，則「知」是「却」形譌。

（10）夫燿蟬者務在明其火、振其樹而已，火不明，雖振其樹，無益也。今人主有能明其德，則天下歸之，若蟬之歸明火也

按：郝懿行曰：「燿者，照也。」劉師培曰：「《中論》引無『在』字，『燿』作『照』，『歸〔之〕』上有『其』字，似當據補。《呂氏春秋‧期賢篇》『燿』作『爝』，字異義同。」董治安曰：「《御覽》卷 944 引無『在』字。」《治要》卷 38、《御覽》卷 944、四庫本《記纂淵海》卷 100 引「燿」作「曜」。《通鑑》卷 51 引二「樹」作「木」。《呂氏春秋‧期賢》：「今夫爝蟬者務在乎明其火、振其樹而已，火不明，雖振其樹，何益？……人主有能明其德者，天下之士其歸之也，若蟬之走明火也。」《淮南子‧說山篇》：「燿蟬者務在明其火，釣魚者務在芳其餌。明其火者所以燿而致之也，芳其餌者所以誘而利之也。」爝，讀為燿。

（11）《書》曰：「義刑義殺，勿庸以即汝，惟曰未有順事。」

　　楊倞注：《書‧康誥》。言雖義刑義殺，亦勿用即行之，當先教後刑也。雖先後不失，尚謙曰：「我未有順事，故使民犯法。」躬自厚而薄責於人也。

按：徐仁甫曰：「順，當讀為訓。」王天海曰：「今《書‧康誥》作『用其義刑義殺，勿庸以次汝封。乃汝盡遜，曰時敘，惟曰未有遜事』，與《荀》所引大異。《宥坐篇》亦引此數語，惟『汝惟』作『予維』，彼注云：『言周公命康叔，使以義刑義殺，勿用以就汝之心，不使任其喜怒也。』義，宜也。庸，用也。即汝，就汝也。順，慎也。王先謙《集解》本於『即』下斷句，後人多從之，非也。」《書‧康誥》孔傳：「義，宜也。乃使汝

---

〔註43〕 江有誥《先秦韻讀》，收入《叢書集成三編》第 29 冊，新文豐出版公司 1997 年印行，第 87 頁。

所行盡順，曰是有次叙，惟當自謂未有順事，君子將興，自以爲不足已。」
「順」當讀如字，《書》作「遜」，亦順也。徐氏讀順爲訓，王氏讀順爲
慎，皆非是。《家語・始誅》引《書》作「義刑義殺，勿庸以即汝心，
惟曰未有愼事」，王肅注：「庸，用也。即，就也。刑教皆當以義，勿用
以就汝心之所安，當謹之。自謂未有順事，且陳道德以服之，以無刑殺
而後爲順。」《家語》作「愼」，讀爲順，王肅注不誤。《書・酒誥》：「勿
庸殺之，姑惟教之。」《禮記・內則》：「勿庸疾怨，姑教之。」二例「庸」，
孫經世解爲「遽」〔註 44〕，裴學海解爲「即」〔註 45〕，皆是也，猶今
言「立即」、「匆忙」，此文亦同。

## （12）自古及今，未有二隆爭重而能長久者

按：楊柳橋曰：「重，猶尊也。」李滌生說同。王天海曰：「爭重，猶爭權也。」
「爭重」是先秦成語，「重」指威勢。《戰國策・齊策四》：「蘇秦謂齊王
曰：『故臣願王明釋帝，以就天下，倍約儐秦，勿使爭重，而王以其間
舉宋。』」《史記・樂毅傳》：「（齊湣王）與秦昭王爭重爲帝，已而復歸
之。」

## （13）師術有四，而博習不與焉

按：劉師培曰：「《初學記》卷 18、《御覽》卷 404 並引『博』作『傳』，義
較長。」李滌生曰：「博習，猶博學。」王天海不引李說，云：「博習，
即博學也。作『傳』者誤。」師術有四，《初學記》卷 18 二引，一引同，
一引倒作「師有四術」。《記纂淵海》卷 109、《皇王大紀》卷 79、《合璧
事類備要》前集卷 33 引作「博習」〔註 46〕，《禮記集說》卷 88 引慶源
輔氏引文亦同。

## （14）誦說而不陵不犯，可以爲師

按：董治安曰：「《御覽》卷 404 引作『誦說不懈』。」王天海曰：「『不犯』
二字，《初學記》引無。」《初學記》卷 18 引「陵」作「凌」。

---

〔註 44〕孫經世《經傳釋詞補》《再補》，中華書局 1956 年版《經傳釋詞》附錄，第 279
頁。

〔註 45〕裴學海《古書虛字集釋》，中華書局 1954 年版，第 89 頁。

〔註 46〕四庫本《記纂淵海》在卷 40。

（15）水深而回，樹落則糞本，弟子通利則思師

　　　　楊倞注：回，流旋也。水深不湍峻，則多旋流也。

　按：王天海曰：「回，與『迴』同。」「回」是本字，「迴」是後出分別字。《說
　　　文》：「回，轉也。」旋流義的專字作洄，《玄應音義》卷1、2、25並引
　　　《三蒼》：「洄，水轉也。」

（16）賞不欲僭，刑不欲濫。

　按：楊柳橋曰：「與《左傳‧襄公二十六年》所載聲子之言略同。孔疏：
　　　『僭，謂僭差。濫，謂濫佚（溢）。』」《左傳》作「賞不僭而刑不濫」。
　　　《詩‧殷武》：「不僭不濫。」毛傳：「賞不僭，刑不濫也。」《呂氏春
　　　秋‧開春》：「賞不過而刑不慢。」《說苑‧善說》：「賞不過刑不濫。」

# 卷第十

## 《議兵篇》第十五校補

**（1）臣所聞古之道，凡用兵攻戰之本在乎壹民**

按：攻戰，《治要》卷 38 引作「戰攻」。《新序・雜事三》作「凡戰用兵之術在於一民」。《新序》「戰」上或下脫「攻」字。本書「本」蓋「術」脫誤。「術」承上句「要術」而言。

**（2）弓矢不調，則羿不能以中微；六馬不和，則造父不能以致遠**

按：王天海曰：「微，巾箱三本無。」《治要》卷 38 引同摹宋本，《通鑒》卷 6、《記纂淵海》卷 16 引無「微」字〔註1〕。《韓詩外傳》卷 3：「六馬不和，造父不能以致遠；弓矢不調，羿不能以中微。」《淮南子・兵略篇》：「故四馬不調，造父不能以致遠；弓矢不調，羿不能以必中。」又《主術篇》：「是故興馬不調，王良不足以取道。」《文子・上義》：「故駟馬不調，造父不能以取道。」《新序・雜事三》：「弓矢不調，羿不能以中；六馬不和，造父不能以御遠。」《說苑・敬慎》：「故四馬不和，取道不長。」《金樓子・立言下》：「弓矢不調，則羿不能中也；六馬不和，則造父不能致遠。」調亦和也，謂校正弓矢。石光瑛曰：「調，調協，與手所應也。」〔註2〕非是。石氏又謂《新序》「中」下脫「微」字，當

---

〔註1〕四庫本《記纂淵海》在卷 57。
〔註2〕石光瑛《新序校釋》，中華書局 2001 年版，第 311 頁。下同。

據本書及《外傳》補，是也，亦可據《淮南子》補作「必中」。

## （3）善用兵者，感忽悠闇，莫知其所從出

> 楊倞注：感忽、悠闇，皆謂倏忽之閒也。感忽，恍忽也。悠闇，遠視不分辨之貌。魯連子曰「棄感忽之恥，〔立〕累世之功」也。

按：傅山曰：「『感』字當是『惑』字。」朱謀瑋曰：「悠闇，微眇也。」〔註3〕莊履豐、莊鼎鉉曰：「悠闇，幽暗。《荀子》。」〔註4〕盧文弨曰：「《齊策》載魯仲連書云：『除感忿之恥，而立累世之功。』此引作『感忽』是也。《新序》又作『奄忽』，義亦同。注『立』字舊脫，今補。」郝懿行曰：「感，讀如搣。搣、撼，古今字也。感忽，搖疾之意。悠闇，神祕之意。《新序》『感忽』作『奄忽』，無『悠闇』二字。注引魯連子『感忽』，《齊策》作『感忿』，字誤，謝氏云。」王先謙從郝說。物双松曰：「感忽悠闇，當是悅惚杳闇之轉。」帆足萬里曰：「感忽，感物應卒之謂。」劉師培曰：「感忽，《新序》作『奄忽』。感、奄聲近。奄忽者，即隱微之義也。悠訓為遠。闇兼有深義。悠闇者，即深遠之義也。」梁啓雄從劉說。石光瑛曰：「感、奄聲近通用，奄忽猶飄忽也。盧說是，郝讀非。」〔註5〕朱起鳳謂「感忽」即「奄忽」，云：「感字從咸，咸與奄聲相近。」〔註6〕駱瑞鶴曰：「感忽，倏忽之間，不當如楊倞連『悠闇』同解。劉氏以為隱蔽之義，失之。」楊柳橋曰：「感，動也。忽，速也。感忽，謂行動迅速也。悠，通『幽』。悠闇，謂計劃神秘也。」李中生曰：「楊倞謂『感忽』猶恍惚，可從。感，疑當作『惑』，形近而誤。惑，疑惑也，眩也。忽，忘也。『惑忽』二字指疑惑不明，也就是恍惚。」王天海曰：「感忽，猶恍忽，楊注後說是。悠闇，即幽闇。悠、幽同部，故可通。」王天海不引楊柳橋說，其讀悠為幽，即竊取楊說（二莊的書他從沒提到，非其所能知）。傅山改字毫無根據，《玉海》卷141、《通鑒》卷6、《記纂淵海》卷182

〔註3〕朱謀瑋《駢雅》卷1，收入《叢書集成新編》第38冊，新文豐出版公司1985年版，第337頁。

〔註4〕莊履豐、莊鼎鉉《古音駢字續編》卷4，收入景印文淵閣《四庫全書》第228冊，臺灣商務印書館1986年版，第516頁。

〔註5〕石光瑛《新序校釋》，中華書局2001年版，第313頁。

〔註6〕朱起鳳《辭通》卷22，上海古籍出版社1982年版，第2387頁。

引皆作「感忽」〔註7〕。「感忽」是秦漢人成語，決非誤字。郝、物、帆亦是臆說。劉師培、楊柳橋說亦誤。楊倞注所引魯連子語，《戰國策·齊策六》作「感忩」，王念孫曰：「『感忩』當是『感忽』之譌。《荀子·解蔽篇》：『凡人之見鬼也，必以其感忽之閒。』《鴻烈·繆稱篇》：『說之所不至者容貌至焉，容貌之所不至者感忽至焉。』義與此『感忽』並相近。」〔註8〕《易·襍卦》傳曰：「咸，速也。」王引之曰：「此云『咸，速也』，訓咸爲速也。蓋卦名爲咸，即有急速之義。咸者，感忽之謂也。《荀子·議兵篇》楊注云云。感忽，言其速也。《荀子》『感忽』，《新序·雜事篇》作『奄忽』，奄忽亦謂速也。《荀子·解蔽篇》云云，亦謂倏忽之頃也。咸與感聲義正同。」〔註9〕《淮南子·兵略篇》：「與飄飄往，與忽忽來，莫知其所之；與倏出，與閒入，莫知其所集。」顧千里曰：「『飄飄』、『忽忽』疑皆不當重，『倏』疑當作『倏』，『閒』疑當作『闇』。『飄忽倏闇』皆同義。《荀子·議兵篇》云云，《新序》作『奄忽』，倏即悠也，闇即奄也。（楊倞注『感忽，悠闇皆謂倏忽之閒也』，是矣；又云『悠闇，遠視不分辨之貌』，則非。）飄往忽來，與倏出闇入對文。」〔註10〕顧說至確，「感忽悠闇」四字皆形容其疾速，「悠闇」是「倏奄」轉語。

## （4）彼可詐者，怠慢者也，路亶者也

　　楊倞注：路，暴露也。亶，讀爲袒。露袒，謂上下不相覆蓋，《新敍（序）》
　　　　　　作「落單」。

按：《通鑒》卷6引作「露袒」，蓋據楊注而改。楊愼、方以智、吳玉搢、尙節之並謂「路亶」、「落單」即「露袒」〔註11〕，《正字通》「亶」字條說

---

〔註7〕 四庫本《記纂淵海》在卷80。

〔註8〕 王念孫《戰國策雜志》，收入《讀書雜志》卷1，中國書店1985年版，本卷第82頁。

〔註9〕 王引之《經義述聞》卷2，江蘇古籍出版社1985年版，第64頁。

〔註10〕 顧千里說轉引自王念孫《淮南子內篇雜志補遺》，收入《讀書雜志》卷15，中國書店1985年版，本卷第70頁。

〔註11〕 楊愼《古音駢字》卷下，吳玉搢《別雅》卷3，分別收入景印文淵閣《四庫全書》第228、222冊，臺灣商務印書館1986年版，第416、692頁。方以智《通雅》卷8，收入《方以智全書》第1冊，上海古籍出版社1988年版，第320頁。尙節之《荀子古訓考》，北京《雅言》1941年第6期，第22頁。

同。簡朝亮亦採楊倞注〔註12〕。朱駿聲曰：「亶，叚借爲袒，實爲但。」
〔註13〕朱起鳳曰：「路亶，同『裸袒』。」〔註14〕郝懿行曰：「路亶，《新
序》作『落單』，蓋離落單薄之意。楊注非。」王汝璧曰：「路亶，《新
亭（序）》作『落單』，良是。今人猶以同行前後不接續爲落單也。」
〔註15〕帆足萬里曰：「《新序》作『落單』似是。落單，零落也。」王天
海曰：「《新序》作『落單』是也。落單者，脫離大軍而勢單力薄者。」
王念孫曰：「路單，猶羸憊也。《孟子·滕文公篇》：『是率天下而路也。』
趙注云：『是率導天下之人以羸路也。』（今本『羸路』作『羸困之路』，
乃後人所改，辯見《管子·五輔篇》）。《管子·五輔篇》云：『匡貧寠，
振罷露，資乏絕。』《韓子·亡徵篇》云：『好罷露百姓。』《呂氏春秋·
不屈篇》云：『士民罷潞。』路、露、潞並通，是路爲羸憊也。《爾雅》
云：『癉，病也。』《大雅·板篇》：『下民卒癉。』毛傳云：『癉，病也。』
病亦謂羸憊也。《緇衣》引《詩》：『下民卒癉。』《釋文》『癉』作『亶』。
癉、癉、亶並通。《秦策》：『士民潞病於內。』高注云：『潞，羸也。』
『潞病』與『路亶』亦同義。《新序·雜事篇》作『落單』，《晏子·
外篇》云：『路世之政，單事之教。』或言『路亶』，或言『路單』，
或言『落單』，其義一而已矣。楊說皆失之。」梁啓超曰：「『路』同
『露』，暴露也。『亶』同『癉』，同『癉』，疾也。」郭在貽曰：「『路
亶』實即下文的『鹿埵』。」〔註16〕楊柳橋曰：「路，瘠也，亦通作『露』。
『路』、『露』皆『羸』雙聲通借字。亶，病也，『癉』之借字。路亶，
謂疲勞也。」石光瑛曰：「王念孫說是，若如郝說，則與下二句意複
矣。」〔註17〕屈守元從王念孫說〔註18〕。郝懿行等說必誤，「落單」作
離落單薄、前後不接續解釋，是明清出現的俗語詞，前此未見使用，郝

〔註12〕簡朝亮《尚書集注述疏》卷22，收入《續修四庫全書》第52冊，上海古籍出
　　　　版社2002年版，第484頁。
〔註13〕朱駿聲《説文通訓定聲》，武漢市古籍書店1983年版，第737頁。
〔註14〕朱起鳳《辭通》卷14，上海古籍出版社1982年版，第1385頁。
〔註15〕王汝璧《芸麓偶存》卷2，收入《續修四庫全書》第1462冊，上海古籍出版
　　　　社2002年版，第79頁。
〔註16〕郭在貽《荀子札記》，收入《郭在貽文集》卷3，中華書局2002年版，第9～
　　　　10頁。
〔註17〕石光瑛《新序校釋》，中華書局2001年版，第315頁。
〔註18〕屈守元《韓詩外傳箋疏》卷3，巴蜀書社1996年版，第342頁。

氏以今律古。王念孫說是,「怠慢」是懶惰、鬆弛義,與「路亶」作疲
羸解,二義正相因。

**（5）君臣上下之閒滑然有離德者也**

　　楊倞注：滑,亂也,音骨。

按：郝懿行曰：「滑然,《新序》作『渙然』,是也。《韓詩外傳》卷 3 作『突
　　然』,突即渙字之缺壞,又誤脫水旁耳。本篇下文即有『渙然離耳』
　　之語,可知此宜作『渙』。」王引之曰：「『滑然』非離德之謂。『滑』
　　當爲『渙』。《說卦》曰：『渙者,離也。』〔註 19〕《雜卦》曰：『渙,
　　離也。』下文『事大敵堅,則渙然離耳。』是渙爲離貌。《新序》正
　　作『渙然』,《外傳》作『突然』。『突』乃『奐』之譌。渙、奐古字通。」
　　王先謙、石光瑛、梁啓雄、趙善詒、許維遹、賴炎元、楊柳橋、李滌
　　生並從王說〔註 20〕。屈守元曰：「王引之訂『突』爲『奐』字之誤,
　　其說是也。惟謂『滑』爲『渙』字之誤,則殊不必。渙、滑一聲之轉。
　　渙,散也。散即離也。」〔註 21〕久保愛曰：「滑、渙、霍,蓋古音通。」
　　王天海曰：「滑、渙、霍三字上古聲韻皆不同,何由相通?久說非,
　　王說可從。」郝懿行、王引之說誤,王天海不能辨也。《廣雅》：「㧖,
　　裂也。」王念孫曰：「㧖者,《荀子·議兵篇》云云,滑與㧖通,即破
　　裂也。」〔註 22〕王念孫說是,「滑然」不誤,《通鑑》卷 6 引同。「㧖」
　　從「曰（yuē）」得聲,與「滑」音轉。「滑然」形容破裂之聲,音轉
　　又作「忽然」〔註 23〕,本書《彊國》：「剝脫之,砥厲之,則劙盤盂、
　　刎牛馬,忽然耳。」又音轉作「突然」〔註 24〕,以狀疾速之貌。又音
　　轉作「泬然」,《治要》卷 8 引《韓詩外傳》：「泬然禍至,乃始愁憂。」

---

〔註 19〕　王天海引「說卦」誤作「序卦」。

〔註 20〕　石光瑛《新序校釋》,中華書局 2001 年版,第 315 頁。趙善詒《韓詩外傳補
　　　　　正》卷 3,商務印書館 1938 年版,第 97 頁。許維遹《韓詩外傳集釋》卷 3,
　　　　　中華書局 1980 年版,第 125 頁。賴炎元《韓詩外傳校勘記》,（香港）《聯合
　　　　　書院學報》第 1 期,1962 年版,第 43 頁。

〔註 21〕　屈守元《韓詩外傳箋疏》卷 3,巴蜀書社 1996 年版,第 342～343 頁。

〔註 22〕　王念孫《廣雅疏證補正》,收入徐復主編《廣雅詁林》,江蘇古籍出版社 1992
　　　　　年版,第 125 頁。

〔註 23〕　《書·益稷》：「在治忽。」《史記·夏本紀》「忽」作「滑」。

〔註 24〕　《說文》：「突,一曰滑也。」此是疊韻爲訓。又「滑稽」音轉則作「突梯」,
　　　　　已詳《榮辱篇》校補。

〔註25〕字亦作㶥、淈、汨，狀水聲。《廣韻》：「㶥，水出聲。」《集韻》：「㶥、淈：水貌，或從屈。」又「汨，水聲。」字或作扏，以狀擊聲。《集韻》：「扏，楚謂擊爲扏，一曰去塵也。」又「嘂（呼）」爲憂聲，「颭」爲風聲，「齝」爲齧骨聲，「勏（㨉）」爲用力聲，「噏」爲飲聲，皆同源。「滑然」即「滑滑」，狀其相離之聲也〔註26〕。《新序》作「渙然」，各從本書；《外傳》作「突然」，與本書音相轉，正「滑然」不誤之證。字亦作「奐然」，《韓詩外傳》卷1：「迎流而挹之，奐然而棄之；促流而挹之，奐然而溢之。」下文云「霍焉離耳」，又云「渙然離耳」，王先謙曰：「渙、霍、滑三字一聲之轉。」李中生曰：「『渙然離耳』與『霍焉離耳』一樣，都是形容離散之快。『霍』是正字，『渙』是借字。上文『滑然有離德』，言離散之狀，『滑』是借字，『渙』是正字。王先謙混爲一談，固有不妥之處，但他指出此三字互相之間具有一聲之轉的通假關係，則是可取的。」王先謙、久保愛謂「滑、渙、霍」古音通，屈守元謂「渙、滑」一聲之轉，皆是也。屈守元從王引之說，謂「突」爲「奐」形譌，則亦未達一間耳。李中生未能會通，斷離散之快與離散之狀爲二槪，不知其皆取破裂聲爲義，而隨文則取義各別。

（6）故以桀詐桀，猶巧拙有幸焉；以桀詐堯，譬之若以卵投石，以指撓沸，若赴水火，入焉焦沒耳

　　楊倞注：撓，攪也。以指撓沸，言必爛也。《新序》作「以指繞沸」。

　按：《漢書・刑法志》引作「故以桀攻桀，猶有巧拙；以桀詐堯，若卵投石，夫何幸之有」。巧，元刊本《韓詩外傳》卷3作「功」，薛氏刊本、沈氏刊本、寶曆本、四庫本作「工」。「巧拙」、「工拙」義同。繞，宋本《新序》作「澆」，讀爲撓，《外傳》卷3作「撓」。

（7）故仁人，上下百將一心，三軍同力

　　楊倞注：說仁人上下相愛之意〔註27〕。

---

〔註25〕今本《外傳》卷2誤作「迫然」，《說苑・建本》誤作「指而」。
〔註26〕參見蕭旭《〈世說新語〉「窟窟」正詁》，收入《群書校補（續）》，花木蘭文化出版社2014年版，第2027～2036頁。
〔註27〕王天海本脫「之」字。

按：冢田虎曰：「《新序》作『故仁人之兵』，是也。今作『上下』，誤文耳。」
梁啓雄曰：「當爲『仁人在下』。」王天海曰：「《新序》『故仁人之兵』
下接『鋌則若莫邪之利』等文，冢說非也。《治要》作『故仁人上下
一心』，無『百將』二字，於文爲順。」《新序·雜事三》作「故仁人
之兵，或（百）將三軍同力，上下一心」，王天海所引是另一處文字，
與此無涉，其校書輕率也如此！《通鑑》卷 6 引作「故仁人之兵，上
下一心，三軍同力」，《玉海》卷 140 引作「夫仁人之兵，百將一心，
三軍同力」，《武經總要》前集卷 1《將職》、《樂書》卷 65、198 引作
「百將一心，三軍同力」。此文當作「故仁人之兵，百將上下一心，
三軍同力」，今本脫「之兵」二字，「百將」又誤倒於下耳。本書《富
國》、《彊國》、《韓詩外傳》卷 6、《新序·雜事四》亦有「上下一心，
三軍同力」之語。

## （8）聰明警戒，和傳而一

楊倞注：耳目〔聰〕明而警戒，相傳以和，無有二心也〔註28〕。一云：「傳」
或爲「博」。博，衆也。而一，如一也。言和衆如一也。

按：傅山曰：「『傳』字亦何不可？」久保愛曰：「『傳』疑當作『傅』，與
『附』同。」王先謙曰：「『傳』爲『摶』之誤。」梁啓雄、楊柳橋、
李滌生從王說。王天海曰：「傳，通『團』。和傳，即親和團聚之謂也。
諸說皆未得。」傅、久說是，《通鑑》卷 6、《續後漢書》卷 90 引作「傳」，
胡三省註：「傳，音附。」史炤《釋文》卷 1：「傳，音附。將相和，
則卒豫附。」

## （9）圓居而方正

楊倞注：圓居方正，謂不動時也。

按：盧文弨曰：「方止，各本作『方正』，今從《新序》。《外傳》作『方居』。」
盧說是，《通鑑》卷 6、宋·薛季宣《擬策一道》引正作「方止」。《孫子·
軍爭》張預注、《記纂淵海》卷 4、33、181、《儀禮集傳通解》卷 36 引
已誤作「方正」〔註29〕。

---

〔註28〕 「聰」字據冢田虎說補。
〔註29〕 四庫本《記纂淵海》分別在卷 55、61、80，卷 80 引作「方止」不誤。

## （10）觸之者角摧

按：角摧，宋・薛季宣《擬策一道》引作「角靡」。帆足萬里曰：「『角』因
下文誤衍。」王天海曰：「《外傳》作『觸之角摧折節而退爾』，據上文
『嬰之者斷』、『當之者潰』之例，此當作『觸之者摧』，『角』字疑衍。
《新序》作『觸之者隴種而退耳』。」元刊本《外傳》卷 3 作「角摧折
節」，當據薛氏刊本、沈氏刊本、寶曆本、四庫本作「摧角折節」，王氏
所據是誤本。《新序》是節引此文，不當出校於此。此文「角」非衍文，
《外傳》是其證，不可例以上文。《孫子・軍爭》張預注、《通鑒》卷 6、
《記纂淵海》卷 4、33、《儀禮集傳通解》卷 36 引作「角摧」〔註30〕，
《通鑒》卷 158 胡三省註引同。

## （11）案角鹿埵隴種東籠而退耳

> 楊倞注：其義未詳。蓋皆摧敗披靡之貌。或曰：鹿埵，〔垂〕下之貌，如
> 禾實垂下然。埵，丁果反。隴種，遺失貌，如隴之種物然。或曰：
> 即〔龍〕鍾也。「東籠」與「涷隴」同，沾溼貌，如衣服之沾溼
> 然。於《新序》作「隴鍾而退」，無「鹿埵」字。

按：注文，遞修本作「鹿埵之貌，如木實垂下然」，「涷隴」作「陳隴」，「於
新序」作「新序」，皆脫誤已甚。注「涷隴」，《增韻》「籠」字條引作
「涷瀧」，《古今韻會舉要》「瀧」字條引作「瀧涷」。王懋竑曰：「『案
角鹿埵』四字疑衍文，《新序》無『鹿埵』二字。」〔註31〕盧文弨曰：
「『垂下之貌』，舊脫『垂』字，今補。案《說文》：『禾實垂下謂之稛，
丁果切。』楊意埵讀爲稛，故音義皆與之同也。又『即龍鍾也』，舊
脫『龍』字，『龍鍾』乃當時常語，今補。又案《方言》『瀧涿謂之霑
漬』，《廣韻》『涷瀧，霑漬也』，故楊云『涷瀧，沾溼貌』，舊誤作『涷
隴』，今改正。沾亦霑之誤字也。」劉台拱曰：「『角』字當爲衍文，
蓋涉上而誤。」王念孫從劉說，且云：「案，語詞。」陳奐曰：「下『角』
字疑衍，鹿埵、隴種、東籠，皆退貌也。」〔註32〕郝懿行曰：「『案』

---

〔註30〕四庫本《記纂淵海》分別在卷 55、61。
〔註31〕王懋竑《荀子存校》，《讀書記疑》卷 11，收入《續修四庫全書》第 1146 冊，
上海古籍出版社 2002 年版，第 355 頁。
〔註32〕陳奐說見胡承珙《毛詩後箋》卷 30，黃山書社 1999 年版，第 1660 頁。胡氏
此著未竟，最後數篇由陳奐續成，加「奐案」二字以別之。

與『焉』同，語助詞也。鹿埵隴種東籠，楊注：『其義未詳，蓋皆摧敗披靡之貌。』顧氏炎武（見《日知錄》廿七）引《舊唐書・竇軌傳》『我隴種車騎，未足給公』、《北史・李穆傳》『籠凍軍士，爾曹主何在，爾獨住此』，蓋周隋時人尚有此語（引者按：此上皆顧氏語）。今謂此等皆古方俗之言，不必強解。楊氏既云未詳，又引或說鹿埵龍鍾凍瀧，似皆失之。《新序》止有『隴種』，無『鹿埵』。劉氏台拱以『鹿埵』上『角』字為涉上而誤衍。」王先謙、梁啓雄從郝說。段玉裁曰：「《廣韻》、《集韻》皆云：『瀧凍，沾漬也。』瀧凍即瀧涿也。《荀卿書》：『東籠而退。』楊倞云：『東籠即瀧凍。』」〔註33〕胡文英曰：「《荀子》：『東籠而退耳。』案：東籠，鼓聲也，吳中形鼓聲曰東龍。」〔註34〕翟灝曰：「隴種、東籠、籠東，俱即龍鍾之意。」〔註35〕錢繹曰：「瀧凍、東籠，並與『瀧涿』同。」〔註36〕王汝璧曰：「觸之者角摧，按角鹿埵隴種東龍而退耳。乃知『案角鹿捵』皆衍文，乃『者角摧』三字之訛。『東龍』亦『隴種』之訛，隴種猶龍鍾也，皆以字形相似，遂訛舛而復出，若此甚可笑也。」〔註37〕文廷式曰：「隴種即籠東也，古人文變而義不變，即可連用。屈原《卜居》：『突梯滑稽。』宋玉《風賦》、楊雄賦『柴虒參差』、『被麗披離』皆此，余曾撰《雙聲譬況字考》詳言之。」〔註38〕物双松曰：「案，助辭。」冢田虎曰：「『角』字衍。」久保愛引楊慎曰：「『鹿』、『稑』同。鹿埵，如禾稑下垂也。」〔註39〕沈祖緜曰：「『案角』之角，劉台拱以為衍文，非也。『角』承上文言。『角』諸家皆未釋，則下『鹿硾（埵）隴種東籠』之義不能明。角，《國策・趙策》：『駕犀首而驂馬服，以與秦角逐。』《漢・武帝紀》注引應劭曰：『角者，角技也。』《賈誼傳》注：『角，校也，競也。』」〔註40〕劉師

〔註33〕段玉裁《說文解字注》，上海古籍出版社1981年版，第558頁。
〔註34〕胡文英《吳下方言考》卷1，收入《續修四庫全書》第195冊，第16頁。
〔註35〕翟灝《通俗編》卷34，收入《續修四庫全書》第194冊，第613頁。
〔註36〕錢繹《方言箋疏》卷7，上海古籍出版社1984年版，第445～446頁。
〔註37〕王汝璧《芸麓偶存》卷2，收入《續修四庫全書》第1462冊，第79頁。
〔註38〕文廷式《純常子枝語》卷15，收入《續修四庫全書》第1165冊，第204頁。其所謂《雙聲譬況字考》見《枝語》卷9第123頁，本書《榮辱篇》校補已引，此從略。
〔註39〕楊說未檢得出處，存疑。
〔註40〕沈瓞民《讀荀臆斷》，《制言》第58期，1939年版，本文第14頁。

培曰：「『案』非語詞，『角』非衍文。『案』有止義。案角者，即止鼓角而不鳴也。鹿、落雙聲，古多通用。埵讀爲箠，即馬策也。落箠者，即棄鞭之謂也。此言軍樂不及鳴，馬不及馳，以顯其畏葸之狀爲（焉）。隴種東籠，楊注近是，郝懿行又引《日知錄》之說以證爲古方俗之言，可謂得其義矣。」邵瑞彭曰：「『東籠』當作『籠東』。」〔註41〕潘重規曰：「鹿埵，猶鹿獨。」〔註42〕陳直曰：「『角鹿』疑『鹿角』之顛倒字。『鹿角』蓋爲兵家之一種防禦工事。」郭在貽曰：「劉台拱謂『案』爲語詞，『角』爲衍文〔註43〕，可成定論。今謂『鹿埵』、『隴種』、『東籠』乃同一聯綿詞之不同變體。『鹿埵』即後世之『闌彈』、『蘭單』、『鹿獨』、『郎當』、『落拓』、『邋遢』、『潦倒』，疲弊不振之義。」〔註44〕龍宇純曰：「劉台拱、郝懿行說是也。惟『東籠』二字疑當作『籠東』。『鹿埵』、『隴種』、『東籠』三詞〔註45〕，蓋並一語之轉。」〔註46〕楊柳橋曰：「《新序》只作『隴種而退』，無『鹿埵』二字，是也。『鹿埵』亦『隴種』之誤文，因傳寫而加之者。東籠，當作『籠東』，亦『隴種』之異文，乃後人注記之文。今以意刪『角鹿埵』、『東籠』五字。」王天海曰：「『角鹿埵』疑作『鹿角埵』，似釋『角摧』之語。『東籠』二字疑爲『隴種』旁記之文，正文只作『案隴種而退耳』。」王天海說實竊自楊柳橋，亂改古書，殊無可取。上文王天海既言「角摧」之「角」字疑衍，依其說，此處又何得以「鹿角埵」釋「角摧」，一人著作，僅相隔四行，而抵牾有如此者！王念孫、郝懿行謂「案」是語詞，是也。余謂此文「埵」是衍文，「角」字非衍。當「角鹿」爲詞，爲「骨碌」、「骨鹿」音轉。楊註當作「角鹿，垂下之貌」，「埵」字即涉注文「垂」而誤衍。「東籠」即「隴種」之倒言，與「郎當」一音之轉，狀頹敗貌〔註47〕。

〔註41〕邵瑞彭《荀子小箋》，《唯是》第 3 期，1920 年版，第 26 頁。

〔註42〕潘重規《讀王先謙〈荀子集解〉札記》，《制言》第 12 期，1936 年版，本文第 14 頁。

〔註43〕引者按：『案』爲語詞是王念孫說，郭氏誤讀《集解》。

〔註44〕郭在貽《荀子札記》，收入《郭在貽文集》卷 3，中華書局 2002 年版，第 8～9 頁。

〔註45〕據其說，「東籠」當作「籠東」。

〔註46〕龍宇純《荀子集解補正》，收入《荀子論集》，學生書局 1987 年版，第 148 頁。

〔註47〕參見蕭旭《「果贏」轉語補記》、《「郎當」考，並收入《群書校補（續）》，花

（12）而其民之親我，歡若父母；其好我，芬若椒蘭

按：劉師培曰：「《御覽》卷 983 引『歡』作『欣』，《類聚》卷 89 作『驩』，《新序》述此文亦作『驩』。」《御覽》卷 958 引「歡」亦作「驩」。父母，《漢書・刑法志》引作「親戚」，《韓詩外傳》卷 3 作「父子」。「親戚」指父母。親，《類聚》卷 89 引形誤作「視」。

（13）是猶使人之子孫自賊其父母也，彼必將來告之

按：王天海曰：「彼必將來告之，《外傳》作『彼則先覺其失』，《新序》無此二句。」《新序・雜事三》但無「彼必將來告之」，有上句，王校失之。《外傳》之「失」當是「夫」形譌，屬下句，以「夫何可詐哉」爲句，上文正有「夫何可詐也」，句例同。「覺其」下當脫「父母也」三字，本作「彼則先覺其父母也」，周廷寀、許維遹、屈守元並誤以「失」屬上句〔註48〕，王氏不知其是誤文，亦疏矣。覺、告古音同，今吳語亦同。

（14）故仁人用國日明，諸侯先順者安，後順者危，慮敵之者削，反之者亡

楊倞注：日益明察。謀慮與之爲敵者，土地必見侵削。反，謂不服從也。

按：①俞樾曰：「楊注非也。明之言盛也。國日明，猶言國日盛也。」王先謙、楊柳橋從俞說。鍾泰曰：「俞說非也。上云『仁人之用十里之國，則將有百里之聽；用百里之國，則將有千里之聽；用千里之國，則將有四海之聽。必將聰明警戒，和傳而一』，此謂『用國日明』，即承上而言，則『明』自謂聰明也，安得以『盛』釋之？」李滌生曰：「明，明察。俞訓爲盛，非。」王天海曰：「『仁人用』逗，『國日明』句。楊注、鍾說並讀此爲一句，故其訓也誤。俞說是。」楊倞、鍾泰說是，王天海讀不懂其文耳。依據上文，必然指「仁人用國」而言，安得「仁人用」爲句哉？②王先謙曰：「慮，大氐也。」梁啓雄從王說。朝川鼎曰：「『慮』字或衍。」楊柳橋說同朝氏。周大璞乙「慮」於「先順」

木蘭文化出版社 2014 年版，第 2304～2308、2376～2380 頁。

〔註48〕周廷寀《韓詩外傳校注》卷 3，民國 21 年安徽叢書編印處據歙黃氏藏營道堂刊本影印，無頁碼。許維遹《韓詩外傳集釋》卷 3，中華書局 1980 年版，第 126 頁。屈守元《韓詩外傳箋疏》卷 3，巴蜀書社 1996 年版，第 341 頁。

上〔註49〕。王天海曰：「慮，欲也。楊注非。」朝、楊說是，《通鑑》卷6引正無「慮」字。多一「慮」字，句法亦參差。周說亦通。龍宇純曰：「此本作『虜之者削』，虜讀與禦同。」〔註50〕龍氏刪改無據。

## （15）上足卬則下可用也，上不足卬則下不可用也

> 楊倞注：卬，古「仰」字。不仰，不足仰也。下託上曰仰。能教且化，長養之，是足仰。

按：盧文弨曰：「以注觀之，正文當本是『上不卬』，衍『足』字。」王先謙、王叔岷從盧說。王天海據盧說刪下「足」字，又曰：「卬，依賴也。上不仰，即君主不可依仗也。」盧說非是。梁啓雄謂當作「不足卬」，與「足卬」對文，是也。下句「下可用則強，下不可用則弱」與此文例同，「可用」與「不可用」對文，是其比。《通鑑》卷6引同今本。楊注是也，王天海「卬」訓依賴亦誤。卬，仰慕。《淮南子・兵略篇》：「是故上足仰則下可用也，德足慕則威可立也。」即本《荀子》，正「仰」、「慕」同義對文。王氏務立異說，多無足取者。

## （16）好士者強，不好士者弱；愛民者強，不愛民者弱

> 楊倞注：士，賢士也。

按：王天海曰：「士，戰士也。」楊注是，王說非也。《賈子・大政上》：「凡居於上位者，簡士苦民者是謂愚，敬士愛民者是謂智。」其「士」、「民」對文，與此文同，「士」亦指賢士。

## （17）賞重者強，賞輕者弱

> 楊倞注：重難其賞，使必賞有功則強。輕易其賞則弱也。

按：久保愛曰：「重，厚也。『輕』反此。」王天海從久說，謂楊注非。楊注是也。厚賞則強，薄賞則弱，非所聞也。荀子言對賞賜須慎重，輕易胡亂地賞賜則失去其作用。言不可輕易賞賜也。下文「重用兵者強，輕用兵者弱」，楊倞注：「重難用兵者強。」「重」、「輕」亦此義，言不可輕易用兵也。物双松曰：「重，慎重也。輕，輕易也。」物說與楊注

---

〔註49〕周大璞《荀子札記》，《清議》第1卷第9期，1948年版，第27頁。
〔註50〕龍宇純《荀卿子記餘》，《中國文史研究集刊》第15期，1999年版，第233頁。

一致。「重」謂不輕易，亦即是難（平聲）〔註51〕，故楊注以複語「重難」明其義。《史記・荊燕世家》：「太后又重發之。」《集解》引鄧展曰：「重難發事。」又《貨殖列傳》：「重爲邪。」《索隱》：「重者，難也，畏。言不敢爲奸邪。」《正義》：「重難不爲邪惡。」皆與楊說同。王天海讀不懂楊注而自誤，謂「物說是，楊注未切」，厚誣古人矣。

### （18）齊人隆技擊

　　楊倞注：技，材力也。齊人以勇力擊斬敵者，號爲技擊。孟康曰：「兵家
　　　　　之技巧。技巧者，習手足，便器械，積機關，以立攻守之勝。」

按：王天海曰：「技擊，猶今謂之扑擊。《玉篇》：『技，打也。』《正字通》：
　　『技，俗攴字。』『技』同『扑』，普木切，別本正文及注多誤作『技』，
　　非也。」遞修本亦作「技」，明是「技」形譌，故楊注以「材力」釋之，
　　孟康以「技巧」釋之。《漢書・刑法志》、《通鑑》卷6、《玉海》卷136、
　　140、《皇王大紀》卷78、79引皆作「技」。《宋書・何承天傳》《上安
　　邊論》：「梁用走卒，其邦自滅；齊用技擊，厥眾亦離。」《太白陰經・
　　善師篇》：「荀卿明於王道而非之，謂齊之技擊，是亡國之兵；魏之武
　　卒，是危國之兵。」《文苑英華》卷765唐・蔣防《兵部議》：「故田齊
　　之技擊，不可以遇魏之武卒。」《樂書》卷26：「古之善論兵者，以齊
　　之技擊不可遇魏之武卒。」皆出本篇下文，字亦作「技」。是自漢至宋，
　　皆作「技擊」，歷歷可考也。胡三省《通鑑釋文辯誤》卷1：「史炤《釋
　　文》曰：『技，巨至切。』余按：技，渠綺翻，炤音非。」又考《漢書・
　　刑法志》：「齊湣以技擊彊。」顏師古注引孟康曰：「兵家之技巧。技巧
　　者，習手足，便器械，積機關，以立攻守之勝。」此楊注所本。王氏
　　佞宋，不能徧考群書，而妄言作「技」是，然則孟康所言「技巧」成
　　何語乎？且「技」是俗字，宋本《玉篇》收之，最早見收於敦煌寫卷
　　P.2011王仁昫《刊謬補缺切韻》：「技，小擊。」非荀卿所宜用。

### （19）其技（技）也，得一首者則賜贖錙金，無本賞矣

　　楊倞注：八兩曰錙。本賞，謂有功同受賞也。其技（技）擊之術，斬得一
　　　　　首，則官賜錙金贖之。斬首，雖戰敗亦賞。不斬首，雖勝亦不賞。

〔註51〕 重訓難，參見《故訓匯纂》，商務印書館2003年版，第2356頁。例證極多，
　　　　此略。

－313－

是無本賞也。

按：遞修本注「賜」下有「以」字，《通鑑》卷 6 胡三省注引同。賜贖鍰
金，《玉海》卷 140、《皇王大紀》卷 78、79 引同，《漢書・刑法志》
引作「受賜金」。高亨疑「贖」當作「贈」，非是，駱瑞鶴已駁之。

（20）是事小敵毳則偷可用也，事大敵堅則渙焉離耳，若飛鳥然，傾側
反覆無日，是亡國之兵也

楊倞注：可偷竊用之也。毳，讀爲脆。《易・說卦》曰：「渙者，離也。」
若飛鳥，言無馮〔依〕而易也。無日，言傾側反覆之速，不得一
日。

按：①久保愛曰：「偷，苟且也。」王先謙說同，梁啓雄從王說。楊柳橋曰：
「偷可，猶言尚可。」久、王說是，《漢書・刑法志》引「毳」作「脆」，
「偷」作「婾」，「大」作「鉅」。顏師古注：「『婾』與『偷』同，謂苟
且。鉅，大也。渙然，散貌。」②于鬯曰：「《廣雅》『日』詁爲『二』，
似可援以訓此『無日』之日。極言其技擊之神，謂傾側反覆無二也。」
劉師培曰：「『日』疑『已』字之誤。言雖傾側反覆，而無所用之也。」
梁啓雄曰：「即《左傳》『亡無日矣』之意。」王天海曰：「傾側反覆無
日，指國家滅亡無時矣。楊注未得之。」楊、梁說是，于、王說皆誤。
此言齊以技擊戰，遇弱小之敵苟且可用，如遇強大之敵，則如飛鳥，
很快敗散，這種軍隊，當然是亡國之兵也。

（21）負服矢五十个

按：盧文弨曰：「元刻作『負矢』，無『服』字，與《漢書》同。」王念孫
曰：「此本作『服矢五十箇』。服矢即負矢。『負』與『服』古同聲而
通用，故《漢書》作『負』。今本作『負服矢』者，校書者依《漢書》
旁記『負』字，而寫者誤合之也。元刻無『服』字，則又後人依《漢
書》刪之也。」俞樾曰：「『服』字實不可無。服者，箙之假字。《說
文》：『箙，弩矢箙也。』經傳通以『服』爲之。負服矢五十個者，盛
矢五十個於服而負之也。若但云負矢，則矢無服不可負。若云負矢服，
則疑五十個以服計矣。故曰負服矢五十個。古人之辭所以簡而明也。
《漢書》奪『服』字，元刻從之，非是。」王先謙、梁啓雄、楊柳橋、

李滌生從俞說。劉師培曰：「服，元本無。《詩‧魯頌》疏引此無『服』字，《禮書》卷 111、113 並引作『負矢』，《玉海》卷 140 及 150 所引亦然，是唐本無『服』字，宋刊各本亦或同元。竊以服、負古音相近，或前人況擬『負』音旁注『服』字，嗣遂併入正文。」《詩》疏見《泮水》疏；《玉海》見卷 136，而非卷 140，劉氏誤記。《通典》卷 148、《增韻》卷 4「箇」字條、《通鑒》卷 6、《皇王大紀》卷 78、79 引均作「負矢」。王天海曰：「俞說是，盧、王說非。巾箱、題注、遞修三本無『服』字，『个』作『箇』。」盧文弨純是校語，未作判斷，豈得謂之為非？即是按語，亦是王念孫說是（劉師培說亦備一通），俞樾說誤，龍宇純已駁俞說〔註52〕。王先謙又曰：「《荀子》『負』下有『服』字，服，弩矢箙也。此無『服』字，言負矢，則有服可知。」〔註53〕此說則是也。

## （22）日中而趨百里

　　楊倞注：日中，一日之中也。

按：俞樾曰：「日中者，自旦至於日中，蓋半日而趨百里也。楊注謂『一日之中』，則但云『日趨百里』足矣。」楊柳橋從俞說。王天海曰：「日中，謂日午也，即半日。《易‧豐卦》：『日中則昃。』若一日之中趨百里，豈不慢乎，何必言趨？注不是也。」王天海不引俞說，而竊為己說，所補舉的《易》「日中則昃」，「日中」是指太陽在天空正中，亦非半日之義，王氏亂引一通。

考《漢書‧刑法志》引此文，顏師古注：「日中，一日之中。」此即楊注所本，《通典》卷 148 注亦從顏說。俞樾說非是。先秦時百里，約當今之六十餘里。《孫子‧軍爭》：「是故卷甲而趨，日夜不處，倍道兼行，百里而爭利，則擒三將軍，勁者先，疲者後，其法十一而至。五十里而爭利，則蹶上將軍，其法半至。三十里而爭利，則三分之二至。」是古人行軍，日夜不休，才行百里，其士卒僅十分之一至；每日行軍三十里，其士卒僅三分之二至。斷無半日行軍百里之理。

〔註52〕龍宇純《荀卿子記餘》，《中國文史研究集刊》第 15 期，1999 年版，第 234 頁。

〔註53〕王先謙《漢書補注》卷 23，書目文獻出版社 1995 年版，第 478 頁。

## （23）中試則復其戶，利其田宅

> 楊倞注：復其戶，不傜役也。利其田宅，不征眾也。顏師古曰：「利，謂
> 給其便利之處。中，丁仲反。復，方目反。」

按：注「傜」，王天海本誤作「徭」。「中，丁仲反。復，方目反」亦顏師
古注語，王天海誤作楊倞注語。文廷式曰：「中試即中式也。」〔註54〕
復，寬宥、優待。王天海曰：「復其戶，返其戶之賦稅也。」誤解「復」
為「返」。

## （24）是數年而衰而未可奪也

> 楊倞注：此中試者筋力數年而衰，亦未可遽奪其優。奪其優，復使皆怨
> 也。

按：《漢書·刑法志》引作「其氣力數年而衰」，《通鑒》卷6引作「是其氣
力數年而衰而復利未可奪也」，《玉海》卷140引作「氣力數年而衰而
未可奪也」，《皇王大紀》卷78引作「氣力數年而衰而復利未可奪」。
摹宋本「數年」上當脫「其氣力」三字，楊注云云，似尚未脫。

## （25）改造則不易周也

> 楊倞注：改造，更選擇也，則又如前。

按：帆足萬里曰：「不易周，言『復戶』、『利田宅』之屬不易周給也。」朝
川鼎曰：「改造，猶改為也。周，徧也。」蔣禮鴻曰：「……所以優遇之
之具不易周給矣。」〔註55〕張覺曰：「周，通『賙』，周濟。」王天海曰：
「不易周，不改變對前選武卒的賙濟。楊注未切，張說是。」張、王說
誤，帆、朝、蔣說是。周，周足。言再重新選擇則又不易周足。

## （26）隱之以阸

> 楊倞注：謂隱蔽以險阸，使敵不能害。鄭氏曰：「秦地多阸，藏隱其民於
> 阸中。」

按：劉台拱曰：「『隱』如『隱民多取食焉』之隱，秦生民之道陋阸無餘地，
使之隱約窮困，不自聊賴，乃重為殺敵之賞以誘之，故《荀子》又曰

---

〔註54〕文廷式《純常子枝語》卷15，收入《續修四庫全書》第1165冊，第204頁。
〔註55〕蔣禮鴻《荀子餘義（上）》，《中國文學會集刊》第3期，1936年版，第86頁。

『阸而用之，得而後功之』，亦此意。」王先謙從其說〔註 56〕。郭嵩燾曰：「秦遠交近攻，侵伐無虛日，未嘗以險阸自隱也。『劫之以埶』承上酷烈言，『隱之以阸』承上狹隘言，其民本無生計，又甚迫蹙之，使亟鶩於戰，以邀賞也。下文『阸而用之』正申此義。」劉師培曰：「郭說近是，惟未明『隱』字之意。古代『隱』與『殷』同，又與『慇』同，痛也。」梁啓雄、李滌生從劉說。楊柳橋說同劉氏，當即襲自劉說。久保愛曰：「《漢書·刑法志》注：『臣瓚云：秦政急峻，隱括其民於隘狹之法。』」于省吾曰：「隱，馮也。謂馮恃險阻也。」陳直曰：「隱讀如穩，謂安穩也。」王天海曰：「隱，通『檃』，檃栝，糾正也。謂秦以險峻之法糾正其民。久引《漢書·刑法志》注是也。他說皆未得。」史冬青曰：「『阸』指危難。『隱』讀如字，義為阻塞。『隱之以阸』即以危難的境遇來阻塞他們。」〔註 57〕久保愛、于省吾、王天海說均誤。郭嵩燾謂「隱之以阸」上承「陋阸」，下啓「阸而用之」，皆是也。王天海謂「阸而用之」、「隱之以阸」之二「阸」異，是為妄說。上文云「秦人其生民也陋阸，其使民也酷烈」，顏師古注引鄭氏曰：「秦地多隘，臧（藏）隱其民於隘中也。」又引臣瓚曰：「秦政急峻，隱括其民於隘狹之法。」顏氏從鄭說。郝懿行曰：「陋阸即狹隘也，謂民生計窮蹙。《王霸篇》云：『生民則致貧隘。』語意正同，注以『陋阸』為秦地險固，非也。下云『隱之以阸』，亦非地險。」王念孫從郝說。郝說是也，「陋阸」謂使其人民生活困苦，不是指地形險阻。此云「隱之以阸」，劉師培訓隱為痛，亦是也。吳恂曰：「陋阸者，窮困之義。隱，憂戚之義。劉氏訓隱為隱約窮困，則與下『阸窮』義複矣。」〔註 58〕吳說與劉師培說義亦合。

## （27）忸之以慶賞

楊倞注：「忸」與「狃」同，串習也。戰勝則與之賞慶，使習以為常。

按：《通鑑》卷 6 胡三省注採楊說。《漢書·刑法志》作「狃」，顏師古注：「狃，串習也。」此楊注所本。劉師培曰：「《漢書》作『狃之以賞慶』，

〔註 56〕王先謙《漢書補注》卷 23，書目文獻出版社 1995 年版，第 478 頁。
〔註 57〕史冬青《〈荀子〉釋詞五則》，《山東省農業管理幹部學校學報》2009 年第 2 期，第 154 頁。
〔註 58〕吳恂《漢書注商》，上海古籍出版社 1983 年版，第 44～45 頁。

據楊注，似本書亦作『賞慶』。」劉說非是，《通鑑》卷 6、《玉海》卷
140、《增韻》卷 3「忸」字條引皆作「慶賞」，不煩改作。本書《王制》：
「勉之以慶賞。」《管子‧權修》、《小匡》並云：「勸之以慶賞。」皆
其例。鍾泰曰：「此『忸』字當訓玩，不訓串習。玩之以慶賞，猶言誘
之以慶賞也。」楊樹達曰：「『忸』當讀爲柔。」〔註 59〕高亨曰：「忸、
狃古通用，誘也，惑也。」豬飼彥博曰：「『忸』、『狃』同，狎昵馴伏
之意。」〔註 60〕包遵信曰：「忸，當是『紐』之假，繫也。」楊柳橋
曰：「狃，惑也。」陸慶和曰：「『忸』當讀爲誘。」〔註 61〕王天海曰：
「高、鍾二說義長。」楊倞注不誤，狃訓串習，引申則有貪、誘惑義。
《國語‧晉語一》：「嗛嗛之食，不足狃也。」韋昭注：「食，祿也。狃，
貪也。」複言則曰「狃（忸）忕」，《後漢書‧西羌傳》：「狃忕邊利。」
李賢注：「狃忕，慣習也。」又《馮異傳》：「虜兵臨境，忸忕小利。」
李賢注：「忸忕，猶慣習也，謂慣習也，謂慣習前事而復爲之。」

## （28）鰌之以刑罰

　　楊倞注：鰌，藉也。不勝則以刑罰陵藉之。《莊子》風謂蛇曰：「鰌我亦勝
　　　　　我。」音秩（秋），或作蹴，七六反。

按：本書《堯問》：「鰌於嚴刑。」遞修本、四庫本注無「亦勝我」三字，「音
　　秩」作「音秋」，「七六反」作「七由反」。「秩」是「秋」形譌。《莊子‧
　　秋水》《釋文》：「鰌，音秋。李云：『藉也，藉則削也。』本又作蹴，
　　子六反，又七六反，迫也。」此楊注所本。盧文弨曰：「鰌，亦音蹴。」
　　朱駿聲曰：「鰌，叚借爲遒。」〔註 62〕物双松曰：「『鰌』、『遒』通，迫
　　也。如『大燕鰌吾後』。」冢田虎曰：「『鰌』、『蹴』同，蹴也。注『藉
　　也』，亦蹈藉之意。」久保愛曰：「『鰌』與『蹴』同，《集韻》云：『迫
　　也。』」胡林翼曰：「鰌，讀爲遒，迫也。楊注『藉』，未妥。」〔註 63〕
　　陳直說同胡氏。梁啓雄引《漢書‧刑法志》王先謙注：「『鰌』蓋即『遒』

---

〔註 59〕楊樹達《鍾泰〈荀注訂補〉》，《清華學報》第 11 卷第 1 期，1937 年版，第 237
　　　　頁。

〔註 60〕梁啓雄引「昵」誤作「昵」，王天海照鈔，而不思「狎昵」不辭也。

〔註 61〕陸慶和《〈荀子〉舊注辨正》，《古籍整理研究學刊》1988 年第 3 期，第 43 頁。

〔註 62〕朱駿聲《說文通訓定聲》，武漢市古籍書店 1983 年版，第 240 頁。

〔註 63〕胡林翼《讀史兵略》卷 2，收入《胡林翼集》第 3 冊，嶽麓書社 1999 年版，
　　　　第 118 頁。

之借字，《說文》：『遒，迫也。』」蔣禮鴻曰：「『蟉』蓋『糾』之叚字，
楊注似迂。」〔註 64〕王天海曰：「蟉、遒一聲之轉，迫也。物說是，
楊注及他說非。」王天海不引王先謙說，而竊爲己說。《漢書‧刑法志》
引「蟉」作「道」，顏師古注：「道，讀曰導。」王念孫曰：「道即遒之
譌，顏師古讀道爲導，失之。」〔註 65〕王念孫說是也，《通典》卷 148
引作「導」，則誤從顏注而改。蟉、遒訓迫促，字亦作踏、繕，音轉則
作戚、蹴，或音「七六反」者，即「戚、蹴」之音。音轉又作「犫（擎）」，
取「束迫」、「緊束」爲義〔註 66〕。《說文》：「犫，收束也。讀若酋。
擎，犫或從秋手。」物氏所引「大燕蟉吾後」，見本書《彊國篇》，彼
文楊倞注：「燕在齊北，故曰後。蟉，蹴也，藉也，如蹴踏於後。」「踏」、
「戚（蹴）」從足取義，言在後迫促、驅迫。《釋名》：「戚，遒也，遒
迫之也。」〔註 67〕故引申之爲陵藉、蹈藉義也。胡林翼、陳直、王天
海未能會通其義，遽謂「楊注未妥」、「楊注及他說非」，亦已妄矣。

## （29）使天下之民所以要利於上者，非齰無由也

按：王天海曰：「無由，無路也。由，通『迪』。」無由，猶言無從，言非齰
則無從要利於上也。釋「無路」亦可，但讀爲「迪」，則無所取義。《說
文》「迪」訓道是「引導」之導，王氏妄說通假。

## （30）有遇之者，若以焦熬投石焉

　　楊倞注：以魏遇秦，猶以焦熬之物投石也。

按：俞樾曰：「『以焦熬投石』疑有奪誤，當云『以指焦熬，以卵投石』。焦，
讀爲撫。《廣雅》曰：『撫，拭也。』然則『以指撫熬』，其義猶『以指
撓沸』也。」梁啓雄、陳茂仁從俞說〔註 68〕。邵瑞彭曰：「焦熬至脆，
投石易碎。」〔註 69〕龍宇純曰：「凡食物之煎焦者必脆，投石即碎。」

〔註 64〕 蔣禮鴻《荀子餘義（上）》，《中國文學會集刊》第 3 期，1936 年版，第 86 頁。
〔註 65〕 王念孫《廣雅疏證》，收入徐復主編《廣雅詁林》，江蘇古籍出版社 1992 年版，
　　　　 第 90 頁；其說又見《管子雜誌》，收入《讀書雜志》卷 8，中國書店 1985 年
　　　　 版，本卷第 10 頁。
〔註 66〕 參見蕭旭《古國名「渠搜」名義考》，收入《群書校補（續）》，花木蘭文化出
　　　　 版社 2014 年版，第 2159～2166 頁。
〔註 67〕 「道」原誤作「遒」，據畢沅等校正。
〔註 68〕 陳茂仁《新序校證》，花木蘭文化出版社 2007 年版，第 151 頁。
〔註 69〕 邵瑞彭《荀子小箋》，《唯是》第 3 期，1920 年版，第 26 頁。

王天海曰：「龍說是，俞說非。」考《通鑑》卷 6 胡三省注：「焦熬之物至脆，投石則碎。」此邵、龍說所本。

## （31）未有貴上、安制、綦節之理也

楊倞注：未有愛貴其上，爲之致死；安於制度，自不踰越；極於忠義，心不爲非之理者也。

按：注「忠義」，《通鑑》卷 6 胡三省註引作「節義」，是也。蔡偉曰：「綦當讀爲矜。定州漢墓竹簡《論語・衛靈公》『䇳而不爭』，傳世本作『矜而不爭』。」〔註70〕蔡說是也，樊波成從其說〔註71〕。《漢書・刑法志》引正作「矜節」。顏師古注：「矜，持也。」綦、矜一聲之轉，猶言矜持、矜尙、崇尙。本書《性惡篇》「騏驥」即《勸學篇》的「騏驥」，楊倞注：「騏，讀爲騏。」《禮記・射義》鄭玄注：「旄期，或爲『旄勤』。」《詩・行葦》引作「耄勤」，《釋文》：「勤，音其。」上博楚簡（五）《三德》：「憙（喜）樂無堇尼，是胃（謂）大亢（荒）」孟蓬生讀「堇尼」爲「期度」〔註72〕。故「綦」音轉爲「種」，「種」是「矜」異體字。本書《宥坐篇》：「尙賢以綦之。」綦亦讀爲矜，另詳。

## （32）諸侯有能微妙之以節，則作而兼殆之耳

楊倞注：微妙，精盡也。節，仁義也。作，起也。殆，危也。諸侯有能精盡仁義，則能起而無危也，兼此數國，謂擒滅之。

按：注文「則能」以下，盧文弨校訂作「則能起而兼危此數國，謂擒滅之」，王天海從盧校，並於「此數國」下補「殆之」二字。盧校「無危」作「兼危」，至確，形近而譌。《通鑑》卷 6 胡三省注引作「則起而兼此數國，使之危殆」。

## （33）故招近募選

楊倞注：「近」當爲「延」，傳寫誤耳。招延，謂引致之也。募選，謂以財

〔註70〕蔡偉《讀書叢札》，《出土文獻與古文字研究》第 3 輯，復旦大學出版社 2010 年版，第 497 頁。

〔註71〕樊波成《經學與古文字視野下的〈荀子〉新證》，上海社科院 2012 年碩士學位論文，第 57 頁。

〔註72〕孟蓬生《三德零詁（二則）》，《簡帛》第 2 輯，上海古籍出版社 2007 年出版，第 304 頁。

　　　召之而選擇可者。

按：《通鑑》卷 6、《玉海》卷 140、《通鑑綱目》卷 2 引「近」作「延」，蓋
據楊注而改。

## （34）故《泰誓》曰「獨夫紂」，此之謂也

按：久保愛曰：「今《書》『紂』作『受』。」王天海曰：「今《書・泰誓》作
『獨夫受』。受，紂名也。」紂、受古音近通借。《書・西伯戡黎》：「祖
伊恐，奔告於受。」孔傳：「受，紂也，音相亂。」

## （35）燕之繆蠤

　　　楊倞注：繆蠤，未聞也。

按：楊柳橋從楊寬說，王天海從朱起鳳說，並謂「繆蠤」即「樂毅」。楊寬
說見《戰國史料編年輯證》卷 19，朱起鳳說見《辭通》卷 16〔註73〕。
沈祖緜亦曰：「繆蠤，疑即『樂毅』，聲之轉。」〔註74〕尚節之、李滌生
說同〔註75〕。其說皆本於沈欽韓，沈氏曰：「竊疑『繆蠤』即『樂毅』，
聲同傳誤，後人因不悟耳。」〔註76〕

## （36）遇敵決戰，必道吾所明，無道吾所疑

　　　楊倞注：道，言也，行也。

按：王念孫曰：「道，當訓爲行。」久保愛曰：「道，由也。」《通鑑》卷 6、
《玉海》卷 140 引二「道」作「行」，《皇王大紀》卷 78 引下句亦作
「行」。

## （37）無急勝而忘敗

按：劉師培曰：「《玉海》卷 40、《小學紺珠》卷 8 並引『急』作『怠』。怠
勝者，恃勝而懈也。義較長。」董治安曰：「巾箱本、劉本、遞修本
『急』作『怠』。」《玉海》見卷 140 引，劉氏誤記，董治安、王天海

---

〔註73〕楊寬《戰國史料編年輯證》卷 19，上海人民出版社 2001 年版，第 1011 頁。
　　　　朱起鳳《辭通》卷 16，上海古籍出版社 1982 年版，第 1733 頁。
〔註74〕沈祳民《讀荀臆斷》，《制言》第 58 期，1939 年版，本文第 14 頁。
〔註75〕尚節之《荀子古訓考》，北京《雅言》1941 年第 6 期，第 22 頁。
〔註76〕沈欽韓《漢書疏證》卷 27，收入《續修四庫全書》第 266 冊，上海古籍出版
　　　　社 2002 年版，第 750 頁。

皆照鈔，而不檢正。津逮祕書本《小學紺珠》卷 8 引作「怠」，四庫
本則作「急」。《通鑑》卷 6、《武經總要》前集卷 1 引亦作「怠」。「急」
是「怠」形誤。

（38）敬謀無壙，敬事無壙，敬終無壙，敬眾無壙，敬敵無壙

　　　　楊倞注：無壙，言不敢須臾不敬也。「壙」與「曠」同。

按：《通鑑》卷 6、《玉海》卷 140 引「壙」俱作「曠」，蓋據楊注改之。胡
　　三省注：「曠，廢也。」

（39）格者不舍

按：王天海曰：「舍，通『赦』。諸本一作『赦』。」《通鑑》卷 6、《玉海》
　　卷 140 引「舍」作「赦」，一聲之轉。

（40）以故順刃者生，蘇刃者死

　　　　楊倞注：順刃，謂不戰偝之而走者。蘇，讀爲傃。傃，向也。謂相向格鬭
　　　　　　　　者。

按：王懋竑曰：「蘇，注讀爲傃，當闕之。」〔註77〕蘇，《通鑑》卷 6、《玉
　　海》卷 140 引作「傃」，蓋據楊注改之。蔣斧印本《唐韻殘卷》：「傃，
　　向也。」《干祿字書》：「傃、遡：向也，並正。」本字爲溯（泝），《說
　　文》：「溯，逆流而上曰溯洄。溯，向也，水欲下，違之而上也。」朱
　　駿聲曰：「蘇，叚借爲遡。」又曰：「泝，字亦作泲、作溯、作傃，順
　　流而下曰泝游。《荀子》『蘇刃者死』，以『蘇』爲之。」〔註78〕章太
　　炎曰：「蘇借爲牾，《說文》：『牾，屰也。』與『順』對文。蘇刃者，
　　謂迎刃觸之爾。楊倞讀蘇爲傃亦得，然『傃』本『遡』之後出字。」
　　〔註79〕鄭張尚芳讀蘇爲迕〔註80〕，麥耘讀蘇爲禦〔註81〕。諸說皆得之，

---

〔註77〕王懋竑《荀子存校》，《讀書記疑》卷 11，收入《續修四庫全書》第 1146 冊，
　　　　第 355 頁。
〔註78〕朱駿聲《說文通訓定聲》，武漢市古籍書店 1983 年版，第 418、468 頁。
〔註79〕章太炎《小學答問》，收入《章太炎全集（7）》，上海人民出版社 1999 年版，
　　　　第 416 頁。陸宗達、王寧亦讀蘇爲牾，蓋本章氏說，而不著出處。陸宗達、
　　　　王寧《談比較互證的訓詁方法》，《訓詁研究》第 1 輯，1981 年版，第 117 頁。
〔註80〕張尚芳《上古漢語的 s-頭》，收入《鄭張尚芳語言學論文集》，中華書局 2012
　　　　年版，第 416 頁。下引同。

然尚未盡，諸字並同源，聲轉亦作「屰（逆）」字。龍宇純曰：「《說文》無『傃』字，孫愐《唐韻》：『傃，向也。』與『素』字同音，當即『素昔』之素轉注人旁而成，其義本不謂向對，楊氏傅會爲說耳。蘇當讀爲樆。樆與逆、迁、迎諸字同爲一語，此謂讀蘇爲逆爲迁爲迎，與云讀爲樆不異。」〔註82〕龍說「傃本不謂向對」非是，餘說皆精審。《楚辭・九章・橘頌》：「蘇世獨立，橫而不流。」俞樾曰：「此蘇字當訓悟。悟，即今忤字。《荀子》云云，蘇與順對文，則蘇者逆也，故爲悟矣。」〔註83〕俞說是也，而未悟「蘇」、「悟」、「逆」並一聲之轉。《商子・賞刑》：「萬乘之國不敢蘇其兵中原。」俞樾曰：「《荀子》楊注云云，此『蘇』字讀與彼同。」〔註84〕高亨曰：「蘇，逆也。《荀子》、《楚辭》云云，蘇亦逆也。」〔註85〕鄭張尚芳讀蘇爲樆。諸說亦皆是也，而鄭張氏未悟讀迁讀樆一也。別說皆誤，此從略。《鹽鐵論・國病》：「大夫色少寬，面文學而蘇賢良。」又《鍼石》：「盛色而相蘇。」二例「蘇」字，孫詒讓曰：「《荀子》楊注云云，此亦謂盛其辭色而相向辯難也。」〔註86〕上例黃侃讀蘇爲遡，訓向，與《荀子》同義〔註87〕。二氏說皆是。上例張之象註：「蘇，氣索貌，不安也。」惠棟曰：「蘇與索，聲之轉耳。蘇猶氣索也。」〔註88〕李林松從惠說〔註89〕，非是。字亦作愬，《文選・西征賦》：「愬黃巷以濟潼。」五臣本作「遡」，《元和郡縣志》卷7引亦作「遡」，《水經注・河水》引作「泝」。李善注引薛綜《西

---

〔註81〕 麥耘《古漢語札記三則》，收入《漢語的歷史探討——慶祝楊耐思先生八十壽誕學術論文集》，中華書局2011年版，第317頁。

〔註82〕 龍宇純《讀荀卿子三記》，收入《荀子論集》，學生書局1987年版，第276～277頁。

〔註83〕 俞樾《讀楚辭》，收入《俞樓雜纂》卷24，《春在堂全書》本，清光緒二十三年重訂本；又收入《諸子平議補錄》，中華書局1956年版，第182頁。

〔註84〕 俞樾《商子平議》，收入《諸子平議》卷20，上海書店1988年版，第399頁。

〔註85〕 高亨《商君書新箋》，收入《諸子新箋》，《高亨著作集林》卷6，清華大學出版社2004年版，第300頁。

〔註86〕 孫詒讓《札迻》卷8，中華書局1989年版，第248頁。

〔註87〕 黃侃說轉引自王利器《鹽鐵論校注》，中華書局1992年版，第339頁。

〔註88〕 惠棟《周易本義辨證》卷4，收入《續修四庫全書》第21冊，上海古籍出版社2002年版，第335頁。

〔註89〕 李林松《周易述補》卷1，收入《皇清經解續編》卷302，上海書店1988年版，第2冊，第202頁。

京賦》注：「愬，向也。愬與遡古字同。」字亦作素，《禮記・中庸》：
「素隱行怪。」鄭玄注：「『素』讀如『攻城攻其所傃』之傃。傃，猶
鄉也。」《釋文》：「鄉，本又作嚮。」《漢書・藝文志》引「素」作「索」，
形聲相近而譌。《玉篇》：「傃，向也。孔子曰『傃隱行怪』。」蓋據鄭
說改之。錢大昕曰：「鄭注云云。《詩》：『如彼遡風。』毛傳亦訓爲鄉。
『遡』、『素』同音又同義也。」〔註90〕俞樾曰：「《荀子》注云云。《說
文》無『傃』字，作素，作蘇，皆聲近假借字，未知本字爲何也。」
〔註91〕俞氏偶失考也。

## （41）無幽閒辟陋之國，莫不趨使而安樂之

按：王天海曰：「無，猶雖也。此二語又見《王制篇》。」此竊自裴學海說，
裴氏正舉《王制篇》例，又引《爾雅》：「使，從也。」〔註92〕《韓詩外
傳》卷3正作「雖幽間僻陋之國，莫不趨使而安樂之」（元本作「無」），
又卷4無「無」字，從省也。

## （42）兵格不擊

楊倞注：德義未加，所以敵人不服，故不攻擊也，且恐傷我之士卒也。

按：格，《儀禮集傳通解》卷36引作「革」，蓋音誤。于鬯曰：「兵格不擊，
則是舍之矣，與上文『格者不舍』之義殊違。此『格』字當是借字，
與上文不同。蓋讀如《孟子・滕文公篇》『是率天下而路也』之路。路
即羸義，或作潞，或作露。兵格不擊，謂彼兵羸則不擊之。」王天海
曰：「格、潞，上古同屬鐸部，故通。潞，通『羸』，疲弱也。若此『格』
訓爲格擊之格，則與上文『格者不赦』相悖也〔註93〕。楊注不得要領，
于說亦未切也。」王天海引于說但引「此格當讀爲路，羸也」，其餘不
引，而竟把格讀爲潞，與上文不合等作自己的按語，眞是滑稽！路、
潞並訓爲羸，字亦作露，已見上文「路亶者也」條王念孫說。當以「露」

〔註90〕錢大昕《十駕齋養新錄》卷2，收入《嘉定錢大昕全集（七）》，江蘇古籍出版
　　　社1997年版，第39頁。
〔註91〕俞樾《禮記鄭讀考》，收入《清經解續編》卷1356，上海書店1988年版，第
　　　5冊，第1003頁。
〔註92〕裴學海《古書虛字集釋》，中華書局1954年版，第900頁。
〔註93〕引者按：《荀子》原文作「不舍」。

爲本字，《方言》卷 3：「露，敗也。」王天海謂借作「贏」，乃竊自楊柳橋說（已見上文引），而不知其說誤也。

**（43）不留眾**

　　楊倞注：不久留暴露於外也。

按：文廷式曰：「此謂不留兵戍守之也。楊注非是。」〔註94〕久保愛曰：「留眾，謂已克之，留眾守之也。」高亨曰：「留，借爲劉，殺也。劉之爲殺，即戮之聲轉。」王天海從高說，謂「楊注、久說皆非」。當以文、久二氏說爲確，「不留眾」與「師不越時」之義相成，謂軍隊不留守，不踰時即還。

**（44）師不越時**

　　楊倞注：古者行役不踰時也。

按：《韓詩外傳》卷 3：「太平之時，民行役者不踰時。」又卷 8：「夫賢君之治也……力役不踰時。」《詩・采薇》、《何草不黃》毛傳並云：「古者師出不踰時。」《公羊傳・隱公六年》何休注同。《白虎通義・三軍》：「古者師出不踰時者，爲怨思也。」《穀梁傳・隱公五年》：「伐不踰時，戰不逐奔。」《鹽鐵論・執務》：「古者，行役不踰時，春行秋反，秋行春來，寒暑未變，衣服不易，固已還矣。」

**（45）故亂者樂其政，不安其上，欲其至也**

按：冢田虎曰：「言亂國之民樂王者之政也。」久保愛說同。帆足萬里曰：「『政』、『征』通。」王天海從帆說。「政」當讀如字，冢、久說是也。《晏子春秋・內篇問上》：「世治政平，舉事調乎天，藉斂和乎百姓，樂及其政，遠者懷其德。」又《內篇諫上》：「是以民樂其政而世高其德。」《商子・修權》：「是故擅其名，而有其功，天下樂其政，而莫之能傷也。」「政」字皆讀如字。

**（46）先生議兵，常以仁義爲本，仁者愛人，義者循理**

按：劉師培曰：「循，《治要》『循』作『脩』，下同。」《治要》卷 38 引作「修」，劉氏誤記。《後漢紀》卷 6：「臣聞人君之道，仁義爲主，仁者

愛人，義者治理。」《後漢書・梁統傳》作「政理」，《通鑑》卷 43 作
「正理」。「修」當作「脩」，「脩」是「循」形譌，《通鑑》卷 6、《玉
海》卷 140 引作「循」。《淮南子・齊俗篇》：「義者循理而行宜也，禮
者體情制文者也。義者宜也，禮者體也。」宋・李廌《慎兵論》：「故
曰仁者愛人，惡人之害人；義者循理，惡人之亂紀，以茲爲兵意，是
乃仁術。」正本《荀子》此篇下文。

（47）故仁人之兵，所存者神，所過者化

楊倞注：所存止之處，畏之如神；所過往之國，無不從化。

按：本篇下文：「故民歸之如流水，所存者神，所爲者化而順。」〔註 95〕
《孟子・盡心上》：「夫君子所過者化，所存者神，上下與天地同流，
豈曰小補之哉？」孫奭《音義》引陸云：「言君子所過人者在於政化，
存其身者在於神明。」下文作「所爲」，亦「所過」之音轉，楊倞注：
「凡所施爲，民皆從化也。」讀「爲」如字，非是。梁啓雄引于省吾
曰：「《孟子》云云。『爲』乃『過』之假字。」〔註 96〕于說是也，古
「貨」字作「賑」（見《說文》），馬王堆帛書《老子》甲本又作「貫」
（帛書乙本作「貨」），此「爲」、「過」音轉之證。王先謙校作「所爲
者順」，豬飼彥博引白鹿說以「所存者神所」爲衍文，皆非。《荀子》
特變「過」爲「爲」，與上文同義也。本書《堯問》：「所存者神，所遇
者化。」盧文弨、久保愛校「遇」作「過」，是也。劉師培曰：「『過』
乃後人據《孟子》所改，盧校失之。」劉說傎矣。

（48）故近者親其善，遠方慕其德

按：王念孫曰：「德，本作『義』，後人改爲『德』，以與『服』、『極』爲韻，
而不知與下文『德』字相複也。《文選・爲袁紹檄豫州文》注、《石闕
銘》注、《御覽・兵部五十三》（引者按：即《御覽》卷 322）引此並
作『義』。」王先謙、梁啓雄、楊柳橋從王說。王天海曰：「『德』字或
誤，然《治要》亦作『德』，知唐時已誤也。」「德」字不誤，下文「德
盛於此，施及四極」，正承此而言，非爲複也。《鶡冠子・王鈇》：「故

---

〔註95〕依潘重規句讀，亦可能「而順」上有脫文，汪中說。
〔註96〕于省吾《荀子新證》，收入《雙劍誃諸子新證》，上海書店 1999 年版，中華書
局 2009 年版，皆無此語。

主無異意，民心不徙，與天合則，萬年一范，則近者親其善，遠者慕其德而無已。」《淮南子・兵略篇》：「修政於境內而遠方慕其德，制勝於未戰而諸侯服其威。」此其確證。《管子・立政九敗解》：「愛施之德，雖行而無私。內行不脩，則不能朝遠方之君……如此則近者親之，遠者歸之。」《晏子春秋・內篇問上》：「遠者懷其德。」《淮南子・主術篇》：「近者安其性（生），遠者懷其德。」〔註97〕《漢書・嚴助傳》：「近者親附，遠者懷德，天下攝然。」《鹽鐵論・雜論》：「公卿知任武可以辟地，而不知德廣可以附遠；知權利可以廣用，而不知稼穡可以富國也。近者親附，遠者說（悅）德。德則何爲而不成？何求而不得？」皆足爲旁證。《管子・形勢解》：「明主之使遠者來而近者親也，爲之在心。」《治要》卷36引《申子・大體》：「是以近者親之，遠者懷之。」《鹽鐵論・本議》：「畜仁義以風之，廣德行以懷之，是以近者親附而遠者說（悅）服。」又《地廣》：「近者親附，然後來遠。」遠者歸服者，以德服之也。王念孫說非是，此亦王氏誤信類書之失也，王天海不能察而誤信之。

（49）**彼仁義者，所以脩政者也。政脩則民親其上、樂其君而輕為之死**

按：脩，《孫子・計》杜牧注引作「修」，正字。王天海曰：「脩，美也。脩政，美政。政脩，政美。」王氏妄說耳。脩，同「修」，修治，行也。《孟子・梁惠王下》：「君行仁政，斯民親其上，死其長矣。」《呂氏春秋・愛士》：「人主其胡可以無務行德人愛人乎？愛人則民親其上民親其上，則皆樂爲其君死矣。」《淮南子・道應篇》：「成王問政於尹佚曰：『吾何德之行而民親其上？』」〔註98〕《文子・上仁》：「文子問曰：『何行而民親其上？』」皆可證「脩」當訓行。脩政，謂行仁政，以德化之。

（50）**誾誾然常恐天下之一合而軋己也**

楊倞注：《漢書》「誾」作「鰓」。蘇林曰：「讀如『慎而無禮則葸』之葸。鰓，懼貌也。」〔註99〕先禮反。張晏曰：「軋，踐轢也。」

---

〔註97〕《文子・上仁》同。
〔註98〕《說苑・政理》同。
〔註99〕「鰓，懼貌也」四字亦蘇林語，王天海誤認作楊倞注語，而放在引號外，此不檢《漢書》舊注之失也。

按：此語亦見本書《彊國篇》，《漢書・刑法志》引「誾誾」作「鰓鰓」。顏師古注：「鰓音先祀反。軋音於黠反。」《通典》卷 148 注同，當取自顏說。注文「先禮反」當是「先祀反」誤，「祀」形誤作「礼」，因改作「禮」。「慎而無禮則葸」出《論語・泰伯》。「誾誾」、「鰓鰓」、「葸葸」並同，字亦作「偲偲」、「禗禗」〔註 100〕。張晏訓軋爲踐轢是也，此由車壓路本義引申而來。《御覽》卷 773 引《通俗文》：「車轢曰軋。」王天海曰：「軋，傾軋、顛覆。」「軋」何得有顛覆義？

## （51）禮者，治辨之極也

楊倞注：辨，別也。

按：辨，《史記・禮書》同，遞修本、四庫本作「辯」，《韓詩外傳》卷 4 亦作「辯」。豬飼彥博曰：「辨亦治也。」牟宗三曰：「治辨之極，即類同別異之極則。『辨』不作思辨解。」牟氏又謂《非相篇》「以其有辨」之「辨」與此文同，「皆指別異定分言」〔註 101〕。王天海曰：「治辨，治理也。辨，亦治也。」王天海說竊自《不苟篇》王念孫說〔註 102〕。牟說以爲「辨別」義，非是。

## （52）強國之本也

楊倞注：強國，謂強其國也。

按：《韓詩外傳》卷 4 同。久保愛曰：「《史記》『國』作『固』，是也。」王先謙曰：「強國，《史記》作『強固』，《正義》云：『固，堅固也。言國以禮義，四方欽仰，無有攻伐，故爲彊而且堅固之本也。以禮義導天下，天下服而歸之，故爲威行之道也。以禮義率天下，天下咸遵之，故爲功名之總。總，合也，聚也。』」〔註 103〕梁啓雄從王先謙說，趙幼文說

---

〔註 100〕方以智《通雅》卷 9，收入《方以智全書》第 1 冊，上海古籍出版社 1988 年版，第 369 頁。

〔註 101〕牟宗三《荀學大略》，收入《名家與荀子》，《牟宗三先生全集（2）》，聯經出版事業有限公司 2003 年版，第 168、175 頁。

〔註 102〕王念孫《荀子雜志》，收入《讀書雜志》卷 10，中國書店 1985 年版，本卷第 58 頁。

〔註 103〕「言國以禮義……聚也」皆《正義》之語，中華書局 1988 年版《荀子集解》點校本第 281 頁誤作王先謙語，董治安、王天海皆照鈔，而不一檢《正義》原文，其粗疏如此！

同〔註104〕。

（53）**王公由之，所以得天下也；不由，所以隕社稷也**

按：隕，《韓詩外傳》卷4同，《史記·禮書》形誤作「捐」〔註105〕。《四庫
全書史記考證》、李笠都但出異文〔註106〕，未斷是非。本書《臣道篇》：
「殞社稷。」《治要》卷38引作「隕社稷」。《管子·中匡》：「古之隳國
家、隕社稷者，非故且爲之也。」殞、隕，猶言失去，並讀爲抎。《說
文》：「抎，有所失也。《春秋傳》曰：『抎子辱矣。』」《左傳·成公二年》
作「隕」。《廣雅》：「抎，失也。」《戰國策·齊策四》：「寡人愚陋，守
齊國，唯恐失抎之。」鮑彪注：「抎，失也。」《墨子·天志下》：「國家
滅亡，抎失社稷。」又《非命下》：「桀、紂、幽、厲之所以共抎其國家，
傾覆其社稷者。」皆謂失去其國家社稷，正作本字「抎」。字亦借「損」
（「損」本義訓減少）爲之，「損」、「捐」形近易譌耳。

（54）**楚人鮫革犀兕以爲甲鞈，〔堅〕如金石**

　　　楊倞注：鞈，堅貌。《史記》作「堅如金石」。鞈，古洽反。《管子》曰：「制
　　　　　重罪入以兵甲，犀脅二戟，輕罪入蘭盾，鞈革二戟。」犀兕堅如
　　　　　金石之狀也

按：王念孫曰：「鞈訓堅貌，諸書未有明文。《說文》：『鞈，防扞也。』（今
本扞譌作汗，據《玉篇》、《廣韻》改）。尹注《管子》曰：『鞈革，重
革，當心箸之，可以禦矢。』皆不訓爲堅貌。《史記》而外，《外傳》
亦作『堅如金石』，《文選·三月三日曲水詩序》注引《荀子》正作『堅』，
《御覽·兵部八十七》同。鈔本《書鈔·武功部九》引作『牢如金石』
（陳本改爲『堅』），此是避隋文帝諱，故改『堅』爲『牢』。然則虞所
見本正作『堅』，與楊異也。」楊柳橋從王說。屈守元曰：「據王氏此
校，楊倞所據本作『鞈』，則是誤字也。」〔註107〕俞樾曰：「《說文》

〔註104〕趙幼文《〈韓詩外傳〉識小》，《金陵學報》第8卷第1、2期合刊，1938年版，
　　　　　第111頁。
〔註105〕《史記》（修訂本）失校，中華書局2013年9月版，第1373頁。
〔註106〕《四庫全書史記考證》卷23，景印文淵閣《四庫全書》第243冊，臺灣商務
　　　　　印書館1986年初版，第543頁。李笠《廣史記訂補》，復旦大學出版社2001
　　　　　年版，第62頁。
〔註107〕屈守元《韓詩外傳箋疏》卷4，巴蜀書社1996年版，第375頁。

『鞈』有二，其一見《革部》爲正篆，其一見《鼓部》，爲『鞈』篆之古文。鞈，鼓聲也。此文『鞈如金石』當以聲言，不當以貌言，謂扣之而其聲鞈然如金石也。《史記》作『堅』，自與《荀子》異，不得並爲一談也。」李中生從俞說，又申說云：「聲音像石，同時也說明它的質地堅硬如金石。」〔註108〕文廷式曰：「王念孫云云。按：鞈，《說文》訓防扞也，蓋亦禦敵之具，當屬上句讀。『如金石』上楊本誤奪『堅』字耳。（又『鞈』字或是『軸』字之訛。末篇『冠軸帶劍』，楊注：『軸與胄同。』是也。）」〔註109〕朝川鼎引其先君說同文氏後說。劉師培曰：「《商君書·弱民篇》云『脅蛟犀兕，堅若金石』，與本書略同，惟『鞈』字作『堅』，則同《史記》。持以互證，知本書亦當作『堅』，故《書鈔》、《選》注、《御覽》所引，並以『堅如』聯文（《雜志》已引），今作『鞈』者，『鞈』字本屬上讀，即《管子·小匡》所云『鞈革』，尹注云：『鞈革，當心著之，可以禦矢。』又《淮南·主術訓》云『鞈（孫詒讓《札迻》以爲『韝』字）鞈鐵鎧』〔註110〕，以『鎧』對『鞈』，則『鞈』亦甲屬。『甲鞈』聯文，猶《淮南·說山訓》所云『蛟革犀兕以爲甲胄』也〔註111〕。楊本捝『堅』字，因讀『以爲甲』爲句，誤矣。」帆足萬里曰：「『鞈』、『合』同，堅牢也。」龍宇純曰：「其左半從革，與硬字或作鞕，及堅字或作鞏相同。右半從合，當以爲聲。『合』聲之字讀見母，與『堅』雙聲，爲一語之轉。楊氏之說固未足置疑也。」〔註112〕龍宇純妄說一聲之轉，不足信。王天海引王念孫說，只引「鞈訓堅貌，諸書未有明文」十字，而把「《外傳》、《史記》作『堅』」留作自己的按語，厚顏如此，無以復加。王天海不知文廷式說，固無足怪，而不引劉師培說，其識見已陋。又不知闕疑，妄言曰：「或『鞈』本可訓堅而字書不收此義歟？」「鞈」訓堅沒有理據，其不通小學有如此者！《玉海》卷151、《爾雅翼》卷

---

〔註108〕 李中生《從〈荀子〉的兩處比喻看修辭與訓詁》，收入《荀子校詁叢稿》，廣東高等教育出版社2001年版，第61頁。

〔註109〕 文廷式《純常子枝語》卷15，收入《續修四庫全書》第1165冊，上海古籍出版社2002年版，第204頁。

〔註110〕 引者按：「鞈」字《淮南》原作「鞈」，劉氏誤記。

〔註111〕 引者按：見《淮南子·兵略篇》，劉氏誤記。

〔註112〕 龍宇純《荀卿子記餘》，《中國文史研究集刊》第15期，1999年版，第238頁。

30、《楚辭·國殤》洪興祖補注、《增韻》卷5「韐」字條引同摹宋本，
《文選·三月三日曲水詩序》李善注引作「楚鮫革犀兕以爲甲，堅如
金石」，《書鈔》卷121引作「楚人犀兕以爲甲，牢如金石也」，《御覽》
卷356、《演繁露》卷5引作「楚人鮫革犀兕以爲甲，堅如金石」；《韓
詩外傳》卷4作「楚人蛟革犀兕以爲甲，堅如金石」，《史記·禮書》
作「楚人鮫革犀兕，所以爲甲，堅如金石」。文廷式前說及劉師培說
是也，此文本作「楚人鮫革犀兕以爲甲韐，〔堅〕如金石」。諸書作「以
爲甲」者，省「韐」字耳。楊注云云，蓋據《史記》而說耳。楊注引
《管子》「韐革」亦是也，惠士奇曰：「合甲，《小匡》所謂『韐革』
也，注云：『韐革，重革，當心著之，所以禦矢。』韐省爲合，古今
文。『甲』一作『脅』，音相近。齊國之法，重皐入犀脅，輕皐入韐革，
則合甲輕於犀甲，信矣。韐，猶堅也。《荀子》曰：『犀兕鮫革，韐如
金石。』」〔註113〕惠氏說「韐革」即「合甲」是也，但從楊注謂「韐，
猶堅也」則誤。「韐」即「合」分別字，是表示重合皮革的專字。重
合皮革而製成的甲，亦稱作韐。甲韐者，指鮫革犀兕皮製成的胸甲。
《淮南子·主術篇》：「鞅韐鐵鎧，瞋目扼擘，其於以御兵刃，縣矣。」
「韐」亦指合皮革而製成的甲。孫詒讓曰：「『鞅』爲馬頸靼，於甲義
無取。此疑當爲『韇』。《國語·齊語》云『輕罪贖以韇盾一戟。』（《管
子·小匡篇》作『輕罪入蘭盾韐革二戟。』）韋注云：『韇盾，綴革有
文如續也。』《荀子·議兵篇》云云，楊注云：『韐，堅貌。』《考工
記》有『合甲』，此『韇韐』亦言合綴革札爲甲也。」〔註114〕

## （55）宛鉅鐵鉇，慘如蠭蠆

> 楊倞註：宛，地名，屬南陽。徐廣曰：「大剛曰鉅。」「鉇」與「鏇」同，
> 矛也。《方言》云：「自關而西謂之矛，吳揚之間謂之鉇。」言
> 宛地出此剛鐵，爲矛，慘如蜂蠆。言其中人之慘毒也。鉇音菭。

按：王先謙曰：「《史記》作『宛之鉅鐵，施鑽如蠭蠆』，《索隱》云：『鑽
謂矛刃及矢鏃也。』《史》『鉇』爲『施』，『慘』爲『鑽』，故《索隱》
以施屬下讀，望文解之。《荀子》本書文義較長。」物双松曰：「《正

〔註113〕惠士奇《禮說》卷14，收入《叢書集成三編》第24冊，新文豐出版公司1997
年版，第457頁。
〔註114〕孫詒讓《札迻》卷7，中華書局1989年版，第231頁。

字通》曰：『《荀子》本作「鉈」。鉈，音蛇。《晉書》：「丈八鉈左右盤。」又音移，猶《詩》「委蛇」之蛇。』〔註115〕《史記‧禮書》曰『宛之鉅鐵，鑽如蜂蠆』，蓋以如蜂蠆語為飛矛義〔註116〕。而『惨』訛『鑽』，豈所見本不同歟？」劉師培曰：「《商君書‧弱民篇》：『宛鉅鐵鉈，利若蜂蠆』。《史記》所云『宛之鉅鐵，施鑽如蜂蠆』，以《商君書》校之，亦當從本書校訂。《外傳》作『宛如鉅蚔，惨若蜂蠆』，與《史記》及本書均異。」李滌生曰：「宛鉅，疑為『匽戟』之同聲假借。」李氏妄說通假。王天海曰：「宛鉅鐵鉈，猶言宛地大鐵矛也。《外傳》作『宛如鉅蚔』，文又不同。惨如蜂蠆，其義或如楊倞注。」王天海不能徧考群書，又不能參考近代學者的學術著作，所言等於不言，一步倒退到唐代。宛鉅鐵鉈，遞修本作「宛如鉅鐵鉈」，《爾雅翼》卷 30 引作「宛如鉅鉈」。「謂之鉈，鉈音啻」二句之「鉈」、「鉈」，遞修本、四庫本皆作「鈻」字〔註117〕。徐鍇《說文繫傳》：「鉈，今又音蛇。《晉書》曰：『丈八鉈矛左右盤。』」此《正字通》所本。《晉書》見《劉曜載記》《隴上歌》：「丈八蚔矛左右盤。」《御覽》卷 353 引《趙書》、《樂府詩集》卷 85 作「蛇矛」。孫詒讓曰：「疑『宛鉅』亦兵器之名，楊倞註恐非。」〔註118〕于省吾曰：「鉅應讀作鋸。鋸，雄戟也。宛鉅鐵鉈，言宛地所出之雄戟與其鐵矛也。」陳直曰：「鉅應指兵器而言。鉅應即『距來』之省文，為良弩之名。宛縣屬韓。」此取于說讀鉅為鋸。宛，讀為鋺，字或作鈂。《玉篇》、《廣韻》並云：「鋺，鉏頭曲鐵。」《集韻》：「鋺、鈂，或從宛。」《外傳》作「蚔」，同「蛇」，亦為「鉈」借字。王念孫曰：「鈻、鉈、鉈、施，字並與秖同。秖，曹憲音蛇。後世言『蛇矛』，名出於此也。」錢大昭曰：「秖者，《說文》作鉈，短矛也。《方言》作鈻。秖、鉈、鈻、鉈，字異音義同。」〔註119〕王

---

〔註115〕此上皆《正字通》文，王天海不檢原書，把「《晉書》」以下作物氏語。

〔註116〕此當作一句讀，王天海本斷作「蓋以如蜂蠆，語為飛矛義」，居然連近代日本人的話也讀不懂。

〔註117〕王天海本既自稱以宋本作底本，而二句皆作「鈻」字，用遞修本、四庫本，卻不加說明。

〔註118〕孫詒讓《墨子閒詁》，中華書局 2001 年版，第 480 頁。

〔註119〕王念孫《廣雅疏證》，錢大昭《廣雅疏義》，並收入徐復主編《廣雅詁林》，江蘇古籍出版社 1992 年版，第 668～669 頁。

時潤曰：「鈶、釶、施、鏂，皆當讀若鉈。」〔註120〕徐鍇、王念孫謂「蛇矛」名出於「鉈（鏂）」，非也。「鉈（鏂）」是短矛，「蛇矛」是長矛，非一物也〔註121〕。王叔岷曰：「施蓋鏂之省。鏂，俗鉈字。《說文》：『鉈，短矛也。』鈶、釶並鉈之俗變。鑽疑憯之誤。憯、憯古通。憯，猶利也。與《商君書》作『利』於義亦符。」〔註122〕王叔岷說是也。

### （56）然而兵殆於垂沙，唐蔑死

> 楊倞注：殆，謂危亡也。垂沙，地名，未詳所在。《漢‧地志》沛郡有垂鄉，豈垂沙乎？

按：盧文弨曰：「垂沙，《史記》作『垂涉』。」王念孫曰：「『垂』字古讀若陀。『垂沙』蓋地名之疊韻者。《韓詩外傳》及《淮南‧兵略篇》並作『兵殆於垂沙』，《楚策》云『垂沙之事，死者以千數』，則作『垂沙』者是。」王說是也，《商子‧弱民》亦誤作「垂涉」。

### （57）汝穎以為險，江漢以為池，限之以鄧林，緣之以方城

按：劉師培曰：「《外傳》『穎』作『淮』，《商君書》『險』作『限』，《淮南‧兵略訓》『險』作『洫』。『洫』義較長。」王天海不引劉說，把「險，《商君書》作『限』」作自己的按語。考《商子‧弱民》：「江漢以爲池，汝穎以爲限，隱以鄧林，緣以方城。」《韓詩外傳》卷4：「汝淮以爲險，江漢以爲池，緣之以方城，限之以鄧林。」《淮南子‧兵略篇》：「穎汝以爲洫，江漢以爲池，垣之以鄧林，縣之以方城。」許慎注：「洫，溝也。」《史記‧禮書》：「汝穎以爲險，江漢以爲池，阻之以鄧林，緣之以方城。」「限」、「阻」、「垣」同義。《商子》「限」、「隱」二字當互易，當作「汝穎以爲隱」、「限以鄧林」爲句。「限以鄧林」與諸書同。隱，讀爲匽，《周禮‧宮人》：「爲其井匽。」鄭玄注：「玄謂匽豬，謂雷下之

---

〔註120〕王時潤《商君書斠詮補遺》，文聽閣圖書有限公司 2010 年據《聞雞軒叢書》第 1 集宏文圖書社 1915 年刊行本影印，第 150 頁。

〔註121〕參見蕭旭《「蛇矛」考》，收入《群書校補（續）》，花木蘭文化出版社 2014 年版，第 2135～2139 頁。

〔註122〕王叔岷《史記斠證》，中央研究院歷史語言研究所專刊之七十八，1983 年版，第 1011 頁；又見王叔岷《荀子斠理》，收入《諸子斠補》，中華書局 2007 年版，第 221 頁。

池受畜水而流之者。」「以爲匽」即《淮南子》「以爲淵」之誼。

## （58）然而秦師至而鄢郢，舉若振槁然

按：劉師培以「舉」字屬上句，曰：「《商君書》、《外傳》並以『舉』字下屬。」王天海從其讀。《商子·弱民》作「秦師至鄢郢，舉若振槁」，《外傳》卷 4 作「然秦師至於鄢郢，舉若振槁然」，《史記·禮書》作「然而秦師至鄢郢，舉若振槁」，並以「舉」字屬下句，是也。此文「至而」，猶言至於也〔註123〕，《外傳》正作「至於」。

## （59）紂剖比干，囚箕子

按：久保愛曰：「剖，猶剖也。」剖，《史記·禮書》作「剖」，《韓詩外傳》卷 4 作「殺」。

## （60）城郭不辨，溝池不抇

> 楊倞注：辨，治也，或音辨。抇，古掘字。《史記》作「城郭不集，溝池不掘」。《文子》曰：「無伐樹木，無鉗墳墓。」鉗亦音掘。或曰：「抇」當作「抇」，篆文「抇」字與「抇」字相近，遂誤耳。

按：注文二「抇」字，遞修本、四庫本並誤作「相」。《增韻》卷 5「拙」字條引「抇」作「拙」。注所引《文子》，今本《上義篇》作「掘」，《呂氏春秋·懷寵》同。「抇」當從「曰（yuē）」得聲作「抇」。盧文弨曰：「甘聲之抇，不當爲古掘字。注前一說非，後一說『當作抇』是也。《正論篇》：『大古薄葬，故不抇亂；今厚葬飾棺，故抇也。』又《列子·說符篇》：『俄而抇其谷。』《呂覽·節喪篇》：『葬淺則狐狸抇之。』皆作抇字，知此抇字誤。」王念孫從盧說。郝懿行曰：「今按古無『辨』字，荀書多以『辨』爲『辨』，此注音義兩得之矣。『抇』非古『掘』字，當作『抇』字，形之譌耳，或說是。」朱駿聲曰：「抇，此『抇』字之形譌。按：即『搰』也。」〔註124〕梁啓雄曰：「『抇』正字作『搰』，《說文》：『搰，掘也。』」諸說皆是也，音轉亦作堀、欻、厥、撅、闕。王天海不引梁啓雄說，竊作己說。《論衡·順鼓》引《尚書大傳》：「城郭不繕，溝池不脩。」《韓詩外傳》卷 9：「城郭不治，溝池不鑿。」《家

---

〔註123〕而猶於也，參見裴學海《古書虛字集釋》，中華書局 1954 年版，第 530 頁。
〔註124〕朱駿聲《說文通訓定聲》，武漢市古籍書店 1983 年版，第 137 頁。

語·致思》：「城郭不修，溝池不越。」〔註125〕諸文同誼。「越」亦讀爲掘，與「鑿」、「脩」義合。

## （61）固塞不樹，機變不張

楊倞注：固塞，謂使邊境險固，若今之邊城也。樹，立也。機變，謂器械變動攻敵也。

按：冢田虎曰：「封疆不植樹木也。」久保愛曰：「樹，如榆塞松柏。塞，謂塞上樹木以爲要害也。」王先謙曰：「固，四塞也。『固塞』與『機變』對文，皆二字平列。楊注未安。『機變』二字平列，注云『器械變動』，亦未安。」于省吾曰：「機變，當指機栝言，即今所謂弩機。機栝不張，即機栝不發。」梁啓雄曰：「機變不張，謂巧詐不用。」王天海曰：「固塞，猶言關塞。樹，建也。朱起鳳曰：『固乃關字之訛。』機變，疑本作『機辟』。『變』、『便』音近，語涉『便辟』，故『變』得訛作『辟』。諸說未得，今發之。」此文不誤，《史記·禮書》亦作「固塞不樹，機變不張」。王天海改字，毫無章法，如其改法，語涉成詞者極多，可以隨意改易古籍矣。「固塞」王先謙說是，「固塞」即上文「固塞險阻」之固塞。樹，置立、設立，楊注是也。固塞不樹，指不設立固塞也。機變，指攻守之器具，不只指弩機而言。《墨子·公輸》：「公輸盤九設攻城之機變。」《漢書·吾丘壽王傳》：「故機變械飾，所以相賊害之具不可勝數。」皆其例也。

## （62）明道而分鈞之，時使而誠愛之，下之和上也如影響

按：盧文弨曰：「《史記》、《外傳》作『均分之』。」王念孫曰：「『均』與『鈞』通，亦當依《史記》、《外傳》乙轉。」物双松曰：「『明』、『名』通。道、分皆去聲。」冢田虎曰：「言明禮義而分士民事業以鈞齊之也。」久保愛曰：「《王制篇》：『制禮義以分之。』然則『道』謂禮義也。」楊柳橋曰：「道，通『導』。」王天海曰：「明道，明仁義之道。分，給與也。鈞，平也。分鈞，言其分配公平也。」王念孫、久保愛說是，《史記·禮書》《正義》：「分，音扶問反。言明儒墨之分，使禮義均等，則下應之如影響耳。」「道」指禮而言，上文「由其道則行，不由其道則

廢」（楊倞注：「道，即禮也。」），下文「無它故焉，由其道故也」，諸「道」字並同義，「禮」是荀學核心。「均分之」之「之」代指「道」，即「禮」。王天海不明其句法，不知荀學之指，又不考古注，亂說一通。

### （63）有不由令者，然後誅之以刑

按：誅，巾箱本、劉本、遞修本、四庫本作「俟」。王念孫曰：「誅之以刑，本作『俟之以刑』，此後人不解『俟』字之義而妄改之也。《外傳》、《史記》皆作『俟之以刑』。《正義》訓俟爲待。《王制篇》曰：『以不善至者，待之以刑。』足與此互相證明矣。《宥坐篇》亦曰：『躬行不從，然後俟之以刑。』（今本『躬行』作『邪民』）」王先謙、梁啓雄、楊柳橋從王說，是也，所引《外傳》見卷4。《外傳》卷3：「邪行不從，然後俟之以刑。」《家語·始誅》：「其有邪民不從化者，然後待之以刑。」《說苑·政理》：「躬行不從，而後俟之以刑。」《鹽鐵論·周秦》：「古者，周其禮而明其教，禮周教明，不從者，然後等之以刑。」皆與此文同義。俟、待、等，其義一也。等、待一聲之轉。

### （64）是故刑罰省而威流

楊倞注：流，行也，言通流也。

按：楊樹達曰：「《史記》及《外傳》並作『威行如流』，此蓋脫『行如』二字。」梁啓雄說同。王天海曰：「注文『通流』，疑作『通行』。」王氏不明唐人用語，而妄疑之。「通流」是唐人習語，猶言疏通流行。《說文繫傳》「㐬」字條引李陽冰曰：「疏、流二字，並從古㐬，疏通流行也。」楊樹達說是也，楊倞注「流，行也」云云，是所見本已脫「行如」二字矣。「如流」二字是狀詞，可省。本書《君子》：「是故刑罰綦省而威行如流。」又《強國》：「故賞不用而民勸，罰不用而威行。」《韓詩外傳》卷6：「故賞不用而民勸，罰不加而威行。」《淮南子·泰族篇》：「故刑罰不用而威行如流。」皆其證。「威行」是秦漢成語，馬王堆帛書《經法·四度》：「安得本，治則得人，明則得天，強則威行。」

### （65）傳曰：「威厲而不試，刑錯而不用。」

楊倞注：厲，謂抗舉使人畏之。

按：二語本書《宥坐》、《家語‧始誅》同。《宥坐篇》楊倞注：「厲，抗也。
試，亦用也。但抗其威而不用也。錯，置也。如置物於地不動也。」錯，
遞修本、四庫本、久保愛本作「措」，《史記‧禮書》亦作「措」。王念
孫曰：「諸書無訓『厲』爲抗舉者。厲，猛也。錯，置也。置，設也。」
王先謙、梁啓雄從王說。久保愛曰：「措，備設也。」朝川鼎曰：「厲、
烈古字通用。」章詩同曰：「錯，擱置。」王天海曰：「錯，通『措』，
廢棄也。」王念孫、久保愛、朝川鼎說是，章詩同、王天海妄說也。《淮
南子‧主術篇》：「是故威厲而不殺，刑錯而不用。」又《泰族篇》：「古
者法設而不犯，刑錯而不用。」《御覽》卷 78 引《淮南子》「殺」作「試」，
「錯」作「措」。《說苑‧政理》：「是以威厲而不至（試），刑錯而不用
也。」〔註 126〕《鹽鐵論‧後刑》：「故威厲而不殺，刑設而不犯。」諸
文並同，是「刑錯（措）」即《鹽鐵論》「刑設」義，此漢人舊解，斷無
可疑。《管子‧君臣上》：「是以令出而不稽，刑設而不用。」又《禁藏》：
「故法立而不用，刑設而不行也。」《鶡冠子‧王鈇》：「故其刑設而不
用，不爭而權重。」《鹽鐵論‧大論》：「是以砭石藏而不施，法令設而
不用。」尤爲確證。《家語‧五刑解》引孔子曰：「聖人之設防，貴其不
犯也，制五刑而不用，所以爲至治也。」制亦設也。試，讀爲殺〔註 127〕，
楊注訓用，非是。

（66）凡人之動也，爲賞慶爲之，則見害傷焉止矣

按：物双松曰：「上『爲』字去聲。」王天海曰：「上『爲』，猶以也。」物
說是，猶今言「爲了」。王氏妄說耳。

（67）爲人主上者也，其所以接下之百姓者，無禮義忠信，焉慮率用賞
慶、刑罰、埶詐，除阨其下，獲其功用而已矣

楊倞注：焉慮，無慮，猶言大凡也。除，謂驅逐。阨，謂迫蹙。若秦劫之
以埶、隱之以阨、狃之以慶賞之類。「阨」或爲「險」。

〔註 126〕王志平謂「至」、「試」音轉。王志平《出土文獻中的聲韻並轉所反映的方言
音變》，收入王志平、孟蓬生、張潔《出土文獻與先秦兩漢方言地理》，中國
社會科學出版社 2014 年版，第 251 頁。
〔註 127〕參見蕭旭《敦煌寫卷 S.1891〈孔子家語〉校補》，收入《群書校補》，廣陵書
社 2011 年版，第 1263 頁。

按：劉淇曰：「慮，大計也，猶云大率。『慮率』重言也。」〔註 128〕王念孫曰：「焉，語詞也。『除阸』二字義不相屬，楊以『除』爲驅逐，非也。慮，大凡也。『除』當爲『險』。楊注『阸或爲險』，當作『除或爲險』。」王先謙從王說。王引之曰：「焉，猶乃也。慮、率皆謂大凡也。」〔註 129〕久保愛曰：「『焉』屬上句。慮，思慮也。率用，猶率由也。『除阸』疑當『隱阸』誤。」豬飼彥博引白鹿曰：「焉，助語。慮率，大凡也。」豬飼又曰：「除阨，疑當作『險阨』。」朝川鼎曰：「『除』當作『隱』。」裴學海曰：「慮，猶大凡也，大氐也。『慮』、『略』古同音。古謂大氐曰『慮』，猶今謂大氐曰『略』也。『率』與『慮』同義。焉，乃也。『焉慮率』猶言『乃大抵』。」〔註 130〕梁啓雄曰：「慮，謀思也。」楊柳橋以「焉」屬上句，云：「慮，謀也。率，循也。」駱瑞鶴曰：「慮，蓋即計慮之慮。此文當在『焉』字下句絕。」李中生曰：「焉，用同『則』。」王天海曰：「慮，大多也。率，輕易也。用，猶以也。率用，猶『輕以』。」諸說「慮率」爲「大凡」，以「焉」字屬上，是也，「慮率」同義連文。《史記・韓長孺傳》：「漢與匈奴和親，率不過數歲即復倍約。」「率」亦大抵之義。

(68) **遇敵處戰則必北**

按：久保愛曰：「處戰，居戰鬬之地也。」王天海曰：「處戰，交戰也。處，訓『交往』之交。久說非也。」久說是，王說非也。「交戰」之交是接觸義，而非交往、相處義，「處」無接觸義義，王氏混而一之。

(69) **霍焉離耳**

楊倞注：霍焉，猶渙焉也。

按：王先謙曰：「渙、霍、滑三字一聲之轉。」龍宇純曰：「『霍焉』當同《莊》書之『謋然』。」〔註 131〕包遵信曰：「霍，疾也。」王天海曰：「霍，《玉篇》：『鳥飛急疾皃也。』霍焉，即霍然，此以鳥疾飛散之狀喻其民之離散。」王先謙說是，「霍焉」即「滑然」，形容破裂之聲，以狀疾速

〔註 128〕劉淇《助字辨略》，中華書局 1954 年版，第 203 頁。
〔註 129〕王引之《經傳釋詞》，嶽麓書社 1984 年版，第 41 頁。
〔註 130〕裴學海《古書虛字集釋》，中華書局 1954 年版，第 519 頁；又第 805 頁說略同。
〔註 131〕龍宇純《讀荀卿子三記》，收入《荀子論集》，學生書局 1987 年版，第 278 頁。

之貌，已詳上文。字亦作霏，省作霍，《說文》：「霏，飛聲。雨而雙飛者其聲霏然。」《釋名》：「茢，霍也，所中霍然即破裂也。」《玉篇》：「霍，鳥飛急疾兒也。」指鳥疾飛聲。《木蘭詩》：「小弟聞姊來，磨刀霍霍向豬羊。」「霍霍」爲磨刀疾速聲。字亦作劃，《廣雅》：「劃，裂也。」字亦作砉、騞，《玄應音義》卷4：「騞然：騞猶忽也。義亦與砉字同。砉然也。」《莊子・養生主》《釋文》：「砉然，崔音畫。司馬云：『皮骨相離聲。』騞，崔云：『音近獲，聲大於砉也。』」朱駿聲曰：「砉，宜從石圭聲，爲劃之或體……字又作騞。」〔註132〕章太炎曰：「砉、騞二字，《說文》所無，無以下筆。據崔音畫，則字作砉，從石圭聲。」〔註133〕《廣韻》、《慧琳音義》卷34並作「砉」，所見《莊子》不誤。「騞」、「砉」同，亦爲「砉」字之譌。《龍龕手鑑》：「騞，騞然，忽也。又與砉同，出《玉篇》。」《古今韻會舉要》：「砉，皮骨相離聲也。或作騞。」是其證。胡文英曰：「砉騞，音翕霍。《莊子》：『砉然響然，奏刀騞然。』案：砉騞俱割物聲，吳中謂利刀割物聲曰砉騞。」〔註134〕胡氏分「砉」、「騞」爲二，蓋從《六書故》又音讀砉爲馨激切，故音翕，未得〔註135〕。吳承仕曰：「砉爲畫之形譌……（崔譔）砉音畫，即以砉爲畫。騞音近獲，獲、畫同音，亦讀騞爲畫也。其云『騞聲大於砉』者，古人於大物輒冠馬字……此莊生變『砉』作『騞』之微意，唯崔譔知之。」〔註136〕所說「砉」、「騞」亦是，但謂「畫之形譌」，稍疏。黃侃指出：「圭之與畫本平、入也，從圭聲者不妨與畫相通。若謂凡從圭者皆畫之譌，則亦過矣。」〔註137〕黃氏說是也。馬敍倫曰：「砉蓋從石圭聲，而借爲契，《說文》曰：『畫堅也。』」又曰：「騞，

---

〔註132〕朱駿聲《說文通訓定聲》，武漢市古籍書店1983年版，第531頁。

〔註133〕章太炎《莊子解故》，收入《章太炎全集（6）》，上海人民出版社1980年版，第130頁。

〔註134〕胡文英《吳下方言考》卷11，收入《續修四庫全書》第195冊，上海古籍出版社2002年版，第97頁。

〔註135〕吳方言確有象聲詞「吸砉（huà）」、「吸力砉（huà）剌」者，蓋亦沿用《莊子》異讀也。元・孟漢卿《魔合羅》第1折：「你看他吸留忽剌水，流乞留曲律路。」「吸留忽剌」疑即「吸力砉剌」。

〔註136〕吳承仕《經籍舊音辨證》，中華書局2008年版，第289～290頁。

〔註137〕黃侃《經籍舊音辨證箋識》，附於吳承仕《經籍舊音辨證》，中華書局2008年版，第393頁。

疑借爲抯,《說文》曰:『抯,裂也。』」〔註138〕馬氏上說讀契誤,下
說讀抯是。「抯」訓裂,字或作摑、甌、甌、搣、剢、硴、擖、攰、挄、
攦、捴。由動詞「裂」用爲象聲詞,則指裂聲。《列子・湯問》:「驕然
而過。」殷敬愼《釋文》:「驕,破聲。」字或作砎,《六書故》:「砉,
石爆列(裂)也。又作砎。」當指爆裂聲。字亦作劃、劃,《集韻》:「劃,
破聲。」《六書故》:「劃,理解砉然也,通作砉。」陳士元曰:「刀破
物曰劃,一作劃。音或。」〔註139〕指破物,亦用爲象聲詞。唐・韓愈
《聽穎師彈琴》:「劃然變軒昂,勇士赴敵場。」宋・魏仲舉《五百家
注昌黎文集》引孫氏曰:「劃,截之聲激烈也。」唐・高彥休《唐闕史》
卷上:「劃然有聲。」唐・袁郊《甘澤謠》:「劃然中裂。」宋・王質《水
友辭・野鴨兒》:「飛劃劃,鳴軋軋。」元・劉壎《隱居通議》:「薦紳
大夫劃然而笑曰。」此形容笑,俗字又作「嚯」。字亦作幗,《廣韻》:
「幗,裂帛聲。」字亦作湱、瀖,《玉篇》:「湱,水聲。」《集韻》:「湱,
渹湱,大波相激聲。」又「湱、瀖,水聲。或從虢。」字亦作𧍪,《廣
韻》:「𧍪,飛聲。」字亦作繣,《文選・西征賦》:「繣瓦解而冰泮。」
李善註:「繣,破聲也。」字亦作㶁、㴌,《集韻》:「㶁、㴌:水貌,
或從屈。」又音轉爲豁,漢・劉勝《文木賦》:「隱若天開,豁如地裂。」
《釋名》:「鈇,豁也。所向莫敢當前,豁然破散也。」《御覽》卷932
引《志怪》:「以諸藥內鼈口中,終不死……乃試取馬溺灌之,豁然消
成水。」今吳語狀物破裂聲、解體聲爲「砉刺」,物滾動聲亦爲「砉刺」,
水流動聲、雨聲爲「湱湱」、「湱刺」,眼淚滾動貌亦爲「湱湱」、「湱刺」,
割麥聲爲「劃劃」,風聲爲「砉砉」,笑聲爲「劃劃」,俗作「嚯拉(啦、
喇)」、「豁刺(拉)」、「嘩嘩」。宋・邵雍《依韻和陳成伯著作史館園會
上作》:「梅稍帶雪微微拆,水脈連冰湱湱鳴。」〔註140〕明・沈周《閒
居四時吟》:「砉砉風木號,靡靡霜草白。」明・朱右《震澤賦》:「時
維茲水,震蕩靡寧。浡浡洶洶,砉砉轟轟。」「驕然」由破裂聲引申,

---

〔註138〕馬敍倫《莊子義證》卷3,收入《民國叢書》第5編,商務印書館1930年版,
　　　　本卷第2頁。馬氏引《說文》作「盡堅」,蓋手民之誤,徑正。
〔註139〕陳士元《俗用雜字》,收入《歸雲別集》卷25,《四庫全書存目叢書・經部》
　　　　第190冊,齊魯書社1997年版,第163頁。
〔註140〕「拆」當作「折」。

表疾速，今言忽然。

**（70）有離俗不順其上，則百姓莫不敦惡，莫不毒孼，若祓不祥**

　　楊倞注：敦，厚也。毒，害也。孼，謂妖孼。祓，除之也。

按：祥，王天海本誤作「詳」。①盧文弨曰：「《方言》：『諄憎，所疾也。
　　宋、魯凡相惡謂之諄憎。』」王念孫曰：「《禮論篇》：『師旅有制，刑
　　法有等，莫不稱罪，是君子之所以爲惇詭其所敦惡之文也。』楊注曰：
　　『敦，厚也。厚惡，深惡也。或曰：敦，讀爲頓。頓，困躓也。』楊
　　說皆非也。《說文》：『憝，怨也。』《廣雅》：『憝，惡也。』《康誥》：
　　『罔不憝。』傳曰：『人無不惡之者。』《孟子·萬章篇》引《書》作
　　『譈』。《法言·重黎篇》：『楚憝群策而自屈其力。』李軌曰：『憝，
　　惡也。』譈、憝、敦，並與憝同。本篇之『敦惡』與『毒孼』對文，
　　《禮論篇》之『敦惡』與『喜樂哀痛』對文，則敦不得訓爲厚，亦不
　　得讀爲困頓之頓也。盧引《方言》云云，諄與敦亦聲之轉。」王先謙、
　　梁啓雄、楊柳橋、趙生群從王說〔註141〕。錢繹、侯康說同王氏〔註142〕，
　　蓋即闇襲王說也。洪頤煊曰：「敦，當通作『憝』字。《廣雅》：『憝，
　　惡也。』《周書·世俘解》：『凡憝國九十有九國。』孔晁注：『憝，惡
　　也。』《尚書·康誥》：『凡民罔弗憝。』《孟子·萬章下》作『譈』。《方
　　言》：『諄憎，所疾也。宋、魯凡相惡謂之諄憎，若秦、晉言可惡矣。』
　　諄即譈字之省。」〔註143〕物双松曰：「『敦』、『憝』通。」其說亦同。
　　諸說是也。邵瑞彭曰：「《說文》：『敦，怒也。』」〔註144〕王天海曰：
　　「《說文》：『敦，怒也，詆也。』敦惡，即詆惡。詆惡者，毀而惡也。
　　盧、王二說非。」王天海竊自楊柳橋《禮論篇》說，《校釋》第 807
　　頁引作楊說，此則陰竊之矣。考《說文》：「敦，怒也，詆也，一曰誰

〔註141〕趙生群《〈荀子〉疑義新證》，《傳統中國研究集刊》第 8 輯，上海人民出版社
　　　　2011 年版，第 53 頁。
〔註142〕錢繹《方言箋疏》卷 3、7，上海古籍出版社 1984 年版，第 224、421～422
　　　　頁。侯康《釋「敦」》，收入丁福保《說文解字詁林》，中華書局 1988 年版，
　　　　第 3680 頁。
〔註143〕洪頤煊《讀書叢錄》卷 15，收入《續修四庫全書》第 1157 冊，上海古籍出
　　　　版社 2002 年版，第 690 頁。
〔註144〕邵瑞彭《荀子小箋》，《唯是》第 3 期，1920 年版，第 27 頁。

何也。」段玉裁注曰：「皆責問之意……此字本意訓責問。」〔註145〕「敦」、「誰」語之轉〔註146〕，《說文》是聲訓。《說文》：「誰，何也。」又「詆，苛也，一曰訶也。」「何」、「苛」即「呵」。「敦」訓詆，是誰何、訶斥、詰問義，王天海不知楊柳橋說誤，又不考段注，妄以後世「詆毀」義解之，又好大言「盧、王二說非」，亦陋甚矣。王念孫非不知《說文》「敦，怒也，詆也」之訓也。李滌生先從王說，又曰：「敦，古通『惇』，與『憎』形近致誤。」〔註147〕亦非是。②梁啓雄曰：「孼，猶害也。」此說本於王念孫《君道篇》校語〔註148〕。楊柳橋曰：「毒，憎也，惡也。孼，憂也，病也。」王天海曰：「毒孼者，言憎惡其害。毒，惡也，憎也。孼，借爲蠥，禍害也。」王天海以爲「毒孼」是動賓結構，未得其詞法。其「毒」字竊取楊柳橋說，其「孼，借爲蠥」說竊取張覺說〔註149〕，然張覺說誤也。「敦惡」、「毒孼」皆平列爲詞，猶言憎惡、怨恨。

**（71）然後百姓曉然皆知脩上之法，像上之志，而安樂之**

按：王念孫曰：「『脩』當爲『循』，字之誤也。循，順也。謂順上之法也。《君道篇》曰：『百姓莫敢不順上之法，象上之志，而勸上之事，而安樂之矣。』文略與此同。順與循古同聲而通用也。」王先謙、梁啓雄、楊柳橋從王說。王天海曰：「脩，行也。」王念孫說有《荀》書內證，至確，「循（順）」與「像（象）」同義對舉，「像（象）」亦順從、依隨之義，已詳《君道篇》校補。王天海學所不逮，又不知守舊，務爲異說，庸有當乎？

**（72）百姓莫不貴敬，莫不親譽**

按：于省吾曰：「『譽』、『與』字通。親與，謂親比之也。」李滌生曰：「親譽，親愛讚譽。」王天海從于說，非是。《老子》第17章：「太上，下

〔註145〕段玉裁《說文解字注》，上海古籍出版社1981年版，第125頁。
〔註146〕錢坫曰：「古讀敦同誰，二字通用，而人或不知之。」錢坫《說文解字斠詮》，收入丁福保《說文解字詁林》，中華書局1988年版，第3678頁。
〔註147〕李滌生《荀子集釋》，學生書局1979年版，第336、452頁。
〔註148〕王念孫《荀子雜志》，收入《讀書雜志》卷11，中國書店1985年版，本卷第36頁。
〔註149〕張覺《荀子譯注》，上海古籍出版社1995年版，第318頁。

知有之；其次親之，譽之。」河上公注：「其德可見，恩惠可稱，故親愛而譽之。」「譽」讀如字，稱譽也。

## （73）則高爵豐祿以持養之

楊倞注：持此以養之也。

按：王念孫曰：「『持養』二字平列，持亦養也。非持此以養之之謂。《臣道篇》、《管子·明法篇》、《晏子春秋·問篇》皆以『持祿』、『養交』對文。《荀子·正論篇》又以『持老』、『養衰』對文，故《呂氏春秋·異用篇》『仁人之得飴以養疾持老也』高注曰：『持亦養也。』（今本『持』誤作『侍』）⋯⋯」久保愛曰：「持，扶持也。」王天海曰：「持養，保養也。王說非。」王先謙、梁啓雄從王念孫說，是也，王天海未會其義，而遽謂王說非，疏甚！王引之曰：「保可訓爲持，持亦可訓爲保⋯⋯故保養謂之持養，《荀子·勸學篇》：『除其害者以持養之。』《榮辱篇》：『今以夫先王之道，仁義之統，以相群居，以相持養。』楊注云：『持養，保養也。』《議兵篇》：『高爵豐祿以持養之。』（楊注云：『持此以養之。』非是。）」〔註150〕《廣雅》：「將，養也。」「持養」即「將養」，「將」亦取扶持爲義（本字爲「牁」，《說文》：『牁，扶也。』），引申訓養也。

## （74）雕雕焉縣貴爵重賞於其前

楊倞注：雕雕，章明之貌。

按：盧文弨曰：「雕雕，猶昭昭也。」王先謙、符定一、楊柳橋、李滌生從其說〔註151〕。朱起鳳曰：「昭、雕聲之侈弇。」〔註152〕王天海曰：「《儒效篇》：『炤炤兮其用知之明也。』炤炤，同『雕雕』。」盧、朱、王說非是。雕，讀爲彫。《說文》：「彫，琢文也。」刻琢所成的文彩謂之彫，故「彫彫」爲文彩貌，引申之則爲章明之貌。本書《法行》：「故雖有珉之雕雕，不若玉之章章。」遞修本、四庫本作「彫彫」，《記纂淵海》卷20引同〔註153〕。楊倞注：「雕雕，謂雕飾文采。章，素質明箸也。」

〔註150〕王引之《經義述聞》卷31《通說上》「持」字條，江蘇古籍出版社1985年版，第739頁。
〔註151〕符定一《聯緜字典》戌集，中華書局1954年版，第175頁。
〔註152〕朱起鳳《辭通》卷7，上海古籍出版社1982年版，第691頁。
〔註153〕四庫本《記纂淵海》在卷58。

「雕雕」、「章章」對舉，皆狀珉玉，其義一也。王天海不達其誼，漫引《儒效篇》「炤炤」，無當於文義也。

## （75）旁辟曲私之屬。為之化而公

楊倞注：旁，偏頗也。辟，讀為僻。

按：久保愛曰：「旁，讀為放。《孟子》曰：『放僻邪侈，無不為已。』」〔註154〕朱駿聲曰：「旁，叚借為跊。」〔註155〕王先謙曰：「旁辟，猶便辟。旁、便雙聲字。」熊公哲、楊柳橋、李滌生從王說。王天海曰：「古字『旁』通『方』，方，放也。『旁辟』即『放僻』，淫邪之謂也。」王天海又駁王先謙說不當，乃竊自駱瑞鶴說〔註156〕，不詳引徵。「旁辟」即「放僻」，但當以「旁」為本字，久保愛說慎矣。《禮記‧喪大紀》孔疏：「旁，一云猶不正也。」字亦作跊，《賈子‧道術》：「衷理不辟謂之端，反端為跊。」是「跊」與「辟（僻）」同義，與「端正」義相反，《荀子》「旁辟」乃同義連文。

## （76）矜糺收繚之屬，為之化而調

楊倞注：矜，謂夸汰。糺，謂好發摘人過者也。收，謂掠美者也。繚，謂繚繞，言委曲也。四者皆鄙陋之人，今被化則調和也。

按：傅山曰：「四者則是不調之人，皆有扭捩乖厲之意。」郝懿行曰：「收者，拘也。繚者，繞也。此謂矜嚴、糾察、拘牽、繳繞之屬皆化而調和也。注說『收繚』非是。」王念孫曰：「《廣雅》曰：『矜，急也。』《一切經音義》卷23引《廣雅》曰：『糾，急也。』《齊語》注曰：『糾，收也。』（糾、收並從丩聲，而義亦相同。《說文》：『糾，繩三合也。』今人猶謂糾繩為收繩。）《楚辭‧九章》注曰：『糾，戾也。』繚，謂繚戾也。《鄉飲酒禮》注曰：『繚，猶紾也。』《孟子‧告子篇》注曰：『紾，戾也。』矜糾收繚，皆急戾之意，故與調和相反。楊說皆失之。」豬飼彥博曰：「矜糺收繚，蓋矜誇自賢，與人乖戾而不和協者也，非四項人。」傅、王說是。王天海曰：「矜，急也。糾，絞也。收，糾也。繚，纏也。」王天海引王念孫說，但引「矜糾收繚，皆急戾之意」以

〔註154〕王天海引「已」竟誤作「己」。

〔註155〕朱駿聲《說文通訓定聲》，武漢市古籍書店1983年版，第916頁。

〔註156〕駱瑞鶴《荀子補正》，武漢大學出版社1997年版，第89頁。

下的結論文字，而把他的上文，稍變其文，作爲自己的按語，其「矜，急也。收，糾也」云云皆是王念孫語，此其慣用剽竊之法也。

## （77）因其民，襲其處，而百姓皆安

楊倞注：因其民之愛悅，襲取其處。皆安，言不驚擾也。

按：物双松曰：「襲其處，如襲水土。」冢田虎曰：「襲亦因也。」久保愛曰：「襲，猶襲位襲祿之襲，謂不徙朝改制而因襲其處也。」〔註157〕王先謙曰：「襲亦因也，楊云『襲取其處』，非。」梁啓雄、楊柳橋從王說。董治安曰：「荀子此論『以德兼人』，『襲』非襲取之意，先謙解是。」王天海曰：「因其民，順其民。襲其處，沿襲其居處。故百姓皆安。楊注以攻襲爲說，皆非也。豈不知上已言其民開門除途以迎之，此宜當順隨其民，因其居處，何來襲取之說？」王天海不引王先謙說，其駁楊注，當是竊其說而稍變其辭耳。注「襲取其處」，遞修本作「襲處其所」，四庫本作「襲處其處」。作「襲處」是也。董治安、王天海不校正文字，據誤文以駁楊注，豈非無的放矢？襲，讀爲習，安習，便習。

## （78）兼并易能也，唯堅凝之難焉

楊倞注：凝，定也。堅固定有地爲難。

按：龍宇純曰：「楊說非，凝亦堅也。《考工記》：『凝土以爲器。』注：『凝，堅也。』下文『齊能并宋，而不能凝也』，『兼并』省言『兼』，『堅凝』省言『凝』。」〔註158〕董治安曰：「凝，此謂凝聚其意，指得乎民心也。」王天海曰：「凝，聚也，結也。篇末尚有『凝士』、『凝民』、『大凝』語，當訓爲聚，文義方安。」王天海不引董說，竊爲己說，而稍變其辭。龍氏凝訓堅，是也，然楊注亦不誤，凝訓定，即堅固、鞏固之義。注文「堅固定」疑衍「定」字。《說文》：「冰，水堅也。凝，俗冰從疑。」下文「凝士」、「凝民」、「大凝」亦此義。

## （79）趙不能凝也，故秦奪之

楊倞注：秦使白起大破馬服於長平，阬四十餘萬而奪其地，殺戮蕩盡。

---

〔註157〕王天海引「猶」誤作「謂」。
〔註158〕龍宇純《荀子集解補正》，收入《荀子論集》，學生書局1987年版，第149頁。

按：盧文弨曰：「注『蕩』，疑作『殆』。」盧說非是，「蕩盡」乃中古語詞，猶言毀盡。《抱朴子外篇·自敘》：「又累遭兵火，先人典籍蕩盡。」《晉書·五行志上》：「漢高祖斷白蛇劍及二百萬人器械，一時蕩盡。」例證極多，不備舉。

（80）得之則凝，兼兵無強

　　楊倞注：得其地則能定之，則無有強而不可兼并者也。

按：兼兵，遞修本、四庫本、久保愛本作「兼并」，是也。楊注云云，是其所見本亦作「兼并」。此承上句「能凝之則必能并之矣」而言，故云「得之則凝，兼并無強」。王天海曰：「兼兵，兼併之師。」據誤文以說耳。

（此卷主要内容以《〈荀子·議兵篇〉解詁》為題發表於《東亞文獻研究》總第16輯，2015年12月出版）

# 卷第十一

## 《彊國篇》第十六校補

**（1）然而不剝脫，不砥厲，則不可以斷繩**

　　楊倞注：剝脫，謂刮去其生澀。砥厲，謂磨淬也。

　按：久保愛曰：「注『淬』字疑誤。」王天海曰：「砥，磨也。厲，使鋒利
　　也，故楊注爲『淬』。諸本作『砥礪』，皆磨也，故久氏疑『淬』字誤。
　　然則使之鋒利，既可以砥礪之，亦可淬之，故注『淬』亦通。剝脫，
　　剝離型範。楊注未安。」「砥厲」同「砥礪」，「礪」是「厲」後出分
　　別字。砥、厲皆指磨石，名詞；用作動詞，則指在磨石上磨，可單用，
　　亦可合用。本書《性惡》：「闔閭之干將、莫邪、鉅闕、辟閭，此皆古
　　之良劍也，然而不加砥厲，則不能利。」《治要》卷 38、《御覽》卷
　　404 引作「砥礪」。如指磨練志操，字亦作「砥礪」。此本淺顯之義，
　　王天海不達。「厲」之使鋒利義，亦磨義之引申。「磨淬」不誤，是唐
　　宋人俗語，「淬」因「磨」連類而及。韓愈《南內朝賀歸呈同官》：「法
　　吏多少年，磨淬出角圭。」《太平廣記》卷 220 引《續玄怪錄》：「即
　　磨淬利刃。」「剝脫」楊注不誤，謂刮削其劍。《廣雅》：「剝、脫，離
　　也。」又「剝，脫也。」二字同義連文。上文已言「剖刑」，此「剝
　　脫」必不指剝離型範，王氏妄說耳。

**（2）剝脫之，砥厲之，則劙槃盂、刎牛馬，忽然耳**

楊倞注：劃，割也，音戾。忽然，言易也。

按：盧文弨曰：「劃，宋本作『劃』，元刻作『劃』，皆訛，今改正。」龍
宇純曰：「忽、霍、謋雙聲，疑並狀聲之詞。」〔註 1〕王天海曰：「忽
然，鋒利貌，言其快速也。」龍說近是，「忽然」即「滑然」、「扪然」、
「霍然」音轉，形容破裂之聲，已詳《議兵篇》校補。《議兵》：「霍
焉離耳。」疑此文「耳」上脫「離」字。王天海謂「忽然，鋒利貌」，
臆說耳。

（3）故人之命在天，國之命在禮。人君者，隆禮尊賢而王，重法愛民
而霸，好利多詐而危，權謀傾覆幽險而亡

按：隆，本書《天論》、《大略》同，《韓詩外傳》卷 1 作「降」，借字〔註 2〕。
王天海曰：「依文例，『傾覆』二字疑衍，或『亡』之旁注之文混入正
文。」王氏妄改，《皇王大紀》卷 79 引有「傾覆」二字，《天論》同，
《外傳》卷 1 作「權謀傾覆而亡」。「權謀傾覆」是《荀子》成語，見
於《王制》、《富國》、《王霸》、《議兵》諸篇，且本篇下文又云「傾覆
滅亡可立而待」，「傾覆」又豈是「亡」之旁注？王氏妄說耳。此本無
事，王氏妄生是非，故不得不辨。又王氏於《天論篇》，又不謂「傾覆」
是衍文，一人著作，前後歧出，其粗疏有如此者！

（4）舉錯則時，愛利則形

楊倞注：形，見也。愛利人之心見於外也。

按：舉錯，《韓詩外傳》卷 6 作「舉措」。郝懿行曰：「形，《外傳》卷 6 作
『刑』。刑者，法也。愛人利人皆有法，不爲私恩小惠。注云『形，見』，
非是。」王先謙、屈守元從郝說〔註 3〕。周廷案曰：「刑，當從《荀子》
作『形』，下『不刑』同。」〔註 4〕鍾泰曰：「《不苟篇》『不形雖作於
心，見於色』云云，此『形』與彼『形』同，謂見之於行事也。楊注

〔註 1〕 龍宇純《讀荀卿子三記》，收入《荀子論集》，學生書局 1987 年版，第 279 頁。
〔註 2〕 參見王念孫《墨子雜志》，收入《讀書雜志》卷 9，中國書店 1985 年版，本卷
　　　　第 43～44 頁。
〔註 3〕 屈守元《韓詩外傳箋疏》卷 6，巴蜀書社 1996 年版，第 582 頁。
〔註 4〕 周廷案《韓詩外傳校注》卷 6，民國 21 年安徽叢書編印處據歙黃氏藏營道堂
　　　　刊本影印。

未曉，郝說尤非。」梁啓雄從鍾說。豬飼彥博曰：「愛利之政著見於國也。」楊柳橋曰：「刑，正也。」王天海曰：「形、行古字通。」楊注不誤，李中生亦從楊說。周廷寀、豬飼說亦是。《外傳》作「刑」，轉是借字。王天海妄說通假耳。

## （5）黯然而雷擊之，如牆厭之

楊倞注：黯然，卒至之貌。《說文》云：「黯，黑色。」猶闇然。黯，烏感反。厭，讀爲壓。

按：郝懿行曰：「『黯』與『奄』同。奄然，猝乍之貌。『而』與『如』古通用。《韓詩外傳》卷6『黯』作『闇』，『而』作『如』。」梁啓雄、楊柳橋、屈守元、李滌生從郝說〔註5〕。劉台拱曰：「《外傳》作『如雷擊之』，此『而』字義亦作『如』。」王念孫引劉說，又云：「古書多以『而』、『如』互用，而其義則皆爲『如』。」王天海引郝說，不引「《韓詩外傳》」以下文字，留作自己的按語，亦不引劉、王說，云：「《外傳》作『闇如雷擊之』，郝說是。」如此竊書，甚無謂也！胡文英曰：「黯，音暗。《荀子》云云。案：黯，黑氣貌，吳中謂驟然雲密曰陟黯。」〔註6〕朱駿聲曰：「黯，叚借爲觑。《荀子》注：『卒至之皃。』又引《說文》：『黯，黑色。』猶闇然。」又「厭，叚借爲壓。」〔註7〕豬飼彥博曰：「『黯』、『奄』通，忽也。」《外傳》「厭」作「壓」，厭、壓，正、俗字。「而」讀爲「如」，顧炎武已發之，舉證極多〔註8〕。余謂「黯然」、「闇然」即「奄然」、「掩（揜）然」，當訓覆貌。趙懷玉曰：「『闚』舊作『闇』，誤。案《荀子》作『顥然』，與『塡然』同。是『闇』當作『闚』，音義同『塡』。」〔註9〕趙說非是，《荀子》作「黯」，無作「顥」者，屈守元指出是趙氏「以意刊改，非《荀子》有不同之

---

〔註5〕屈守元《韓詩外傳箋疏》卷6，巴蜀書社1996年版，第583頁。

〔註6〕胡文英《吳下方言考》卷9，收入《續修四庫全書》第195冊，上海古籍出版社2002年版，第73頁。

〔註7〕朱駿聲《說文通訓定聲》，武漢市古籍書店1983年版，第128、138頁。

〔註8〕顧炎武《日知錄》卷32，安徽大學出版社2007年版，第1825～1826頁。另參見劉淇《助字辨略》，中華書局1954年版，第12頁；王引之《經傳釋詞》，嶽麓書社1984年版，第139頁；周亮工《因樹屋書影》卷9，收入《續修四庫全書》第1134冊，上海古籍出版社2002年版，第453～454頁。

〔註9〕趙懷玉校本《韓詩外傳》卷6，《龍溪精舍叢書》本。

本」〔註10〕。厭，《外傳》作「壓」。

## （6）如是，百姓劫則致畏，嬴則敖上

楊倞注：見劫脅之時則畏也，稍嬴緩之則傲慢。嬴，音盈。

按：遞修本、四庫本正文無「致」字。注「傲慢」，遞修本作「散縵」，四庫本作「敖謾」。「散縵」是「敖慢」之誤。《皇王大紀》卷79引無「致」字，「嬴」作「贏」。盧文弨曰：「正文『致』字，據宋本補，《韓詩外傳》卷6亦同。」郝懿行曰：「嬴，猶盈也。『嬴』與『贏』同。贏，有餘也。有餘即弛緩，故注訓嬴爲緩。」王先謙、梁啓雄、楊柳橋、屈守元、李滌生從郝說〔註11〕。朱季海曰：「楊讀是也。《說文》：『緟，緩也。綎，緟或從呈。』又『絈，絲勞即絈。』嬴之爲怠，猶緟之於絈，語轉義亦相受也。」〔註12〕龍宇純曰：「郝說非也。此讀嬴爲緟，《說文》：『緟，緩也。』《外傳》卷6作『怠則傲上』，是嬴訓緩之證，緩與怠義同。緟或又通作嬴。」〔註13〕王天海曰：「致，極也。敖，同『傲』。」「怠」亦鬆懈、寬緩義。郝說「嬴」通「贏」，是也，朱說亦是。「贏」指財有餘。《說文》：『緟，緩也。綎，緟或從呈。』《玉篇殘卷》引《說文》：「緟，緩也。」《廣雅》：「綎，緩也。」「緟（綎）」指絲有餘，故訓緩。《集韻》：「緟，絲綏也，或作綎。」「綏」是「緩」形誤〔註14〕。嬴、緟二字同源，音轉亦作「挺」。龍宇純說亦是，而謂「郝說非也」，則未會「盈」亦同源。致，導致，王氏訓極，非是。

## （7）執拘則最，得間則散

楊倞注：最，聚也。間，隙也。

按：《韓詩外傳》卷6作「執拘則聚，遠聞則散」。郝懿行、王引之據《外傳》校「最」作「取」，是也。《皇王大紀》卷79引作「冣」，是「最」俗字。趙懷玉校《外傳》曰：「《荀》作『得間則散』，此似誤。」〔註15〕

---

〔註10〕屈守元《韓詩外傳箋疏》卷6，巴蜀書社1996年版，第583頁。
〔註11〕屈守元《韓詩外傳箋疏》卷6，巴蜀書社1996年版，第583頁。
〔註12〕朱季海《韓詩外傳校箋》，收入《初照樓文集》，中華書局2011年版，第117頁。
〔註13〕龍宇純《讀荀卿子三記》，收入《荀子論集》，學生書局1987年版，第280頁。
〔註14〕《集韻》各本均誤，趙振鐸《集韻校本》失校，上海辭書出版社2012年版，第509頁。
〔註15〕趙懷玉校本《韓詩外傳》卷6，《龍溪精舍叢書》本。

## （8）敵中則奪

楊倞注：敵人得中道則奪其國。一曰：中，擊也，丁仲反。

按：俞樾曰：「此以民情言，不以敵國言，楊注非是。敵，當讀爲適，古字通用。上文言『劫則致畏，嬴則敖上，執拘則最，得間則散』，並就其一偏者而言之，此云敵中，謂適乎其中也。既不用道德之威，而用暴察之威，適乎其中，則反失其所以爲暴察矣。故曰『適中則奪』。下文曰『非劫之以形埶，非振之以誅殺，則無以有其下』，正承此文而言，足見楊注之非。」王先謙從俞說。陶鴻慶曰：「『敵』當讀如字。『中』讀去聲，中亦得也。若與敵交戰，而敵得其間隙，則民且不爲我有矣，故曰『適中則奪』。」梁啓雄從陶說。鍾泰曰：「俞說殊迂曲。楊注『一曰：中，擊也』，是也。蓋謂敵擊之則奪。又案：中，當也。猶言當敵則奪。」豬飼彥博曰：「敵擊之則民見奪其氣也。」龍宇純曰：「《外傳》卷 6 無此四字，疑即『得間則散』句之或本誤合爲一。中，猶間也。間讀間隙之間。敵讀爲適。敵中猶云得間也。奪讀同脫，逃也，猶散也。《外傳》『得間則散』句作『遠聞則散』，義與上句不相對，『遠聞』二字蓋即『適間』之誤，是『得』字作『適』之本矣。」〔註16〕楊柳橋曰：「中，心也。敵中，謂不得於心也。奪，謂易其常分也。敵中則奪，謂人民不得於心，則反常態也。」王天海曰：「《廣雅》：『敵，主也。』敵中，即主中，猶持中也。謂持中和之度則失暴察之威。楊注非，諸說亦未得。」俞說至確，王天海妄說耳。《廣雅》：「司、典、尙、質、敵、掌，主也。」「主」是主管義，用爲名詞，則爲主人義，而非「執持」義。《戰國策・齊策五》：「中罷於刀金，而士困於土功。」金正煒曰：「『中』當爲『眾』，《六書通》所輯鐘鼎文，『眾』字有作『𠂤』者，又俗書『眾』作『𠀚』，並與『中』字相類。《荀子・議兵篇》『敵中則奪』，『中』亦疑是『眾』字之譌。『眾』與『士』爲對文。」〔註17〕金氏說此文未得。

## （9）百姓讙敖，則從而執縛之，刑灼之，不和人心

楊倞注：讙，喧譁也。敖，喧噪也，亦讀爲嗷，謂叫呼之聲嗷嗷然也。

---

〔註16〕龍宇純《讀荀卿子三記》，收入《荀子論集》，學生書局 1987 年版，第 280 頁。
〔註17〕金正煒《戰國策補釋》卷 3，收入《續修四庫全書》第 422 冊，上海古籍出版社 2002 年版，第 485 頁。

按：遞修本、四庫本注「喧譁」作「喧嘩」，「嗷嗷」作「敖敖」。久保愛曰：
「『刑』疑當作『黥』。《王制篇》及《議兵篇》曰：『若灼黥，若仇讎。』」
〔註18〕熊公哲曰：「灼，痛也。謂用刑灼之使痛。」王天海曰：「灼，驚
恐也。刑灼，謂用刑罰使之驚恐也。《外傳》作『百姓讙譁，則從而放
執於刑灼，不和人心』。」諸說皆誤。「刑灼」是大名冠小名的詞語，「灼」
是「刑」之一種，「灼黥」則是二種刑罰。《尉繚子・將理》：「笞人之背，
灼人之脅，束人之指，而訊囚之情，雖國士有不勝其酷，而自誣矣。」
銀雀山漢簡作「炤」〔註19〕，借字。《外傳》作「放執」者，放讀爲繃，
束縛也。字亦作紡、方，俗作綁，與「縛」雙聲相轉〔註20〕。許維遹校
「放執」作「執縛」〔註21〕，非是。

## （10）如是，下比周賁潰以離上矣

楊倞注：賁，讀爲憤，憤然也。民逃其上曰潰。

按：郝懿行曰：「賁與奔古字通。賁潰，謂奔走潰散而去也。賁，《韓詩外
傳》卷 6 作『憤』，二義俱通，似不必依彼讀憤也。」王念孫、王先
謙、梁啓雄、楊柳橋、屈守元、李滌生從其說，王念孫又指出「陳說
同」〔註22〕。王念孫又曰：「憤字亦有潰亂之義，是以慶鄭言『亂氣
狡憤』，是以曹大家、孟康皆訓憤爲亂。字通作賁，《荀子・強國篇》
『下比周賁潰以離上』，《韓詩外傳》作『憤』，是憤與潰同義。《說文》：
『憤，懑也。懑，煩也。』煩亦亂也。」〔註23〕朱起鳳曰：「賁乃憤

---

〔註18〕 王天海引脫上「若」字。

〔註19〕 《銀雀山漢墓竹簡〔壹〕》，文物出版社 1985 年版，第 84 頁。

〔註20〕 參見蕭旭《國語校補》，收入《群書校補》，廣陵書社 2011 年版，第 174 頁。

〔註21〕 許維遹《韓詩外傳集釋》卷 6，中華書局 1980 年版，第 234 頁。

〔註22〕 引者按：陳指陳奐。王念孫《荀子雜志補遺敘》：「去年陳碩甫文學，以手錄
宋錢佃校本異同，郵寄來都，余據以與盧本相校，已載入《荀子雜志》中矣。」
王念孫《讀書雜志》卷 12，中國書店 1985 年版，本卷第 36 頁。陳奐《師友
淵源記》「王念孫」條亦載：「道光七年丁亥，再入都，猶見及先生，屬校《管》、
《荀》書，間有校語，則載記《雜志》中，前輩之不沒人言又如此。」上海
圖書館藏汪鳴鸞郎亭鈔本，轉引自柳向春《陳奐交遊研究》，華東師範大學出
版社 2010 年版，第 157 頁。屈守元《韓詩外傳箋疏》卷 6，巴蜀書社 1996
年版，第 584 頁。

〔註23〕 王念孫《與桂未谷論「慎」、「憤」二字說書》，收入《王石臞先生遺文》卷 4，
《高郵王氏遺書》，江蘇古籍出版社 2000 年版，第 156 頁；又附見桂馥《札
樸》卷 7，中華書局 1992 年版，第 275 頁。

字之省。」〔註24〕豬飼彥博曰：「『賁』、『潰』通，涌起也。」王天海曰：「賁潰，憤而潰散。《外傳》『賁』作『憤』，二字可通。楊注義長。」王天海引郝說，但引前二句，截去下二句。郝氏明明指出「二義俱通」，非不知作「憤潰」亦通，王天海說適爲多此一舉耳。

**（11）子發將西伐蔡，克蔡，獲蔡侯，歸，致命曰：「蔡侯奉其社稷而歸之楚，舍屬二三子而治其地。」**

> 楊倞注：子發，楚令尹，未知其姓。《戰國策》莊辛諫楚襄王曰：「蔡聖侯南遊乎高陂，北陵乎巫山，左枕幼妾，右擁嬖女，與之馳騁乎高蔡之閒，而不以國家爲事，不知夫子發方受命于宣王，繫以朱絲而見之。」《史記》蔡侯齊爲楚惠王所滅，莊辛云宣王，與《史記》不同。

按：王念孫曰：「蔡在楚北，非在楚西，不得言『西伐蔡』。『西』當爲『而』。」王先謙、梁啓雄、楊柳橋從王說。于鬯曰：「蔡，高蔡也，見《戰國策·楚策》，此當別一蔡國，非蔡仲之後遷於州來之蔡。觀此『西』字爲足據矣。然則高蔡之國實在楚之西南，是知此『西』字必非誤字也。」劉師培曰：「子發即景舍也。《通典·職官二》『大司馬』注云：『楚大司馬景舍帥軍伐蔡，蔡侯奉社稷而歸之〔註25〕，楚發其賞，舍辭曰……。』杜氏所述均據本書，則舍即景舍也。（《淮南·道應訓》謂子發收（攻）蔡〔註26〕，宣王列田百頃而封之執珪，辭不受。所述子發辭賞語與此義同而辭異。）」王天海曰：「蔡，高蔡，湖南、湖北之交，非河南上蔡之蔡。于說是，王說非。」劉說是也。《竹書紀年》卷下：「顯王十六年，齊侯使楚景舍來求成。」《書鈔》卷51引《春秋傳》：「大司馬景舍帥軍伐〔蔡〕，蔡侯奉社稷而歸之。」《御覽》卷209引《史記》：「楚大司馬景舍帥軍伐蔡。」（王叔岷已引）《渚宮舊事》卷3：「大司馬景舍攻下蔡，踰之，獲蔡侯，歸，致命曰：『蔡侯奉其社稷歸楚，舍屬二三子而理之。』」《左傳·昭公十一年》：「（楚）公子棄疾帥師圍蔡。韓宣子問於叔向曰：『楚其克乎？』對曰：『克哉！

---

〔註24〕 朱起鳳《辭通》卷18，上海古籍出版社1982年版，第1921頁。
〔註25〕 劉氏引「歸之」下衍一「楚」字，據《通典》原書逕刪。董治安引「帥軍」誤作「師軍」，王天海亦誤，蓋即鈔自董書，而未檢原文，不思「師軍」不通也。
〔註26〕 《淮南·道應篇》作「攻蔡」。

蔡侯獲罪於其君，而不能其民，天將假手於楚以斃之，何故不克？』……冬，十一月，楚子滅蔡。」《史記·管蔡世家》：「（蔡）靈侯十二年，楚靈王……令公子棄疾圍蔡，十一月，滅蔡，使棄疾爲蔡公。」則言是公子棄疾，劉師培指出「蓋滅蔡雖以棄疾爲主帥，而子發亦統軍之官。所謂克蔡者，即楚師滅蔡之事。蔡侯即隱太子也（疑子發即棄疾，惟無明證耳）。《渚宮舊事》明確說「蔡」是下蔡，蔡仲之後遷於州來之蔡，即今安徽鳳台。又考《說苑·權謀》：「下蔡威公閉門而哭，三日三夜，泣盡而繼以血。旁隣窺墻而問之曰：『子何故而哭悲若此乎？』對曰：『吾國且亡……』於是窺墻者聞其言，則舉宗而去之，於楚居數年，楚王果舉兵伐蔡。」亦言是下蔡。《楚策四》則作「高蔡」，鮑彪注：「高蔡，即上蔡。」即指河南上蔡。二說雖不同，然皆非楚之西南另有一蔡，于鬯、王天海說皆無所據。

## （12）發誠布令而敵退

楊倞注：誠，教也。

按：誠，《御覽》卷 209 引《史記》形誤作「誠」，《通典》卷 20 誤同（劉師培已指出《通典》誤）。《墨子·非命中》、《尚同下》並有「發憲布令」語，《吳子·勵士》有「發號布令」語，皆與此義近。

## （13）夫尚賢使能，賞有功，罰有罪，非獨一人為之也

楊倞注：自古皆然。

按：冢田虎曰：「言賞罰非爲一人設之。」久保愛曰：「言非楚王一人爲之也。」安積信曰：「一人，指子發。」王天海曰：「一人，君王也。楊注未晰，他說亦未了。」諸說皆誤，王天海尤是妄說。古者「一人」僅指天子，諸侯不得稱作「一人」，此文「一人」決不可指楚王。下文「彼先王之道也，一人之本也，善善惡惡之應也」，楊倞注：「彼，彼賞罰也。言彼賞罰者，乃先王之道，齊一人之本，善善惡惡之報應也。」楊注「一人」爲「齊一人」，甚確。而王天海解爲「君主」，亦誤。本書《富國》：「故非有一人之道也，直將巧繁拜請而畏事之，則不足以持國安身，故明君不道也。」楊倞注：「謂不能齊一其人，同力以拒大國也。」又《王霸》：「道足以一人而已矣。」楊倞注：「其道足以齊一

人，故天下歸之也。」皆同。此文言尚賢使能，賞有功，罰有罪，不僅僅是爲了齊一人民，還用以勸善沮惡。

**（14）古者明王之舉大事，立大功也，大事已博，大功已立，則君享其成，群臣享其功**

按：久保愛曰：「博，疑作『舉』。」沈祖緜曰：「博，久保愛云云，非也。此句『博』當作『溥』，義與《禮・祭義》『溥之則橫乎四海』之溥同。」〔註27〕于省吾曰：「博，本應作『尃』，即今『敷』字。《孟子・滕文公》：『舉舜而敷治焉。』注：『敷，治也。』」〔註28〕梁啓雄、李滌生從于說。楊柳橋曰：「博，平也。」龍宇純曰：「博當讀爲薄，致也。猶大事已定。」〔註29〕王天海曰：「博，通也。《說文》：『博，大通也。』諸說非也。」王天海所引《說文》，當作「博，大〔也〕，通也」，是二義。「通」即通曉、多聞之義（「博士」之博，義取乎此），非此文之誼，王氏亂引一通耳。「博」字不誤，《樂書》卷26引作「愽」，即其俗字。于說「博」即「尃（敷）」是也，猶言施行、布陳，與上文「舉」義合。《說文》：「敷，攱也。」又「攱，敷也。」「敷」同「敷」，「攱」同「施」。于氏訓治，其義亦近。

**（15）是以為善者勸，為不善者沮**

按：二語亦見本書《君子篇》。《管子・法法》：「如是，則賢者勸而暴人止。」《墨子・尚賢中》：「賞不當賢而罰不當暴，則是爲賢者不勸，而爲暴者不沮矣。」又《尚賢下》：「使國爲善者勸，爲暴者沮。」又「使天下之爲善者可而勸也，爲暴者可而沮也。」又《尚同中》：「賞譽不足以勸善，而刑罰不可以沮暴。」又《非命中》：「明賞罰以勸沮。」《韓子・八經》：「明誹譽以勸沮。」又《飾邪》：「不可爲賞勸，不可爲罰沮。」此文「勸」、「沮」的主詞承上文「賞有功，罰有罪」是賞罰，言爲善者則勸之以賞，爲不善者則沮之以罰。《左傳・襄公二十七年》：「賞罰無章，何以沮勸？」可明此義。《晏子春秋・外篇》：「爲善者，

---

〔註27〕沈瓞民《讀荀臆斷》，《制言》第58期，1939年版，本文第15頁。

〔註28〕王天海引下二「敷」誤作「溥」。

〔註29〕龍宇純《讀荀卿子三記》，收入《荀子論集》，學生書局1987年版，第281～282頁。

君上之所勸也。」亦謂君上勸之以賞也。沮，止也，上引《管子》正作「止」。古書常以「勸」、「沮」對舉，《逸周書・武稱》：「作者勸之，怠者沮之。」《呂氏春秋・至忠》：「人知之不為勸，人不知不為沮。」《莊子・逍遙遊》：「且舉世譽之而不加勸，舉世非之而不加沮。」《文子・上禮》：「舉世譽之而不益勸，舉世非之而不加沮。」皆其例。

（16）墮興功之臣，恥受賞之屬

　　　　楊倞注：人皆受賞，子發獨辭，是使興功之臣墮廢其志，受賞之屬慙恥於心。

按：王天海曰：「墮，毀也。」王氏順楊注為說，非是。墮，讀為惰，無煩舉證。

（17）無僇乎族黨而抑卑乎後世

　　　　楊倞注：夫先祖有寵錫，則子孫揚其功；族黨遭刑戮，則後世蒙其恥。今子發自謂無功，則子孫無以稱揚，雖無刑戮之恥，而後世亦抑損卑下，無以光榮也。

按：王懋竑曰：「『僇』字疑當作『祿』，以聲近而誤也。」〔註30〕文廷式曰：「『僇』字當是『繆』字之誤。『繆』與『穆』通。言子發不受寵錫，無以和穆其族黨而抑卑其後世也，注太迂曲。」〔註31〕孫詒讓曰：「『無僇』二字當平列，與『抑卑』文正相對。《墨子・天志中篇》引《大誓》『無僇偦務』，《非命上篇》作『母僇匪扁』，《下篇》作『母僇其務』。此『無僇』與《墨子》之『毋僇』文相類，疑『無』、『毋』皆『侮』之叚字，言侮辱其族黨也。注增字為訓，非《荀子》意也。」孫說亦見《墨子閒詁》〔註32〕。朱起鳳曰：「『無』同『侮』。僇，辱也。『毋』為『侮』字訛缺。」〔註33〕其說當本於孫氏。梁啟雄、李滌生從王懋竑、孫詒讓說；符定一、王天海從孫說〔註34〕。久保愛曰：「『僇』與

〔註30〕王懋竑《荀子存校》，《讀書記疑》卷11，收入《續修四庫全書》第1146冊，上海古籍出版社2002年版，第355頁。
〔註31〕文廷式《純常子枝語》卷15，收入《續修四庫全書》第1165冊，第205頁。
〔註32〕孫詒讓《墨子閒詁》，中華書局2001年版，第277頁。
〔註33〕朱起鳳《辭通》卷21，上海古籍出版社1982年版，第2263～2264頁。
〔註34〕符定一《聯縣字典》巳集，中華書局1954年版，第327頁。

『戮』同。」豬飼彥博曰：「『僇』、『勠』通，并力也。言福澤不及族黨也。」潘重規曰：「『僇』與『僇』、『聊』古字通，皆可訓賴。此言子發一辭功而反道、亂法、墮功、恥賞，又使族黨無所賴其勳，後裔亦受其卑抑，豈非過舉乎？《晏子・雜篇》：『賴君之賜，得以壽三族。』（俞氏《平義（議）》曰：『壽，保也。壽三族，即保三族也。』）正可與『無僇乎族黨』意交相證明，楊注解僇爲刑僇，失之。」高亨曰：「僇，利也。僇讀爲憀。《淮南子・兵略篇》：『吏民不相僇。』高注：『僇，賴也。』（引者按：當是許愼注），《周語》韋注：『賴，利也。』」楊注迂曲，孫詒讓讀無爲侮，尤非。蓋辭賞不受，謂之無利於族黨則可，謂之侮僇則不可也。」潘、高說是。

## （18）併己之私欲，必以道夫公道通義之可以相兼容者，是勝人之道也

楊倞注：併讀曰屛，棄也。屛棄私欲，遵達公義也。

按：久保愛曰：「注『遵達』疑『道達』誤。」龍宇純據楊注謂正文「道通」衍文〔註35〕。王天海曰：「注『遵達』，疑『通達』之誤。」王說是也，「通達」即釋「通」字。遞修本亦作「遵達」，四庫本作「通達」，王氏失校。然楊注非是，此「通義」與「公道」連文，當指普遍適用的道義。《孟子・滕文公上》：「治於人者食人，治人者食於人，天下之通義也。」亦此義。

## （19）今巨楚縣吾前，大燕鰌吾後

楊倞注：燕在齊北，故曰後。鰌，蹴也，藉也，如蹴踏於後。《莊子》風謂蛇曰：「鰌我必勝我。」本亦或作「蹲吾後也」。

按：朱駿聲曰：「鰌，叚借爲遒。蹲，蹴之誤字。」〔註36〕陳直亦讀爲遒，是也。另詳《議兵篇》校補。沈祖緜曰：「『鰌』、『蹲』通，『蹲』又與『墫』通……當訓籍（藉）爲允。」〔註37〕沈氏不知「蹲」爲誤字，所說全乖音義。楊柳橋據楊氏或說，改「鰌」作「蹲」，亦非是。

## （20）是一國作謀，則三國必起而乘我

〔註35〕 龍宇純《讀荀卿子三記》，收入《荀子論集》，學生書局1987年版，第282頁。
〔註36〕 朱駿聲《說文通訓定聲》，武漢市古籍書店1983年版，第240頁。
〔註37〕 沈祇民《讀荀臆斷》，《制言》第58期，1939年版，本文第15頁。

楊倞注：一國謀齊，則三國乘其敝。

按：注「敝」，遞修本、四庫本作「弊」。楊柳橋曰：「乘，陵也。」王天海曰：「乘，戰勝。楊注未安，楊柳橋說亦不切也。」楊柳橋說是。

（21）夫桀、紂，聖王之後子孫也，有天下者之世也

楊倞注：世，謂繼世。

按：王天海曰：「『世』疑『埶』之音誤也，上文正作『有天下之埶』。」此與上文「有天下之埶」無涉，楊注是，王氏妄改。世，猶言後嗣。言桀、紂是聖王之子孫，乃有天下者之後嗣。

（22）埶籍之所存，天下之宗室也

楊倞注：埶位、國籍之所在也。

按：王念孫曰：「楊注本作『埶位圖籍之所在也』（《禮運》：『在埶者去。』鄭注：『埶，埶位也。』是勢（埶）與位同義。《儒效篇》：『天子之籍。』楊彼注曰：『籍，謂天下之圖籍也。』故此注亦曰『埶位圖籍之所在』。）又案：楊以籍爲圖籍，非也。籍亦位也。《儒效篇》曰：『周公天子之籍。』又曰：『反籍於成王。』是籍與位同義，非謂圖籍也。《正論篇》曰：『聖王之子也，有天下之後也，埶籍之所在也，天下之宗室也。』文義並與此同。盧云：『埶籍，謂埶力憑藉也。』亦非。」王先謙、孫詒讓從王說〔註38〕。王天海曰：「籍者，通『阼』，即王位也。」二氏說是，然王天海「籍通阼」之說實竊自劉師培、梁啓雄（章太炎亦有此說，非其所能知），另詳《儒效篇》校補。劉師培又曰：「『埶』當作『執』。『執籍』即《論語》、《國語》之『執中』。」董治安從其說，非是。

（23）俄而天下倜然舉去桀、紂而犇湯、武

楊倞注：倜然，高舉之貌。舉，皆也。「犇」與「奔」同。

按：駱瑞鶴曰：「倜然即超然。本書無『超』字，俱以『倜』爲之，是爲假借。」王天海曰：「倜，讀爲惆。惆然，失意貌。」駱說是也，然其說實本于郝懿行。王氏妄說耳。另詳《非十二子篇》校補。

〔註38〕孫詒讓《荀子校勘記》，收入《籀廎遺著輯存》，中華書局 2010 年版，第 545 頁。

（24）反然舉疾惡桀紂而貴帝湯武

　　　楊倞注：反，音番。番然，改變貌。

　按：王天海曰：「舊刻除宋浙本外，諸本多無『疾』字、『帝』字。」注二「番」字，遞修本、四庫本、久保愛本作「翻」。

（25）陶誕比周以爭與

　　　楊倞注：「陶」當爲「檮杌」之檮。或曰：當爲「逃」，謂逃匿其情。與，謂黨與之國也。

　按：劉師培曰：「『陶』當作『傜』，邪也。則陶誕猶言欺詐矣。」梁啓雄曰：「陶，讀爲謟。謟，亦誕也。」楊柳橋曰：「陶，或當讀爲詢，往來言也。通作『謠』，毀也。」梁說本於王念孫，王氏原文「謟」作「謟」，梁氏誤錄〔註39〕。另詳《榮辱篇》校補。

（26）汙漫突盜以爭地

　　　楊倞注：突，謂相陵犯也。

　按：王天海曰：「突，欺詐。《廣雅》：『突，欺也。』」此乃竊取王念孫說〔註40〕。另詳《榮辱篇》校補。

（27）為人臣者，不恤己行之不行

　　　楊倞注：上「行」，下孟反。下「行」，如字。

　按：豬飼彥博曰：「己行，當作『己說』。」李滌生曰：「上『行』，下孟反，謂行事也。下『行』字，通也。」駱瑞鶴曰：「己行，即己之所行，『行』讀如字。『不行』之行則德行、行跡之行，乃音下孟反。『不行』之『不』字訓爲無。猶言不恤己行之無德也。」王天海不引駱說，竊爲己說，云：「己行，己之所爲。不行，即無行，猶言無德也。」然駱說「不行」非也，此「行」是施行、實行義。言不顧己之行爲不可實行也。

（28）是渠衝入穴而求利也

　　　楊倞注：渠，大也。渠衝，攻城之大車也。《詩》曰：「臨衝閑閑。」《韓

---

〔註39〕王天海照鈔作「謟」，而不知其誤。不思「陶」、「謟」古音不近也。

〔註40〕王念孫《廣雅疏證》，收入徐復主編《廣雅詁林》，江蘇古籍出版社 1992 年版，第 184 頁。

子》曰：「奏百。貍首射侯，不當彊弩趨發。平（干）城距衝，
不若堙內（穴）伏橐。」或作「距衝」，蓋言可以距矢石。

按：正文及注之「衝」，遞修本、四庫本作「衝」，《玉海》卷 146、《禮書》
卷 138 引同。盧文弨曰：「所引《韓子》，見《八說篇》，云『登降周
旋，不逮日中奏百；貍首射矣，不當強弩趨發；平城距衝，不若堙穴
伏橐。』『奏百』自屬上文，不當連引。『內』、『穴』古多通用。『橐』、
『橐』互異，疑此『橐』字是，與韻協。若不用韻，則疑是『橐』字，
與『鞲』同，吹火韋囊也。」當據今本《韓子》「平城」作「干城」，
「堙內」作「堙穴」。宋人陳祥道《禮書》卷 138 解《荀子》「衝」爲
衝車。《通雅》卷 35：「渠衝，臨衝也。」朱駿聲曰：「渠，叚借爲鉅。」
〔註 41〕朱氏申楊注訓大。久保愛曰：「渠，渠答，守城之器。衝，蒙
衝，攻城之器。事見《尉繚子》及《淮南子》。」梁啓雄從久說，又
云：「渠衝本是攻守的利器，現在不用它來征暴禦寇，卻用它在岩穴
之間來求山林之利，這是貴物賤施，屈大就小了，所以仁人羞而不爲。」
楊柳橋曰：「『渠衝』當爲『衝渠』之誤，與『入穴』對文。言突向溝
渠、進入坑穴以求利也。」王天海曰：「渠衝，大車也。入穴，即陷
入坑中。楊倞未得，諸說則求之迂也。」王天海說「渠衝，大車也」，
明明就是取的楊倞說，而竟然說「楊倞未得」，直是胡說！大車陷入
坑中，怎麼求利？久保愛說「渠，渠答」誤，餘說則是也。《尉繚子·
武議》：「古人曰：『無蒙衝而攻，無渠答而守。』」《淮南子·泰族篇》：
「故守不待渠壂而固，攻不待衝降（隆）而拔。」又《氾論篇》：「晚
世之兵，隆衝以攻，渠幨以守。」銀雀山漢簡《六韜》：「毋（無）衝
龍（隆）而功（攻），毋（無）渠詹（幨）而守。」銀雀山漢簡《孫
臏兵法·威王問》：「壁延不得者蛋寒也。」「衝隆（龍）」亦倒言作「隆
衝」，音變則作「臨衝」，指臨車與衝車，二種攻城之設施。「衝」取
衝突爲義。「蛋寒」、「渠詹」、「渠幨」並一音之變，所以防矢石者也，
爲守城之設施〔註 42〕。此文「渠衝入穴」是攻取之具，則「渠」非「渠
答」，亦非「渠幨」，可知也。考《墨子·備城門》：「今之世常所以攻

〔註 41〕朱駿聲《說文通訓定聲》，武漢市古籍書店 1983 年版，第 429 頁。
〔註 42〕參見蕭旭《〈銀雀山漢墓竹簡（一）〉校補》，收入《群書校補（續）》，花木蘭
　　　　文化出版社 2014 年版，第 99～102 頁。

者，臨、鈎、衝、梯、堙、水、穴、突。」疑此文「入穴」當作「水穴」，「渠衝水穴」即《墨子》之「堙衝水穴」，四種攻城之法。衝指衝車以攻城，水指灌水以攻城，穴指挖地道以攻城。渠，當據《韓子》讀爲距，指距堙。積土爲山曰堙，以距敵城觀其虛實，故曰「距堙」。《公羊傳・宣公十五年》：「於是使司馬子反乘堙而闚宋城，宋華元亦乘堙而出見之。」〔註43〕何休注：「堙，距堙，上城具。」字亦作「距闉」，《孫子・謀攻》：「攻城之法，修櫓轒轀，具器械，三月而後成；距闉，又三月而後已。」「堙」的語源是「塱」，取堵塞爲義。

## （29）視可，伺閒，案欲剗其脛而以蹈秦之腹

楊倞注：視可，謂觀其可伐也。剗，亦斬也。

按：傅山曰：「若斬其脛，何能蹈秦之腹？『剗』有輕利之意。」王念孫曰：「斬脛以蹈秦之腹，義不可通。《玉藻》：『弁行，剗剗起屨。』是『剗剗』爲起屨之貌。然則剗其脛以蹈秦之腹，亦謂起其脛以蹈秦之腹也。《漢書・賈誼傳》：『剗手以衝仇人之匈。』義與此同（顏注：『剗，利也。』亦非）。」王先謙、孫詒讓、梁啓雄、李滌生從王說〔註44〕。物双松、冢田虎並曰：「剗，銳利也。」潘重規曰：「剗，銳利也。《易》：『剗木爲矢。』《漢書》注：『剗，謂銳而利之也。』欲剗其脛而蹈秦之腹者，言皆恨秦之深而欲銳利其足以蹈其腹也。《玉藻》：『剗剗起屨。』孔疏云：『剗剗，身起貌。』王以臆見，牽附其義，失之鑿矣。下文『其在趙者，剗然有苓』，楊注：『剗然，侵削之貌。』亦當訓爲銳貌。」〔註45〕龍宇純曰：「剗本義爲銳利，以爲動詞，則是使之銳利。斬謂削之使尖，非謂截之使斷。王說誤。」物、冢、潘、龍說是。王天海不引潘說，竊爲己說，云：「《玉篇》：『剗，削也。』《易・繫辭下》：『剗木爲矢。』猶言削尖其脛以蹈秦之腹，言其復仇之心切也。」

## （30）負西海而固常山

---

〔註43〕《韓詩外傳》卷2譌作「乘闉」。

〔註44〕孫詒讓《荀子校勘記》，收入《籀廎遺著輯存》，中華書局2010年版，第545頁。

〔註45〕潘重規《讀王先謙〈荀子集解〉札記》，《制言》第12期，1936年版，本文第16頁。

楊倞注：負，背也。常山本趙山，今秦有之，言秦背西海，東向以常山爲固。

按：劉如瑛曰：「『固』當爲『因』。」劉說無據，王應麟《玉海》卷 14、《通鑑地理通釋》卷 8 引作「固」。

## （31）順者錯之，不順者而後誅之

楊倞注：錯，置也，謂捨而不伐。

按：《史記・五帝本紀》：「天下有不順者，黃帝從而征之，平者去之。」《正義》：「平服者即去也。」義同。

## （32）若是，則雖爲之築明堂於塞外而朝諸侯，殆可矣

楊倞注：「於塞外」三字衍也。以前有「兵不復出於塞外」，故誤重寫此三字耳。殆，庶幾也。秦若使賢人爲政，雖築明堂，朝諸侯，庶幾可矣。或曰：塞外，境外也。或曰：築明堂於塞外，謂使他國爲秦築帝宮也。

按：王念孫從楊注前說。久保愛曰：「舊本『殆』上有『使』字，今據宋本除之。」董治安曰：「巾箱本、劉本、遞修本『諸侯』下有『使』字。案『使』字不當有。」王天海曰：「塞外，猶言關外。此『於塞外』三字必有。楊注中除訓『殆』字外，說皆不通。王說亦非。正文『殆』上，巾箱本、題注本、遞修本並有『使』字，非也。」王天海不引久、董說，其謂「使」字衍，即竊其說也。四庫本亦有「使」字。《玉海》卷 96、《禮書》卷 40、41、《兩漢刊誤補遺》卷 4 引有「使」字，並有「於塞外」三字。又《兩漢刊誤補遺》引「殆」作「治」。「使」字衍，久說是也。《禮記・明堂位》：「昔者周公朝諸侯於明堂之位。」《逸周書・明堂》：「大朝諸侯明堂之位。」《漢書・儒林傳》：「綰、臧請立明堂以朝諸侯。」「於塞外」三字亦衍文，楊注前說是。《史記・封禪書》：「趙綰、王臧欲議古立明堂城南，以朝諸侯。」《白虎通義》：「天子立明堂者，所以通神靈，感天地……者也。明堂，上圓下方，八窗四闥，布政之宮，在國之陽。」明堂是君主聽政之處，必築於國之陽，即國都之南方，無築於塞外之理。

（33）應侯問孫卿子

　　　　楊倞注：應侯，秦相范睢，封於應也。杜元凱云「應國在襄陽父城縣西
　　　　　　南」也。

按：①注「范睢」，「睢」從目作「睢」，遞修本同。當是「睢」形誤，借爲
　　　「疽」，秦漢人喜以病名取作名字〔註46〕。②盧文弨曰：「杜注無『南』
　　　字。」《四部叢刊》景宋刊巾箱本《左傳・僖公二十四年》杜預注：「應
　　　國在襄陽城父縣西南。」《太平寰宇記》卷8引同。日本山井鼎《七經
　　　孟子考文補遺》卷67：「『西』下有『南』字，永同。」指足利本有「南」
　　　字，永懷堂本同。《後漢書・郡國志》：「潁川郡：父城有應鄉。」李賢
　　　注引杜預曰：「應國在西南。」是舊本有「南」字，盧氏所據爲誤本。
　　　據《漢書・地理志》，「父城」即應國，「城父」則屬「沛郡」。宋本杜
　　　預注作「城父」，誤倒。

（34）其服不挑

　　　　楊倞注：挑，偷也。不爲奇異之服。

按：盧文弨曰：「《周語》『卻至佻天』，《說文》引作『挑天』，是『挑』與
　　　『佻』同。」〔註47〕王先謙、楊柳橋從盧說。朱駿聲曰：「挑，叚借爲
　　　佻。」〔註48〕物双松曰：「『挑』、『窕』同。如其文飾，不至窕冶。窕
　　　音姚。」冢田虎曰：「未見窕音姚者。『挑』當是『姚』之誤。」久保
　　　愛曰：「挑，讀爲姚。《非相篇》曰：『美麗姚冶，奇衣婦飾。』」陳直
　　　訓挑爲輕薄。王天海曰：「挑，通『佻』，輕佻也。盧說是。」挑，遞
　　　修本同，四庫本作「佻」，《七國攷》卷3引亦作「佻」。挑、佻、姚、
　　　窕，並一音之轉，又音轉作「妖」。楊注訓偷者，指苟且輕薄，亦即輕
　　　佻義，其說亦不誤。《左傳・昭公十年》引《詩》：「德音孔昭，視民不
　　　佻。」杜預注：「佻，偷也。」孔疏：「其視下民不偷薄苟且也。『佻，
　　　偷』，《釋言》文。李巡曰：『佻，偷薄之偷也。』孫炎曰：『偷，苟且
　　　也。』」今《詩・鹿鳴》作「恌」。毛傳：「恌，愉也。」孔疏：「可以
　　　示天下之民，使不愉薄禮義。愉，音臾，《說文》訓爲薄也。《昭十年

---

〔註46〕參見蕭旭《說說「范睢」的名字》。
〔註47〕王天海引二「天」字居然誤作「夫」。
〔註48〕朱駿聲《說文通訓定聲》，武漢市古籍書店1983年版，第328頁。

左傳》引此《詩》，服虔亦云『示民不愉薄』，是也。定本作『偷』。」
其正字當作「佻」，《說文》：「佻，愉也。」又「愉，薄也。」愉、偷，
正、俗字。楊倞挑訓偷，是亦讀爲佻也。《古今韻會舉要》卷 6 早已指
出：「佻，本作佻，或作窕，《集韻》亦作恌，通作挑。」

**（35）觀其朝廷，其朝閒。聽決，百事不留，恬然如無治者，古之朝也**

> 楊倞注：朝間，朝退。音古莧反。恬然，安閑貌。如無治者，如都無聽治
> 處也。

按：物双松曰：「『閒』、『閑』通。言其閒暇無事也。『其』或當作『甚』。」
豬飼彥博從其說，又曰：「《家語》曰『至其庭，庭甚清閒』，亦可證也。
宋本作『其朝閒』，於義爲短。」冢田虎曰：「其閒聽決，當作『其聽決
閒』，閒音閑，言聽斷閒暇。」久保愛以「其朝閒」爲句，曰：「朝閒，
謂朝廷閑暇也。」朝川鼎曰：「先君曰：『觀其朝廷其閒，六字一句讀。
其猶之也。』」鍾泰曰：「其閒即謂朝廷之間，非曰朝退也。」潘重規說
同〔註49〕。王天海曰：「閒，通『嫻』，熟習也。諸說皆非。正文『其朝
閒』之『朝』字諸本無。楊注『朝閒』，諸本又作『其閒』。故諸說不得
也。然楊注訓『朝閒』爲『朝退』，則非。如無治者，如無事可治也。
楊注亦不得也。」物、豬、久說是。

**（36）積微：月不勝日，時不勝月，歲不勝時**

按：梁啓雄曰：「时，謂四时。」顧炎武曰：「古無所謂時，凡言時，若《堯
典》之四時，《左氏傳》之三時，皆謂春夏秋冬也。故士文伯對晉侯
以『歲時日月星辰』，謂之六物。《荀子》云云，亦謂春夏秋冬也。」
〔註50〕諸家失引顧說。

**（37）故爲人上者，必將愼禮義、務忠信，然後可**

> 楊倞注：「愼」或爲「順」。

按：蔣禮鴻曰：「作謹愼解爲是，或曰是也。」〔註51〕王天海曰：「愼，此通

---

〔註49〕潘重規《讀王先謙〈荀子集解〉札記》，《制言》第 12 期，1936 年版，本文第
　　　 17 頁。
〔註50〕顧炎武《日知錄》卷 20，安徽大學出版社 2007 年版，第 1105 頁。
〔註51〕蔣禮鴻《荀子餘義（上）》，《中國文學會集刊》第 3 期，1936 年版，第 88 頁。

『順』。」《非相篇》：「凡言不合先王，不順禮義，謂之姦言。」《非十二子篇》：「辯說譬諭，齊給便利，而不順禮義，謂之姦說。」

## （38）堂上不糞，則郊草不瞻曠芸

楊倞注：曠，空也。空，謂無草也。芸，謂有草可芸鋤也。堂上猶未糞除，則不暇瞻視郊野之草有無也。言近者未理，不暇及遠。魯連子謂田巴曰：「堂上不糞者，郊草不芸也。」

按：郝懿行曰：「糞者，『坌』之假借，隸變作『拚』。」王念孫曰：「『芸』上不當有『瞻曠』二字。」楊樹達、梁啓雄、李滌生從王說〔註52〕。孫詒讓從郝、王說〔註53〕。物双松曰：「曠，荒也。芸，耘也。」劉師培曰：「此文當作『郊草曠芸』。『曠』與『廢』同，猶楊注引《魯連子》所云『郊草不芸』也。（《史記・魯仲連傳》《正義》引作『堂上不奮，郊草不芸』，奮即坌字之叚。）『不』涉下衍，『瞻』亦『曠』字誤羨之文。《雜誌》未的。」龍宇純說同劉氏〔註54〕。沈祖緜曰：「此句顛倒錯亂，郝懿行、王念孫兩說均曲，上『不』字當從下文作『乎』，『瞻』字屬上句，當作『堂上瞻乎糞，則郊曠草不芸』是也。」〔註55〕沈說未達「糞」字之誼，所改易必不可從。豬飼彥博曰：「曠，廢也。言不可擥視郊草之廢。」鍾泰曰：「曠，謂不治也。『曠』與『芸』反。不瞻曠芸，即不顧其治否。楊注非，王氏亦未是。」高亨曰：「『瞻』字衍文。曠，暇也。」王天海曰：「《史記・魯仲連傳》《正義》引田巴曰：『臣聞堂上不奮，郊草不芸。』此與楊注所引有異。《說文》：『糞，棄除也。』瞻，顧看也。曠，郊野。」《史記正義》引作：「魯仲連……往請田巴曰：『臣聞堂上不奮，郊草不芸。』」王天海引奪去「往請」二字，則誤作田巴語。「奮」是「糞」之同音誤字〔註56〕，當據此注所引校正〔註57〕，《御

---

〔註52〕楊樹達《鍾泰〈荀注訂補〉》，《清華學報》第 11 卷第 1 期，1937 年版，第 229 頁。

〔註53〕孫詒讓《荀子校勘記》，收入《籀廎遺著輯存》，中華書局 2010 年版，第 546 頁。

〔註54〕龍宇純《荀子集解補正》，收入《荀子論集》，學生書局 1987 年版，第 150 頁。

〔註55〕沈瓞民《讀荀臆斷》，《制言》第 58 期，1939 年版，本文第 16 頁。

〔註56〕梁章鉅曰：「奮，當作『糞』。」但梁氏未舉證。梁章鉅《文選旁證》卷 35，福建人民出版社 2000 年版，第 967 頁。

〔註57〕司馬遷《史記》（修訂本）亦失校，中華書局 2013 年 9 月版，第 2967 頁。

覽》卷 464 引《魯連子》作「堂上之糞不除，郊草不芸」，雖誤解「糞」
字，然可知所見亦作「糞」字。是楊注與《正義》二引並無不同。王天
海疏甚。郝懿行讀糞爲坴是也，《說文》：「坴，埽除也，讀若糞。」楊
樹達謂「坴」、「糞」本一字〔註 58〕，楊說是也，「畚箕」俗轉語作「糞
箕」〔註 59〕，是其比也。王念孫謂「瞻曠」衍文亦是也，宋人司馬光《高
居簡箚子》、杜範《太常少卿轉對箚子》、程大昌《禹貢論下》引同摹宋
本，《記纂淵海》卷 25 引「曠芸」作「曠芸」，餘同〔註 60〕。「曠」是「曠」
形譌，則宋人所見，並與摹宋本同，是唐宋人所見，皆衍「瞻曠」二字。

## （39）拔戟加乎首，則十指不辭斷

楊倞注：言不惜十指而救首也。「拔」或作「校」，或作「枝」。

按：郝懿行曰：「『拔』讀如《少儀》『毋拔來』之拔，鄭注：『拔，疾也。』
《釋文》：『拔，王本作校。』然則此注『拔或作校』亦可，注又云『或
作枝』則非。古無枝戟之名。」王先謙、李滌生從其說。物双松曰：「《說
文》：『枝，棓也。』《通雅》：『棓，即棒字。』則從木爲是。」久保愛
曰：「拔戟，脫室戟也。」于省吾曰：「『拔』、『枝』以形近致譌。《釋
名》：『戟，格也，旁有枝格也。』故曰『枝戟』。」陳直說同于氏。王
叔岷曰：「《淮南子·說山篇》：『斷指而免頭，則莫不利爲之也。』即
此義也。」王天海曰：「『拔戟』之語，見《左傳》。今謂，拔，把也。
《莊子·達生》：『操拔篲以待門庭。』《釋文》：『拔，李云：把也。』
其義甚明，不煩諸說辭費。」王天海所引《左傳》「拔戟」是動賓詞語，
與此文不同；又引《莊子》亦非也，李訓把者，指掃把。《莊子》「拔
篲」又作「被篲」，拔當讀爲拂，拂、篲二物皆所以去塵者〔註 61〕，
非此文之誼。王天海不達其義，亂引一通。物氏校作「枝」可備一解，
指木棒。余謂「拔（校、枝）」當作「杖」，《記纂淵海》卷 86、95 引
已誤作「拔」〔註 62〕。《戰國策·秦策一》：「寬則兩軍相攻，迫則杖

〔註 58〕楊樹達《〈說文〉「讀若」探原》，收入《積微居小學述林》卷 4，中華書局 1983
年版，第 147 頁。
〔註 59〕參見蕭旭《金樓子校補》，收入《群書校補（續）》，花木蘭文化出版社 2014
年版，第 1275 頁。
〔註 60〕四庫本《記纂淵海》在卷 59，作「曠云」。
〔註 61〕參見蕭旭《呂氏春秋校補》，花木蘭文化出版社 2016 年版，第 307 頁。
〔註 62〕四庫本《記纂淵海》分別在卷 52、53。

戟相撞。」「杖」謂鐵杖，亦兵器。《呂氏春秋·貴卒》「衣鐵甲操鐵杖以戰」，是其例也。鮑彪注：「杖如杖劍，戟謂持戟。」吳師道《補正》曰：「杖，持執也。」皆非是。

## （40）非不以此為務也，疾養緩急之有相先者也

楊倞注：疾，痛也。「養」與「癢」同。

按：注「痛」，遞修本、四庫本作「病」。疾養，《記纂淵海》卷95引無此二字〔註63〕。

# 《天論篇》第十七校補

## （1）天行有常，不為堯存，不為桀亡

楊倞注：天自有常行之道也。

按：俞樾曰：「行，道也。」梁啓雄曰：「《說苑·談叢》作『天道有常』。」王天海不引梁說，竊作己說。楊柳橋謂「行」爲「道」誤。李滌生曰：「天行，謂天體的運行。」俞說是也，《新語·明誡》：「堯、舜不易日月而興，桀、紂不易星辰而亡，天道不改而人道易也。」唐晏、王利器指出語本《荀子》此文〔註64〕。此文「行」訓道，是漢人舊詁。

## （2）應之以理則吉，應之以亂則凶

按：董治安曰：「台州本、浙北本『治』作『理』，此乃避唐高宗諱所改。」王天海曰：「理，本當作『治』，此避唐高宗李治之諱。《治要》正作『治』，諸本皆作『治』。」王氏不引董說，其避諱說即竊其說。《記纂淵海》卷2、49、《皇王大紀》卷79、《習學記言》卷44引亦作「治」，《長短經·運命》引則作「理」。

## （3）脩道而不貳，則天不能禍

楊倞注：貳，即倍也。

按：王念孫曰：「『脩』當爲『循』。循，順也。『貳』當爲『貣』。『貣』與『忒』

---

〔註63〕四庫本《記纂淵海》在卷53。
〔註64〕王利器《新語校注》，中華書局1986年版，第154頁。

同。忒,差也。《治要》作『循道而不忒』,足證楊本之誤。」孫詒讓從王說〔註65〕。豬飼彥博曰:「不貳,專一也,即『妄行』之反。」梁啓雄曰:「脩借爲修。修道,謂修養道德。貳,指不專心修德。」王先謙、楊柳橋、李滌生、包遵信從王說,是也。《長短經・運命》引作「循道而不惑」,字正作「循」,「惑」亦「忒」誤。宋・黃裳《問天變》、《皇王大紀》卷79引作「修道而不二」,《習學記言》卷44引作「修道而不貳」,皆誤。「循道」與下文「倍道」對文。

## (4) 倍道而妄行,則天不能使之吉

按:梁啓雄曰:「倍,借爲背。」李滌生說同。王天海不引梁、李說,竊作己說。王叔岷曰:「《治要》引『倍』正作『背』。」《長短經・運命》引亦作「背」。

## (5) 日月遞炤

楊倞注:「炤」與「照」同。

按:《文選・詠懷詩》、《贈張華》、《齊謳行》、《長安有狹邪行》、《勸進表》李善注五引並作「照」,《皇王大紀》卷79、《永樂大典》卷2952引同。

## (6) 四時代御

按:久保愛曰:「御,治也。」楊柳橋曰:「御,行也。」諸說皆非是。朱起鳳謂「代御」即「代謝」,又作「代序」、「代敍」、「遞謝」,云:「謝字古通作序,序字古與敍通,聲轉爲御。御又讀迓,迓、謝音相近。遞、代同義,古與迭通。」〔註66〕《後漢書・馮衍傳》:「循四時之代謝兮。」《文選・詠懷詩》:「四時更代謝。」

## (7) 陰陽大化

楊倞注:陰陽大化,謂寒暑變化萬物也。

按:劉師培曰:「《文選・思玄賦》注引『大』作『變』。《魯靈光殿賦》注、《洞簫賦》注仍引作『大』。」《文選・思玄賦》李善注引「大」作「交」,劉氏失檢。「交」即「大」形誤。

---

〔註65〕 孫詒讓《荀子校勘記》,收入《籀廎遺著輯存》,中華書局2010年版,第546頁。
〔註66〕 朱起鳳《辭通》卷19,上海古籍出版社1982年版,第2071頁。

（8）其行曲治，其養曲適，其生不傷，夫是之謂知天

　　　　楊倞注：其所自脩行之政，曲盡其治；其所養人之術，曲盡其適；其生長
　　　　　　　　萬物，無所傷害，是謂知天也。

　按：惠棟曰：「曲，隱曲也。治之於獨，誠其身也，其養曲適，養其性也。
　　　　其生不傷，全受而全歸也。」〔註67〕李中生曰：「『傷』似用於偏缺之義。
　　　　即生長萬物不偏缺。」王天海曰：「生，通『身』。猶言其身不受侵害也。」
　　　　楊注不誤，王氏妄說通假，非是。上文「萬物各得其和以生，各得其養
　　　　以成」，此言聖人，亦萬物之一。言聖人於生長萬物，得其天和，無所
　　　　傷害也。

（9）天不為人之惡寒也輟冬，地不為人之惡遼遠也輟廣，君子不為小
　　　人之匈匈也輟行。天有常道矣，地有常數矣，君子有常體矣。君
　　　子道其常，而小人計其功

　　　　楊倞注：道，言也。

　按：冢田虎曰：「『道』如字。以其常為道也。」久保愛曰：「輟，止也。道，
　　　　由也。」梁啟雄曰：「道，猶行也。」楊、冢說非是。《漢書・東方朔傳》
　　　　《答客難》引《傳》曰：「天不為人之惡寒而輟其冬，地不為人之惡險
　　　　而輟其廣，君子不為小人之匈匈而易其行。天有常度，地有常形，君子
　　　　有常行。君子道其常，小人計其功。」李善指出即本《荀子》此文。顏
　　　　師古注：「輟，止也。道，由也。」《文選・答客難》劉良注：「道，行
　　　　也。」《中說・魏相》：「天不為人怨咨而輟其寒暑，君子不為人之醜惡
　　　　而輟其正直。」亦本於《荀子》。

（10）楚王後車千乘，非知也；君子啜菽飲水，非愚也，是節然也

　　　　楊倞注：節，謂所遇之時命也。

　按：劉台拱曰：「《正名篇》：『節遇謂之命。』」王念孫從劉說。俞樾曰：「節，
　　　　猶適也。是節然也，猶曰是其適然者也。劉氏台拱引《正名篇》『節遇
　　　　謂之命』釋之，節遇之，節亦當訓適。適與之遇，所謂命也。楊注並非。」
　　　　梁啟雄從俞說。董治安曰：「節，準則之義。」楊柳橋曰：「節，時也。」

────────────────

〔註67〕 惠棟《荀子微言》，收入《續修四庫全書》第 932 冊，上海古籍出版社 2002
　　　　年版，第 473 頁。

李中生曰：「節，限制。」〔註68〕王天海曰：「節，節操、氣節。節然，節操使然也。」二楊及劉說是，節指時節、時命。是節然也，猶言此乃時命如此也。王天海妄說耳，楚王後車千乘，豈得謂之節操歟？梁啓超解《正名篇》云：「節遇猶言偶遇，荀子視『命』，爲非常的，偶然的。」〔註69〕牟宗三解《正名篇》亦云：「節訓時或適。」〔註70〕

## （11）怪星之黨見

楊倞注：黨見，頻見也。言如朋黨之多。

按：王懋竑曰：「『黨』當與『忽』同，即『黨來』之義。注訓爲頻，非是。」〔註71〕洪頤煊曰：「《方言》郭璞注：『黨，朗也。』朗見，猶言明見也。」〔註72〕郝懿行曰：「黨，宜訓朗。《外傳》卷2作『晝』，於義爲長。楊注望文生訓耳。」惠棟曰：「黨，所也。黨見，猶所見也。楊倞訓黨爲頻，無攷。」〔註73〕沈齡從惠說〔註74〕。王念孫曰：「楊說於古無據。惠氏定宇曰：『黨見，猶所見也。』怪星之所見，殊爲不詞。黨，古『儻』字。儻者，或然之詞。《外傳》『晝』恐是後人所改。《治要》引此正作『怪星之儻見』。」久保愛說同王氏。王引之、許維遹、梁啓雄、楊柳橋、王天海從王說〔註75〕，鄭珍、章太炎、鍾歆、楊樹達亦謂「黨」即「儻」，章氏且云：「黨，猶適也。」〔註76〕蓋皆本王說。陳立曰：「《荀

---

〔註68〕 李中生《從王先謙〈荀子集解〉看清代訓詁學的得失》，收入《荀子校詁叢稿》，廣東高等教育出版社2001年版，第119頁。

〔註69〕 梁啓超《讀書示例——〈荀子〉》（吳其昌記錄），《清華週刊》第24卷第11期，1925年版，第276頁。

〔註70〕 牟宗三《〈荀子·正名篇〉疏解》，收入《名家與荀子》，《牟宗三先生全集（2）》，聯經出版事業有限公司2003年版，第220頁。

〔註71〕 王懋竑《荀子存校》，《讀書記疑》卷11，收入《續修四庫全書》第1146冊，第355頁。

〔註72〕 洪頤煊《讀書叢錄》卷15，收入《續修四庫全書》第1157冊，上海古籍出版社2002年版，第690頁。

〔註73〕 惠棟《九經古義》卷14《公羊古義下》，收入《叢書集成初編》第255冊，中華書局1985年影印，第153頁。

〔註74〕 沈齡《續方言疏證》卷上，收入《叢書集成續編》第73冊，新文豐出版公司1988年版，第691頁。

〔註75〕 王引之《經傳釋詞》，嶽麓書社1984年版，第133頁。許維遹《韓詩外傳集釋》卷2，中華書局1980年版，第38頁。

〔註76〕 鄭珍《說文新附考》卷3「儻」字條，收入《續修四庫全書》第223冊，上海

子》曰:『怪星之黨見。』其義爲時見。黨訓所,轉訓時也。」〔註77〕
沈祖緜曰:「王說義亦不可通。『黨』宜如字。《說文》:『黨,不鮮也。』
不鮮即鮮也,即承上文『物之罕至者』之義也。」〔註78〕陳直曰:「敦
煌木簡寫古傳記云:『卒然相黨。』《史記》作『卒然相睹』。黨見即睹
見也。」王叔岷曰:「《類纂》本『黨』亦作『儻』。」郝氏所引《外傳》
卷 2,元本、明沈氏本、趙懷玉校本作「黨」,明薛氏本、唐本、日本
寶曆本、四庫本作「晝」。屈守元謂作「晝見」亦有據〔註79〕。王懋竑、
王念孫、久保愛說爲長。沈祖緜誤解《說文》「黨,不鮮也」之誼。黨
訓不鮮,是污垢義,俗作「髒」字〔註80〕。

## (12) 物之已至者,人祆則可畏也

按:劉師培曰:「《外傳》卷2『則』作『最』。」《長短經·運命》引作「唯
人妖乃可畏矣」,《韓詩外傳》卷 2 作「夫萬物之有災,人妖最可畏也」。
「則」當作「取」或「冣」,南北朝以後,「冣」、「最」相混。「取」譌
作「最」,或省作「取」,因又譌作「則」。

## (13) 田薉稼惡

按:久保愛曰:「舊作『田稼薉惡』,今據宋本、《治要》改之,《外傳》『薉』
作『穢』,同。」王天海不引久說,竊作己說,曰:「諸本作『田稼薉惡』,
『薉稼』二字誤倒。」《長短經·運命》引作「田荒稼惡」。薉、穢,正、
借字。《說文》:「薉,蕪也。」又「蕪,薉也。」又「荒,蕪也。」《長
短經》引作「荒」是同義替換。

## (14) 禮義不脩,內外無別,男女淫亂,則父子相疑,上下乖離,寇難

古籍出版社 2002 年版,第 301 頁。章太炎《新方言》卷 2,收入《章太炎全
集 (7)》,上海人民出版社 1999 年版,第 76 頁。鍾歆《詞言通釋》卷 4,《華
國月刊》第 1 卷第 12 期,1924 年版,第 5 頁。楊樹達《詞詮》,中華書局 1954
年版,第 63 頁。
〔註77〕陳立《公羊義疏》卷 42,收入王先謙《清經解續編》卷 1230,上海書店 1988
年版,第 5 冊,第 350 頁。
〔註78〕沈瓞民《讀荀臆斷》,《制言》第 58 期,1939 年版,本文第 16 頁。
〔註79〕屈守元《韓詩外傳箋疏》卷 2,巴蜀書社 1996 年版,第 132 頁。
〔註80〕參見章太炎《新方言》卷 2,收入《章太炎全集 (七)》,上海人民出版社 1999
年版,第 36 頁。沈氏忘其師說耳。

　　　並至，夫是之謂人祅

按：王念孫曰：「『父子』上不當有『則』字，《治要》、《外傳》皆無。」豬
飼彥博引白鹿說亦謂「則」字衍文。王叔岷曰：「《治要》引『並』作『日』。」
王天海曰：「並至，《治要》作『日至』，《外傳》作『並起』。」《長短經・
運命》引全同《治要》。

（15）三者錯，無安國

　　　楊倞注：錯，置也。置此三祅於國中，則無有安也。

按：王念孫曰：「錯，交錯也。楊讀錯爲『措置』之措，失之。」王先謙、
梁啓雄、楊柳橋、王天海從王說。豬飼彥博引白鹿曰：「錯，猶迭也，
下疑脫『至』字。」劉師培曰：「《治要》『國』下有『矣』字。」《長短
經・運命》引「錯」下有「亂」字，「國」下有「矣」字。錯亦亂也。

（16）無用之辯，不急之察，棄而不治

按：劉師培曰：「《治要》『治』下有『也』字，《外傳》『辯』作『變』，『察』
作『災』。以《非十二子》『無用而辯，不惠（當從《雜志》作『急』）
而察』證之，《外傳》非是。」梁啓雄曰：「《賈子・道術》：『論物明辯
謂之辯，纖微皆審謂之察。』《廣雅》：『急，盡也。』不急之察，謂不
徹底的審察。《墨子・經上》：『治，求得也。』」包遵信曰：「不急之察，
非急務之察也。梁氏臆詁，非其本義也。」〔註81〕王天海曰：「辯，論
也。《治要》作『辨』，《外傳》作『變』，或叚字耳。不急之察，不關緊
要之詳審也。梁說非。察，《外傳》作『災』。治，猶理也。梁引《墨子》
之說，非也。」《治要》卷 38 引「辯」作「辨」，王天海失檢。王天海
不引劉說、包說，引梁說不引前二句，其說「辯，論也」即竊自梁氏，
其校《外傳》異文竊自劉氏，其解「不急之察」竊自包氏。包說是也。
「變」、「辨」皆「辯」借字。許維遹曰：「『變』與『辯』通。『災』當
作『察』。」〔註82〕屈守元曰：「『變』當爲『辯』，聲之訛也。『災』當
爲『察』，字之誤也。察與辯義同也。」〔註83〕二氏說是也，本書《非
十二子》：「甚察而不惠（急），辯而無用。」又「言無用而辯，辯不惠

〔註81〕包遵信《讀〈荀子〉札記（下）》，《文史》第 6 輯，1979 年出版，第 221 頁。
〔註82〕許維遹《韓詩外傳集釋》卷 2，中華書局 1980 年版，第 39 頁。
〔註83〕屈守元《韓詩外傳箋疏》卷 2，巴蜀書社 1996 年版，第 134 頁。

（急）而察。」〔註84〕《韓子·八經》：「故無用之辯不留朝。」又《八說》：「故人主之察，智士能其辯焉；人主之所尊，能士能盡其行焉。今世主察無用之辯，尊遠功之行，索國之富強，不可得也。」又《外儲說左上》：「人主多無用之辯而少無易之言，此所以亂也。」

### （17）卜筮然後決大事

按：王天海曰：「卜筮然後，諸本作『小筮而後』。」《禮書》卷90引同諸本。王懋竑曰：「『小』當作『卜』。」〔註85〕王懋竑說是也，《合璧事類備要》前集卷20、《說郛》卷73、《辨惑編》卷2、《喻林》引並作「卜筮而後」。《左傳·桓公十一年》：「卜以決疑，不疑何卜？」《潛夫論·卜列》：「聖人甚重卜筮，然不疑之事，亦不問也。」

### （18）故道之所善，中則可從，畸則不可為，匿則大惑

楊倞注：畸者，不偶之名，謂偏也。道之所善，得中則從，偏側則不可為。匿，謂隱匿其情。禮者，明示人者也，若隱匿，則大惑。

按：王念孫曰：「隱匿與大惑義不相屬，楊曲為之說，非也。『匿』與『慝』同。慝，差也。（《洪範》：『民用僭忒。』《漢書·王嘉傳》引此忒作慝，而釋之曰：『民用僭差不壹。』董仲舒《雨雹對》曰：『無有差慝。』）言大惑生於差慝也。上文曰『亂生其差』，正謂此也。道貴乎中，畸則偏，差則惑矣。故曰『中則可從，畸則不可為，慝則大惑』。」姚姬傳亦讀匿為慝。王先謙、孫詒讓、梁啓雄、楊柳橋、李滌生從王說〔註86〕；王天海從楊注，謂「王說非」。王念孫、姚姬傳說是，此以「中」、「畸」、「匿」三者對舉，「匿」訓隱匿，則非其倫也。「慝」同「忒」，謂過差，其程度又甚於「畸」也。龍宇純改「善」為「著」，訓為明著〔註87〕，亦不可從，《習學記言》卷44引作「善」。道之所善，道指禮而言，不是說禮善不善，而是說人對禮所採取的態度與方法。

---

〔註84〕王念孫校「惠」作「急」，是也。王念孫《荀子雜志》，收入《讀書雜志》卷10，中國書店1985年版，本卷第81頁。

〔註85〕王懋竑《荀子存校》，《讀書記疑》卷11，收入《續修四庫全書》第1146冊，第355頁。

〔註86〕孫詒讓《荀子校勘記》，收入《籀廎遺著輯存》，中華書局2010年版，第548頁。

〔註87〕龍宇純《讀荀卿子三記》，收入《荀子論集》，學生書局1987年版，第284頁。

（19）水行者表深，表不明則陷；治民者表道，表不明則亂

　　　楊倞注：表，標准也。陷，溺也。

按：俞樾曰：「『水行』當作『行水』，與下文『治民』一律。」王先謙、孫
　　詒讓從俞說〔註88〕。豬飼彥博曰：「『深』當作『淺』，謂濟渡之處。」
　　鍾泰曰：「『水行』與『行水』不同，俞說牽而一之，直是不通矣。」
　　楊樹達從鍾說〔註89〕。陳直曰：「『水行』文字明曉，不必上下互易。」
　　王天海曰：「水行，當作『行水』，指行於水上，包含涉水或行船。」
　　豬飼說誤，鍾、陳說是。本書《大略》：「水行者表深，使人無陷；治
　　民者表亂，使人無失。」亦作「水行」。「水行」指涉水，不包含行船，
　　否則與「表不明則陷」不對應。李滌生引《呂氏春秋·察今》：「荊人
　　欲襲宋，使人先表澭水。澭水暴益，荊人弗知，循表而夜涉，溺死者
　　千有餘人。」此即涉水者表深之例。

〔註88〕孫詒讓《荀子校勘記》，收入《籀廎遺著輯存》，中華書局 2010 年版，第 548
　　　　頁。
〔註89〕楊樹達《鍾泰〈荀注訂補〉》，《清華學報》第 11 卷第 1 期，1937 年版，第 231
　　　　頁。

# 卷第十二

## 《正論篇》第十八校補

**（1）上宣明則下治辨矣，上端誠則下愿愨矣，上公正則下易直矣**

楊倞注：宣，露。辨，別也。下知所從，則明別於事也。

按：郝懿行曰：「『辨』與『辦』同，非『辨別』之辨。」龍宇純曰：「辨亦
治也。然『辨』之義爲『治』，本由『別』義而引申。」王天海曰：「辨，
通『徧』。《榮辱篇》『脩正治辨矣』，《王霸篇》『莫不治辨』等，義皆
同。」郝、龍解「辨」是，然未探本。本字爲「辯」，《說文》：「辯，
治也。」《不苟篇》王念孫已詳說之〔註1〕。「治辨」、「宣明」等詞皆
平列爲義，王天海不明其句法，臆說耳。

**（2）上幽險，則下漸詐矣**

楊倞注：幽，隱也。險，難測也。漸，進也，如字。又曰：漸，浸也。謂
浸成其詐也。

按：王懋竑曰：「『漸』與『潛』同。《書》：『沈潛剛克。』《史》『潛』皆作
『漸』，是潛、漸通也。」〔註2〕郝懿行曰：「漸，讀爲潛，深也。」王

---

〔註1〕 王念孫《荀子雜志》，收入《讀書雜志》卷10，中國書店1985年版，本卷第
58頁。
〔註2〕 王懋竑《荀子存校》，《讀書記疑》卷11，收入《續修四庫全書》第1146冊，
第355頁。

－375－

先謙曰：「漸亦詐也，說見《不苟篇》。」張之純曰：「漸詐，漸漬於權謫。」朱起鳳謂「漸詐」同「姦詐」，云：「姦字作漸，音之訛也。」〔註3〕安積信曰：「漸，險也。」楊柳橋曰：「漸，通『憯』，偽也。」王天海曰：「漸，讀爲險。」王先謙說是，其說本於王引之。《不苟篇》：「知則攫，盜而漸。」王引之曰：「漸，詐欺也。《議兵篇》曰：『招近募選，隆埶詐，尚功利，是漸之也。』《正論篇》曰：『上幽險，則下漸詐矣。』（楊訓漸爲進，又訓爲浸漬，皆失之。）……此皆古人謂詐爲漸之證，說者都不尋省，望文生義，失其傳久矣。」〔註4〕周用錫說同〔註5〕，當亦是取王說。孫星衍、皮錫瑞、劉逢祿、姚永樸、吳汝綸、郭慶藩、劉師培皆從王引之說〔註6〕。王先謙已指示「說見《不苟篇》」，王天海竟不檢視，无乃疏乎？

## （3）故先王明之，豈特玄之耳哉

楊倞注：特，猶耳（直）也。

按：冢田虎曰：「『玄』乃『幽玄』之玄，與上『疑玄』殊也。」陶鴻慶曰：「『玄』當爲『宣』字之誤，形、聲皆近。」龍宇純曰：「『特』當爲『待』。」王天海曰：「玄，通『炫』，炫耀也。此言先王明德明道，豈只是炫耀之而已哉！」王天海妄說通假，先王哪有炫耀道德的道理？冢、龍說是，此文「明」者，承上「上宣明則下治辨」、「主道利明不利幽」、「主道明則下安，主道幽則下危」而言，指主之道宜用明，不須用玄。豈待，猶言何須、不必。

〔註3〕朱起鳳《辭通》卷19，上海古籍出版社1982年版，第2083頁。

〔註4〕王引之說轉引自王念孫《荀子雜志》，收入《讀書雜志》卷10，本卷第56頁；其說又見《經義述聞》卷3，江蘇古籍出版社1985年版，第82頁。

〔註5〕周用錫《尚書證義》卷25，收入《續修四庫全書》第48冊，上海古籍出版社2002年版，第177頁。

〔註6〕孫星衍《尚書今古文注疏》卷27，中華書局1986年版，第522～523頁。皮錫瑞《今文尚書考證》卷26，中華書局1989年版，第441頁。劉逢祿《尚書今古文集解》，收入《清經解續編》卷328，上海書店1988年版，第2冊，第362頁。姚永樸《尚書誼略》卷26，收入《續修四庫全書》第53冊，第424頁。吳汝綸《尚書故》卷2，收入《續修四庫全書》第50冊，第602頁。郭慶藩《莊子集釋》卷4，中華書局1961年版，第362頁。（郭氏引作王念孫說，則稍疏。）劉師培《法言補釋》，收入《劉申叔遺書》，江蘇古籍出版社1997年版，第1057頁。

## （4）以桀、紂為常有天下之籍則然，親有天下之籍則不然

楊倞注：以常主天下之圖籍則然。

按：盧文弨曰：「『常』當爲『嘗』。籍，當爲『憑藉』之藉。下文云『執籍』，爲執力憑藉也。」〔註7〕王先謙曰：「兩『天下之籍』，並當作『天子之籍』，說見《儒效篇》。」劉師培曰：「『常』係『掌』字之誤也。掌，主也。」梁啓雄從劉說，又曰：「籍，位也。」包遵信曰：「天下之籍，指天子之位，國家政權。原文自可通，王說非。」王天海曰：「籍，通『藉』，本義爲草墊，故引申爲席位。楊注失之。」王先謙說是，其說本於王念孫，證據確鑿，不容置疑。常，讀爲嘗，無煩舉證。籍，讀爲阼，指帝位。另詳《儒效篇》校補引王念孫、朱駿聲、章太炎、劉師培說。王天海說至陋，哪有以草墊引申爲帝位的道理？包遵信謂王先謙說非，是亦未檢王念孫說耳。

## （5）古者天子千官，諸侯百官，以是千官也，令行於諸夏之國，謂之王

楊倞注：夏，大也。中原之大國。

按：王天海曰：「夏，華夏，古代漢族自稱，亦指中原。諸夏，即中原各國。楊注未切。」「夏」爲中國之人者，即取「大」爲義。《論語·八佾》：「不如諸夏之亡也。」《左傳·閔公元年》：「諸夏親暱。」《漢書·刑法志》：「以安諸夏。」皇疏、孔疏、顏注並曰：「夏，大也。」《詩·時邁》：「肆于時夏。」毛傳：「夏，大也。」時夏猶言是夏，指中國，是毛公亦認爲其得名於「大」。其本字作假，字亦作假，音轉又作雅，例略。王天海疏於小學，不考群書，不達厥誼，而遽謂「楊注未切」，厚誣古人矣。

## （6）然而暴國獨侈

楊倞注：暴國，即桀、紂也。侈，謂奢汰放縱。

按：《說文》：「侈，掩脅也。」段玉裁注：「掩者，掩蓋其上。脅者，脅制其旁。凡自多以陵人曰侈，此侈之本義也。《吳語》：『夾溝而𢓜我。』其

字則庨也，其義則掩脅也。」〔註 8〕《荀子》亦用其本義。楊注訓奢汏放縱，則讀爲奓。王引之解作「侈然自大」〔註 9〕，則從楊說。

**（7）反禹、湯之德，亂禮義之分，禽獸之行，積其凶，全其惡，而天下去之也**

按：包遵信曰：「疑『禽獸之行』上奪一動詞，後文曰『安禽獸行、虎狼貪』（安，止也，處也，梁氏訓作『於是』，非），疑此文原作『安禽獸之行』。」王天海從其說。包說非是，下文「安」非動詞，摹宋本作「必禽獸行、虎狼貪」，「安」是「必」誤文（王引之《釋詞》卷 2 解作「於是」，是梁氏所本）。此文是說「反禹湯之德，亂禮義之分」是禽獸之行，「禽獸之行」不與「反禹湯之德，亂禮義之分」平列。

**（8）湯、武者，民之父母也；桀、紂者，民之怨賊也。今世俗之為說者，以桀、紂為君而以湯、武為弒，然則是誅民之父母而師民之怨賊也**

楊倞注：師，長。

按：梁啓雄曰：「師亦君也。」王天海曰：「師，效法也。」「師民之怨賊」即上文「以桀紂爲君」義，「誅民之父母」即上文「以湯武爲弒」義。楊、梁說是，楊注師訓長者，長亦君也。王天海不達厥誼，好爲怪異之說。

**（9）然則以湯、武為弒，則天下未嘗有說也，直墮之耳**

楊倞注：自古論說未嘗有此世俗之墮損湯武耳。

按：郝懿行曰：「墮者，毀也。」王先謙從郝說。王天海曰：「墮，諸本作『隳』。」楊、郝說是，詆毀義的專字作譼，已詳《富國篇》高亨說。

**（10）故至賢疇四海，湯、武是也**

楊倞注：疇四海，謂以四海爲疇域。或曰：「疇」與「籌」同，謂計度也。

按：盧文弨曰：「古以『疇』爲『儔』，楊注未是。」郝懿行曰：「疇者，匹也。《齊語》云：『人與人相疇，家與家相疇。』」豬飼彥博曰：「『疇』、

〔註 8〕段玉裁《說文解字注》，上海古籍出版社 1981 年版，第 379 頁。
〔註 9〕王引之《經傳釋詞》，嶽麓書社 1984 年版，第 35 頁。

『儔』通，以四海爲儔匹也。」俞樾曰：「楊注二義皆非是。疇者，保也。《國語·楚語》：『臣能自壽也。』韋注曰：『壽，保也。』《晏子·雜篇》：『賴君之賜，得以壽三族。』壽三族即保三族也。《管子·霸言篇》：『國在危亡而能壽者，明聖也。』能壽即能保也。此文作『疇』者，古字通耳。《說文》：『燾，保也。』凡作『疇』、作『壽』，皆『燾』之叚字。」蔣禮鴻、楊柳橋、李滌生從俞說〔註 10〕。朱駿聲曰：「疇，叚借爲籌。」〔註 11〕朱氏從楊注後說，認爲「籌」是計度義的本字。劉師培曰：「《鶡冠子·王鈇篇》曰：『故能疇合四海而爲一家。』此文『疇』字當亦疇合之義，《平議》讀爲保，非是。」梁啓雄曰：「儔（疇），借爲幬，覆也。」俞說至確，此與下文「至罷不容妻子，桀、紂是也」對舉，自當訓保（鍾泰說容亦訓保，楊樹達從其說〔註 12〕）。郝氏所引《國語·齊語六》「人與人相疇，家與家相疇」，《管子·小匡》作「人與人相保，家與家相愛」。愛，愛護，與「保護」義相會。此尤爲疇訓保之切證。或讀疇爲受，與「容」字同義對舉，亦通。

### （11）世俗之爲說者曰：「治古無肉刑而有象刑：墨黥。」

楊倞注：世俗以爲古之重罪以墨涅其面而已，更無劓刖之刑也。或曰：「墨黥」當爲「墨幪」，但以黑巾幪其頭而已。

按：郝懿行曰：「此皆謂古有象刑也。墨一名黥。此墨黥謂以墨畫代黥，不加刻涅，《愼子》所謂『畫跪當黥』也。按今本作『幪巾當墨』。」王念孫曰：「『墨黥』二字，語意未完，當有脫文，以《愼子》『畫跪當黥』，《書大傳》言『下刑墨幪』治之。」王天海曰：「頗疑『黥』乃『巾』之音誤也。」王念孫說是，王天海妄改之，無據。《漢書·刑法志》：「孫卿之論刑也，曰『世俗之爲說者，以爲治古者無肉刑，有象刑，墨黥之屬，菲履，赭衣而不純。』」班氏即引此文，正作「墨黥」，可證其字不誤。

### （12）菲對屨

---

〔註 10〕蔣禮鴻《〈廣雅疏證〉補義》，收入《懷任齋文集》，《蔣禮鴻集》卷 4，浙江教育出版社 2001 年版，第 24 頁。

〔註 11〕朱駿聲《說文通訓定聲》，武漢市古籍書店 1983 年版，第 248 頁。

〔註 12〕楊樹達《鍾泰〈荀注訂補〉》，《清華學報》第 11 卷第 1 期，1937 年版，第 222 頁。

楊倞注：菲，草屨也。「對」當爲「緓」，傳寫誤耳。緓，枲也。《慎子》
　　　　作「緓」。言罪人或菲或枲爲屨，故曰「菲，緓屨」。緓，方孔反。
　　　　「對」或爲「蒯」，《禮》有「疏屨」，傳曰「藨蒯之菲」也。

按：王懋竑曰：「對屨，當從《慎子》作『緓屨』。」〔註13〕朱起鳳說同王氏
〔註14〕。劉台拱曰：「菲，通『剕』。」郝懿行、孫詒讓從劉說〔註15〕。
郝氏又曰：「對屨，《慎子》作『屨緓』。（今作『菲屨』，蓋誤。緓，枲
屨也。對，當爲『緓』。菲，當爲『剕』。）梁啓雄亦從劉說，又曰：「『剕』
正字作『跰』，《說文》：『跰，跀也。』」陳直亦從劉說，又曰：「《廣雅》：
『對，治也。』《慎子》『對』字作『緓』，作履緓解。予意各自爲書，
不必強同訓詁。」物双松曰：「『菲』即『剕』誤。對屨，即『緓屨』之
譌。剕刑則緓屨。」劉師培曰：「劉台拱說非也。《漢書・刑法志》引作
『菲屨』，班氏又申其義云『安有菲屨赭衣者哉』，雖係約引，足證『菲』
非『剕』誤。」王天海曰：「對，疑『劉』字之譌。劉，同『劉』。劉，
殺也。劉屨，即以劉屨代剕刑。」楊注前說及王懋竑、劉師培說是，王
天海妄說耳。「劉」訓殺者，「鎦」之借字，殺戮義，「劉屨」不辭。下
文楊注引《慎子》：「有虞氏之誅……以履緓當剕。」〔註16〕《初學記》
卷20引《慎子》：「以履扉當剕。」〔註17〕「菲」同「扉」。《漢書・刑
法志》顏師古注：「菲草履也。」可知「菲」不當讀爲「剕」。菲緓屨者，
草屨、枲屨耳，言以此二物象剕刑耳。

## （13）凡刑人之本，禁暴惡惡，且徵其未也

楊倞注：徵，讀爲懲。未，謂將來。

按：冢田虎曰：「『未』當作『末』，言後也。」王天海曰：「未，未然也。」
冢說是也，《漢書・刑法志》引作「凡制刑之本，將以禁暴惡，且懲其

---

〔註13〕 王懋竑《荀子存校》，《讀書記疑》卷11，收入《續修四庫全書》第1146冊，
　　　　上海古籍出版社2002年版，第355頁。
〔註14〕 朱起鳳《辭通》卷12，上海古籍出版社1982年版，第1183頁。
〔註15〕 孫詒讓《荀子校勘記》，收入《籀廎遺著輯存》，中華書局2010年版，第548
　　　　頁。
〔註16〕 《玉海》卷67引作「有虞氏之誅……以復緓當剕」，《路史》卷21羅苹注引
　　　　同。「復緓」即「履緓」之譌。
〔註17〕 《書鈔》卷44引作「履菲當剕」，《御覽》卷645引作「有虞之誅……以菲履
　　　　當剕」。

末也」，《後漢書·應劭傳》引同，顏師古注：「懲，止也。」摹宋本涉
下文衍一「惡」字。

## （14）故象刑殆非生於治古，並起於亂今也

按：物双松曰：「班史引此，『並』作『方』，音近義通。」裴學海曰：「方，
猶乃也，一爲口語『卻』字之義。」〔註18〕駱瑞鶴曰：「『並』義與『方』
同。方起即橫起，謂橫逆而起。」王天海曰：「殆，估測之詞。殆非，
猶恐非。並，猶乃，語辭，裴說是。」《漢書·刑法志》引無「殆」字。
《荀子》是肯定語氣，「殆」非估測之詞，王說非是。殆，猶必也，當
也〔註19〕。《白氏六帖事類集》卷 13「非生於治古，乃起於亂今」條
引《刑法志》作「故象刑非生於理古，而起於亂今也」〔註20〕。此文
「並」讀爲方，猶乃也，而也，轉折之詞。

## （15）夫德不稱位，能不稱官，賞不當功，罰不當罪，不祥莫大焉

按：《漢書·刑法志》、《漢紀》卷 24 引「罰」作「刑」，餘同。《後漢書·
應劭傳》引作「若德不副位，能不稱官，賞不酬功，刑不應罪」，蓋臆
改。

## （16）昔者武王伐有商，誅紂，斷其首，懸之赤旆（斾），夫征暴誅悍，治之盛也

按：劉師培曰：「《漢志》引『悍』作『悖』，『盛』作『威』。作『威』是也。
《富國篇》云『不威不強之不足以禁暴勝悍也』，彼以禁暴勝悍由於威，
則此文亦當作『威』矣。」李滌生從劉說。王天海曰：「劉說非。本文
自承上言『治古』而來，只當言盛，不當言威。悍，諸本作『捍』者，
形誤也。」劉說既有內證，又有外證，其說是也。武王誅紂，斷其首
而懸之赤斾，是治之威，非治之盛也。《韓子·顯學》：「吾以此知威勢
之可以禁暴，而德厚之不足以止亂也。」亦其證。本書《解蔽》：「夫
是之謂至盛。」各本作「至威」，亦其相譌之例。「悍」、「悖」形近，

---

〔註18〕 裴學海《古書虛字集釋》，中華書局 1954 年版，第 894 頁。
〔註19〕 「殆，猶必也」參見裴學海《古書虛字集釋》，中華書局 1954 年版，第 463
～464 頁。「殆，猶當也」參見蕭旭《古書虛詞旁釋》，廣陵書社 2007 年版，
第 207～208 頁。
〔註20〕 《白帖》在卷 47。

其義均通，以《荀》書詞例證之，作「悍」義長。《王制篇》：「戮之以五刑，使暴悍以變，奸邪不作。」又「如是而可以誅暴禁悍矣。」《議兵篇》：「暴悍勇力之屬為之化而愿。」皆「暴」、「悍」連文或對舉。

## （17）故魯人以榶，衛人用柯，齊人用一革

楊倞注：未詳。或曰：《方言》云：「盌謂之櫂，或謂之柯。」或曰：《方言》：「榶，張也。」郭云：「謂穀張也。」

按：注「盌謂之櫂」，四庫本「櫂」作「榶」。注「或謂之柯」，遞修本、四庫本「或」作「盂」。盧文弨曰：「案《方言》『盌謂之櫂』，宋本《荀子》注正作『櫂』，但與正文似不合。盂，宋本作『或』字，今方言作『盂』。至『榶，張也』之榶，《方言》作『搪』，從手，此注恐有傅會。」王懋竑曰：「『一』字疑衍。」〔註21〕楊柳橋說同王氏。郝懿行曰：「注引《方言》『盌謂之榶，盂謂之柯』，蓋楊所見古本如是。今本『榶』作『櫂』，宋本《荀子》注已作『櫂』，或唐以後人據《方言》改耳。『一革』二字雖未能詳，然考《史記·貨殖傳》：『適齊為鴟夷子皮。』《索隱》引大顏云：『若盛酒者鴟夷也，用之則多所容納，不用則可卷而懷之。』據此可知鴟夷以革為之。《吳語》：『盛以鴟鵜而投之於江。』韋注：『鴟鵜，革囊。』參以揚雄《酒賦》，則鴟夷乃酒器。范蠡適齊而為鴟夷子皮，此正齊人所用，與『魯人以榶，衛人用柯』文義正合。」王先謙曰：「『以』、『用』同義，承上『貢獻』言，各以其土物也。」邵瑞彭曰：「『一』字疑衍。『革』乃『鬲』之叚。」〔註22〕徐復曰：「似本作『故魯人以榶，衛人用柯，齊人用革，一也』。自『一革』二字誤倒，又脫句末『也』字，而辭氣遂不可通矣。」陳直曰：「『榶』疑『桉』字之誤。《廣雅》：『桉，盂也。』」龍宇純指出楊注未釋「榶」，所引《方言》卷5「盌謂之櫂，盂謂之柯」，乃以釋「柯」字〔註23〕，是也。柯亦稱盂（杅），見於出土文獻，《江陵鳳凰山八號漢墓竹簡》：「柯二雙。」四庫本及郝懿行改《方言》作「盌謂

---

〔註21〕王懋竑《荀子存校》，《讀書記疑》卷11，收入《續修四庫全書》第1146冊，第355頁。

〔註22〕邵瑞彭《荀子小箋》，《唯是》第3期，1920年版，第26頁。

〔註23〕龍宇純《讀荀卿子三記》，收入《荀子論集》，學生書局1987年版，第288頁。下引同。《方言》見卷5，非卷13。

之糖」，無據。「一革」從郝說，指皮製酒器。龍宇純曰：「《方言》卷13云：『盂、械、盞、㿻、閜、㮣、㿨，柸也。』疑此文『糖』與『㮣』同。」龍說可備一解。竊又疑糖讀爲甞，《說文》：「甞，大盆也。」陳直曰：「柯亦爲閜之假借字。」金立說同〔註24〕，其說非是。大杯爲閜，大盌爲柯，大舟爲舸，其語源雖同，而所指則異。甞、柯、一革，言其所用食器不同，故下文接云「土地形制（勢）不同者，械用備（服）飾不可不異也」〔註25〕。王先謙謂「承上貢獻言」，非是。

## （18）是規磨之說也

> 楊倞注：規磨之說，猶言差錯之說也。規者正圓之器，磨久則偏盡（畫）而不圓〔註26〕，失於度程也。《文子》曰：「水雖平，必有波；衡雖正，必有差。」《韓子》曰：「規有磨而水有波，我欲更之，無奈之何。此通於權者言也。」

按：注所引《文子》，見《上德篇》，亦見《淮南子·說林篇》。所引《韓子》，見《八說篇》，「磨」作「摩」。楊慎從楊倞說，又云：「《韓子》之言，必合《荀》注而後明，注可廢乎？」〔註27〕王懋竑曰：「楊注云云，以解《韓子》則合，於《荀》之文義未當也。《荀》意謂本方物而規而磨之，猶王之制本兩等而齊而一之，故以爲譬。古文簡略，語不備耳。」〔註28〕郝懿行曰：「『磨』當作『摩』，古今字也。規摩蓋言規畫揣摩，不必無失也。」王先謙從郝氏此說。郝氏又曰：「規磨，今亦有此語，讀若稽模，蓋謂說之無憑者也。」〔註29〕符定一曰：「規磨，差錯也。或曰：規畫揣摩也。或曰：謂說之無憑者也。」

〔註24〕 金立《江陵鳳凰山八號漢墓竹簡試釋》，《文物》1976 年第 6 期，第 72 頁。

〔註25〕 龍宇純《讀荀卿子三記》讀備爲服，收入《荀子論集》，學生書局 1987 年版，第 288 頁。張新武《〈荀子〉訓解正補》說同，《新疆大學學報》2011 年第 6 期，第 124 頁。

〔註26〕 陳奇猷《韓非子新校注》校「盡」作「畫」，上海古籍出版社 2000 年版，第 1036 頁。

〔註27〕 楊慎《譚苑醍醐》卷 7，收入景印文淵閣《四庫全書》第 855 冊，臺灣商務印書館 1986 年初版，第 733 頁。

〔註28〕 王懋竑《荀子存校》，《讀書記疑》卷 11，收入《續修四庫全書》第 1146 冊，上海古籍出版社 2002 年版，第 355 頁。

〔註29〕 郝懿行《證俗文》卷 6，收入《郝懿行集》第 3 冊，齊魯書社 2010 年版，第 2366 頁。

〔註30〕則從楊、郝說。姜亮夫謂「規磨」是「追琢」、「雕琢」、「敦琢」、「鋼琢」疊韻音轉〔註31〕。丁惟汾曰：「馮（憑）私見爲揣度，謂之估模。『估摸』爲『規磨』之雙聲音轉。《荀子》云云。」〔註32〕李滌生曰：「意揣，俗謂『估摩』。『估摩』疑即『規磨』之音轉。規磨之說，謂揣測之詞，無據不足信也。」龍宇純曰：「規爲畫圓之物，磨亦旋轉之物，然則所謂規磨之說，殆由圓形之終始相尋，漫無極準，以喻說之模棱無原則耳。」王天海曰：「磨，當讀爲摹。規摹者，循規摹仿之也。或曰：規磨，估摸也，音之轉變者。估摸之說，即揣測之說也。」王天海下說即竊自丁惟汾、李滌生說。楊倞注是，言圓規經久磨損則有誤差，以喻說之偏差也。餘皆臆說無據。

（19）語曰：「**坎井之黿，不可與語東海之樂。**」

　　　　楊倞注：言小不知大也。司馬彪曰：「坎井，壞井也。黿，蝦蟇類也。」事出《莊子》。坎井，或作「壇井」。

　按：王叔岷曰：「《意林》引『坎』作『埳』，埳與坎同。今本《莊子》亦作『埳』。」《類聚》卷 17、《後漢書‧馬援傳》李賢注、《御覽》卷 60、《記纂淵海》卷 54 引《莊子》並作「坎井」，《事類賦注》卷 6 引《莊子》作「陷井」。《莊子釋文》：「埳，音坎，郭音陷。」《鹽鐵論‧復古》：「坎井之黿，不知江海之大。」典出《莊子》，亦作「坎井」。《示兒編》卷 19：「《荀》『坎井之黿』，《莊子》作『壇井』。」孫氏言《莊子》作「壇井」，不知何據？

（20）**天子者，埶位至尊，無敵於天下，夫有誰與讓矣**

　　　　楊倞注：讓者，埶位敵之名，若上下相縣，則無與讓矣。有，讀爲又也。

　按：王天海曰：「言有誰可相與而讓之？」楊注是，非「有誰」連文，當「誰與讓」連文，「與」是介詞。王說全非。

（21）**天子者，埶至重而形至佚，心至愉而志無所詘，而形不爲勞，尊**

〔註30〕符定一《聯緜字典》酉集，中華書局 1954 年版，本集第 5 頁。
〔註31〕姜亮夫《詩騷聯綿字考》，收入《姜亮夫全集》卷 17，雲南人民出版社 2002 年版，第 342 頁。
〔註32〕丁惟汾《方言音釋》卷 3，齊魯書社 1985 年版，第 98 頁。

　　　　無上矣

按：王天海曰：「而形不爲勞，『而』字諸本無，此承上句『心志』而言，疑
　　當作『神不爲勞』，上文已言『形至佚』，即形不勞也，故此應言『神不
　　爲勞』。」王氏妄改。「形不爲勞」承「埶至重而形至佚，心至愉而志無
　　所詘」二句而言，用以駁斥「老者不堪其勞而休也」的觀點。按其邏輯，
　　「志無所詘」即神不勞也，又何複言「神不爲勞」乎？

## （22）曼而饋

　　　　楊倞注：「曼」當爲「萬」。饋，進食也。列萬舞而進食。

按：郝懿行曰：「曼訓長也，傳粲（餐）進膳，列人持器，以次遞傳，故曰
　　曼也。《論語》『詠而饋』，謂祭也（《論衡·明雩篇》）。此云『曼而饋』，
　　謂食也。」〔註33〕孫詒讓、楊柳橋從郝說〔註34〕。牟庭相曰：「曼者，
　　曼聲之歌也。」〔註35〕久保愛曰：「曼，當讀爲縵。《磬師職》有『縵
　　樂』，謂雜聲之和樂者也。又《學記》有『操縵』之語。」李滌生謂久
　　說長。劉師培曰：「『曼』字當係『鼎』字之訛。楊、郝說均非。」陳
　　直曰：「曼，引也，長也，修也，廣也。本文謂廣長之案，列食而進也。」
　　王天海曰：「曼，引也。引，展開、陳列之謂也。曼而饋，言其陳列奇
　　珍異味而後進食也。楊注臆說無據，郝說亦不得也。」楊注是，王天
　　海自己臆說無據，而厚誣古人，甚爲不學也。「曼」訓引，是引長義，
　　無陳列義。《增韻》卷 4「曼」字條說同楊氏。朱駿聲曰：「曼，叚借
　　爲萬。」〔註36〕久氏所引《周禮·春官·宗伯》「縵樂」者，俞樾曰：
　　「縵，當讀爲『曼而饋』之曼，《荀子·正論篇》楊倞注云云，是曼者，
　　萬之叚字。」〔註37〕南宮萬字長，王引之曰：「萬，讀曰曼。曼，長也。
　　『曼』與『萬』古字通，《荀子·正論篇》楊注云云，是其例也。」〔註

---

〔註33〕王天海引「粲」誤作「粲」。
〔註34〕孫詒讓《荀子校勘記》，收入《籀廎遺著輯存》，中華書局 2010 年版，第 549 頁。
〔註35〕牟庭相《雪泥書屋雜志》卷 2，收入《續修四庫全書》第 1156 冊，第 493～
　　　494 頁。
〔註36〕朱駿聲《說文通訓定聲》，武漢市古籍書店 1983 年版，第 745 頁。
〔註37〕俞樾《群經平議》卷 13，收入《清經解續編》卷 1374，上海書店 1988 年版，
　　　第 5 冊，第 1099 頁。
〔註38〕王引之《春秋名字解詁》，收入《經義述聞》卷 22，江蘇古籍出版社 1985 年
　　　版，第 527 頁。

38〕孔廣森曰：「曼，萬舞也。」〔註39〕尚節之曰：「曼、萬，以音同通用。」〔註40〕諸家皆從楊說。《詩・閟宮》、《禮記・檀弓上》、《左傳・隱公五年》的《釋文》並曰：「曼，音萬。」（例證尚多，不詳列）。《詩・葛覃》、《谷風》、《芄蘭》、《野有蔓草》、《隰有萇楚》、《旱麓》六篇《釋文》並曰：「蔓，音萬。」（例證尚多，不詳列）。《詩・小宛》《釋文》：「蠻，音萬。」《廣韻》：「獌，又音万。」《漢書・司馬相如傳》顏師古注引郭璞曰：「蟃蜒，蟃音萬，蜒音延。」《古文苑》卷1《石鼓文》：「灣灣又鯊，其斿趯趯。」章樵註：「灣，鄭本云：『即漫。』以萬通作曼。漫漫，水之瀰茫處也。又，通作『有』。」又楚簡「萬」、「灣」並通作「蔓」，「灣」通作「漫」〔註41〕。《隸釋》卷4東漢《司隸校尉楊孟文石門頌》：「虵蛭毒蟃。」俞樾曰：「『曼』古與『萬』通，萬者，《說文》云：『蟲也。』『萬』即『蠆』之古文。」〔註42〕上博楚簡（四）《昭王毀室》：「又（有）一君子癹（喪）備（服）曼廷。」陳偉武讀曼爲邁〔註43〕。皆其相通之例。楊注讀曼爲萬，無庸疑也。更舉一證：《廣韻》：「娩，《纂文》云：『姓也。』古萬字。」湯炳正曰：「各本皆如此，義不可解。此注蓋係本紐上文『曼』字之注而誤屬於此耳……其云『曼』爲古『萬』字者，《荀子・正論篇》云：『曼而饋。』注云：『曼，當爲萬。』又《鶡冠子・近迭篇》云：『乃纔居曼之十分一耳。』案：『曼』字亦即『萬』字。」〔註44〕所引《鶡冠子》之「曼」字，俞樾、石光瑛亦謂是「萬」字，但石氏謂形譌〔註45〕，則失之。楊注讀曼爲萬者，據經傳用字說之。古代的列隊舞蹈稱作「萬舞」，其名「萬」者，乃是「曼」借字，萬舞猶言曼舞，取輕曼爲義。《荀子》用其本字。

〔註39〕孔廣森《小戴禮記雜義》，收入《禮學卮言》卷5，《續修四庫全書》第110冊，第119頁。

〔註40〕尚節之《荀子古訓考（續）》，北京《雅言》1941年第6期，第23頁。

〔註41〕參見劉信芳《楚簡帛通假彙釋》，高等教育出版社2011年版，第302～303頁。

〔註42〕俞樾《讀漢碑》，收入《俞樓雜纂》卷25，光緒九年刻本。

〔註43〕陳偉武《讀上博楚簡第四冊零札》，《古文字研究》第26輯，2006年版，第276頁。

〔註44〕湯炳正《〈廣韻〉訂補敘例》，《制言》第21期，1936年版，本文第6頁。

〔註45〕俞樾《讀〈鶡冠子〉》，收入《諸子平議補錄》，中華書局1956年版，第38頁。石光瑛《新序校釋》，中華書局2001年版，第804頁。

## （23）代罞而食

> 楊倞注：「罞」未詳，蓋香草也。或曰：罞，讀爲槀，即所謂蘭茝本也。
> 或曰：當爲「澤」，澤蘭也。代罞而食，謂焚香氣歇，即更以新
> 者代之。

按：代罞，劉台拱校作「伐皋」，王念孫、王先謙、孫詒讓、楊柳橋從其說
〔註46〕，洪頤煊說同〔註47〕，是也。孔廣森、牟庭相、蔣超伯、朱駿
聲說同〔註48〕，諸家皆失引，茲爲出之。伐皋而食，謂陳鼓樂而後食
也。其餘誤說不引。王天海曰：「罞，通『皋』。朱駿聲：『罞，叚借爲
皋。』」二字是形譌，絕無音義相通之理。朱駿聲雖云「罞叚借爲皋」，
又申言說「按亦『伐皋』之誤」，其後說是也，王天海不取其正確的說
法，偏取其誤說，亦云陋矣。

## （24）居則設張容，負依而坐，諸侯趨走乎堂下

> 楊倞注：居，安居也，聽朝之時也。容，謂羽衛也。居則設張其容儀，負
> 依而坐也。戶牖之閒謂之依，作「扆」，扆、依音同。或曰：《爾
> 雅》云：「容謂之防。」郭璞云：「如今牀頭小曲屏風，唱射者所
> 以隱見也。」言施此容於戶牖間，負之而坐也。

按：《路史》卷9：「坐設章容黼扆。」盧文弨曰：「注『所以自防隱也』，宋
本作『所以隱見也』，誤。」郝懿行曰：「『張』與『帳』同。『容』則楊
注引《爾雅》云『容謂之防』郭注『如今牀頭小曲屏風』是也。張、容
二物，與負依而爲三（引者按：『負』字當刪，王念孫引無此字）。」王
念孫、孫詒讓、徐復從郝說〔註49〕，王氏又曰：「『坐』當爲『立』，說
見《儒效篇》。」梁啓雄從郝、王說。豬飼彥博曰：「『張』、『帳』通，

---

〔註46〕 孫詒讓《荀子校勘記》，收入《籀廎遺著輯存》，中華書局2010年版，第549頁。
〔註47〕 洪頤煊《讀書叢錄》卷15，收入《續修四庫全書》第1157冊，第690頁。
〔註48〕 孔廣森《小戴禮記雜義》，收入《禮學卮言》卷5，《續修四庫全書》第110
　　　　冊，第119頁。牟庭相《雪泥書屋雜志》卷2，收入《續修四庫全書》第1156
　　　　冊，第494頁。蔣超伯《讀荀子》，收入《南滑楛語》卷7，《續修四庫全書》
　　　　第1161冊，第357頁。朱駿聲《說文通訓定聲》，武漢市古籍書店1983年版，
　　　　第468頁。
〔註49〕 孫詒讓《荀子校勘記》，收入《籀廎遺著輯存》，中華書局2010年版，第549
　　　　頁。徐復《〈釋名〉補疏中篇》，收入《徐復語言文字學晚稿》，江蘇教育出版
　　　　社2007年版，第56頁。

幄帳也。」諸說皆是也。王天海曰：「張，通『仗』，器仗也。容，儀也。張容，猶言儀仗也。」王天海不明古制，亂說通借。楊注後說引《爾雅》是也，王泗原從楊注前說，謂「設張」為詞〔註50〕，非是。《路史》卷9：「坐設章容黼扆。」本於此文，「章」是「張」音誤，顯然「設張」非詞。《爾雅》：「容謂之防。」邢昺疏：「容者，射禮唱獲者蔽身之物也。一名防，言所以容身防矢也。一名乏，《鄉射禮》云：『乏三侯道，居侯黨之一，西五步。』鄭注云：『容謂之乏，所以為獲者禦矢也。』謂之乏者，言矢至此力乏也。郭云：『形如今牀頭小曲屏風，唱射者所以自防隱，見《周禮》』者，案《夏官·射人職》云：『以射灋治射儀，王以六耦射三侯，三獲三容。』鄭司農云：『容者乏也。待獲者所蔽也。』是矣。」《禮書》卷45：「容之為物，蓋若唱射之容。《爾雅》曰：『容謂之防。』郭璞謂如曲屏風，觀此則天子張容之制可知矣。」天子居所設張容，取象於射禮蔽身禦矢之容，與「防」、「乏」異名同物。「防」、「屏」一聲之轉，後世因稱作「屏風」矣。王念孫校「坐」為「立」亦是也，《玉海》卷78、《皇王大紀》卷83引已誤作「坐」。《儒效篇》作「負扆而坐」，王氏校曰：「盧云『坐』當作『立』。又《正論篇》：『負依而坐。』汪亦云『坐』當為『立』，古無坐見諸侯之禮，鈔者淺陋，以意改之。」乃從盧文弨、汪中說。《禮記·曲禮下》：「天子當依而立，諸侯北面而見天子，曰覲。」又《明堂位》：「天子負斧依南鄉而立。」此皆當作「立」字之確證。《史記·主父偃傳》：「南面負扆攝袂而揖王公。」言揖王公，非立而何？《論衡·書虛》：「負扆南面鄉坐，扆在後也。」（「鄉」衍文）「坐」字亦誤，諸家失校。

## （25）乘大路趨越席以養安

楊倞注：「趨」字衍耳。

按：諸本無「趨」字，亦無注文。《玉海》卷78、《路史》卷9引亦無「趨」字。孫詒讓曰：「趨、蹴一聲之轉。」梁啟雄從孫說。楊柳橋曰：「趨，就也。」王天海曰：「趨，猶登也。」「趨」無登義，王氏臆說耳。

## （26）三公奉軹持納

楊倞注：軹，轂前也。「納」與「軜」同。軜，謂驂馬內轡繫軾前者。

按：奉亦持也，常詁耳。王天海曰：「奉，陪也。」非是。

## （27）庶士介而夾道

楊倞注：庶士，軍士也。介而坐道，被甲坐於道側，以禦非常也。

按：王念孫曰：「宋呂本作『夾道』，錢本及元刻並誤作『坐道』，而盧本從之。案作『坐道』者非也，上文云『天子出，則三公奉軹持納，諸侯持輪挾輿先馬』，則庶士豈得坐道乎？

當從呂本作『夾道』……今本注文兩『夾』字亦誤爲『坐』矣。」王先謙從王說改。久保愛曰：「杜預注《左氏傳》曰：『坐，猶守也。』」劉師培曰：「《玉海》卷 78 亦引作『坐道』。」王天海曰：「夾道，夾於道之兩側護禦之。豈有坐而衛之者？」《皇王大紀》卷 80 引亦作「坐道」。「坐道」不誤。《左傳・桓公十二年》：「楚人坐其北門。」杜預注：「坐，猶守也。」惠棟曰：「案兵法有立陳、坐陳，見《尉繚子》。立陳，所以行也。坐陳，所以止也。《傳》曰：『裹糧坐甲。』又云：『王使甲坐於道。』又云：『士皆坐列。』《司馬法》曰：『徒以坐固。』《荀子》曰：『庶士介而坐道。』及此《傳》『坐其北門』，皆坐陳也。杜訓坐爲守，蓋未通於古義。」〔註51〕《左傳・文公十二年》：「裹糧坐甲。」惠棟曰：「《昭廿七年傳》云：『吳王使甲坐于道。』《荀卿子》云：『庶士介而坐道。』故云『坐甲』。」〔註52〕惠說是也，所引《尉繚子》見今本《兵令篇上》，銀雀山竹簡本《尉繚子》同，是固無可疑者。《墨子・迎敵祠》：「凡守城之法……四人掌閉，百甲坐之。」孫詒讓亦引《荀子》及《左傳・文公十二年》以證之〔註53〕。《周禮・夏官・司馬》：「公司馬執鐲，以教坐，作進退疾徐疏數之節。」呂飛鵬引惠棟說，解「坐」爲「坐陳」〔註54〕。此皆甲士坐道以禦非常之事。《晏子春秋・

〔註51〕 惠棟《春秋左傳補註》卷 1，收入景印文淵閣《四庫全書》第 181 冊，臺灣商務印書館 1986 年初版，第 127 頁。

〔註52〕 惠棟《春秋左傳補註》卷 2，收入景印文淵閣《四庫全書》第 181 冊，第 150頁。

〔註53〕 孫詒讓《墨子閒詁》，中華書局 2001 年版，第 576 頁。

〔註54〕 呂飛鵬《周禮補注》卷 4，收入《續修四庫全書》第 81 冊，上海古籍出版社

內篇諫下》：「晏子對曰：『吾聞介冑坐陣不席。』」吳則虞曰：「『坐陳』
不辭，『陳』字恐後人所增。」〔註55〕吳說非是。

（28）羿、蠭門者，天下之善射者也，不能以撥弓、曲矢中〔微〕

楊倞注：撥弓，不正之弓。

按：「微」字據陳奐說補，王念孫、孫詒讓從其說〔註56〕。朱駿聲曰：「撥，
叚借爲癹。」〔註57〕楊樹達說同朱氏。冢田虎曰：「撥弓，《增韻》：『捩
開也。』《管子》：『扶撥以爲正。』《戰國策》『弓撥矢鉤。』注：『撥，
弓反也。』」〔註58〕高亨曰：「撥弓，猶破弓也。撥，讀爲廢。或讀爲
敗。」王天海從高說。楊注、冢田虎、朱駿聲、楊樹達說是也，王天
海失於採擇。冢氏所引《戰國策》見《西周策》，亦見《史記·周本紀》，
鉤亦枉曲之義；《管子》見《宙合篇》，亦見《淮南子·本經篇》，《文
子·下德》作「匡邪」，《纘義》本作「匡衺」；「撥」與「正」對舉，
正「不正」之誼，與「邪」同義。「扶」讀爲榜，指矯正弓弩。朱駿聲、
陶鴻慶、楊樹達、姜亮夫並謂「撥」借爲「癹（癹）」〔註59〕，不正
之貌。《淮南子·主術篇》：「扶撥枉橈，不失鍼鋒。」「撥枉橈」三字
同義連文。《楚辭·懷沙》：「孰察其撥正？」孫詒讓曰：「撥謂曲枉，
與『正』對文。」〔註60〕劉永濟說同〔註61〕，馬其昶從孫說〔註62〕。
《淮南子·脩務篇》：「琴或撥刺枉橈，闊解漏越。」高誘注：「撥刺，

2002 年版，第 507 頁。

〔註55〕吳則虞《晏子春秋集釋》，中華書局 1962 年版，第 120 頁。

〔註56〕孫詒讓《荀子校勘記》，收入《籀廎遺著輯存》，中華書局 2010 年版，第 550
頁。

〔註57〕朱駿聲《說文通訓定聲》，武漢市古籍書店 1983 年版，第 680 頁。下引同。

〔註58〕王天海引誤點作「撥弓，反也」，其于古書古注之不通如此，亦已疏矣。久保
愛亦引之，句讀即不誤。

〔註59〕陶鴻慶《讀淮南子札記》，收入《讀諸子札記》，中華書局 1959 年版，第 62
頁。楊樹達《淮南子證聞》，上海古籍出版社 2006 年版，第 71 頁。姜亮夫《楚
辭通故》，收入《姜亮夫全集》第 4 卷，雲南人民出版社
2002 年版，第 746 頁。

〔註60〕孫詒讓《札迻》卷 12，中華書局 1989 年版，第 403 頁。

〔註61〕劉永濟《天問通箋》，《學衡》第 77 期，1932 年版，第 12 頁；又見國立武漢
大學《文哲季刊》第 3 卷第 2 期，1933 年版，第 308 頁。

〔註62〕馬其昶《屈賦微》卷下，收入《叢書集成續編》第 24 冊，新文豐出版公司 1988
年印行，第 616 頁。

不正。」吳承仕曰：「重言曰『撥剌』，單言則曰『撥』。」〔註63〕複言又作「拔剌」、「撥攦」、「撥揱」、「撥攦」、「潑攦」，倒言則曰「剌𣏾」、「剌友」、「巤跋」，疊韻爲詞〔註64〕。《周禮・考工記》：「居幹之道，菑栗不迤。則弓不發。」王引之曰：「發，當讀爲撥。撥者，枉也。」又引以上《管》、《淮》、《策》、《荀》爲證〔註65〕。朱駿聲曰：「發，叚借爲𣏾。按：猶《荀子》之『撥弓曲矢』，謂匡剌也。」〔註66〕

### （29）凡人之盜也，必以有爲

楊倞注：其意必有所云爲也。

按：王天海曰：「注『云』字疑衍。」注「所」字衍，宋・黃幹《儀禮經傳通解續》卷15引無「所」字。云爲，猶言所爲。

### （30）而聖王之生民也，皆使當厚優猶不知足

楊倞注：當，謂得中也。優猶，寬泰也。不知足，「不」字亦衍耳。

按：遞修本、四庫本「知足」上無「不」字，並注亦刪去，《增韻》卷2「猶」字條、《皇王大紀》卷80引亦無。李中生改「不」作「而」，亦備一說。當厚，王念孫、久保愛並校作「富厚」，王先謙、熊公哲、楊柳橋從王說，是也；冢田虎校作「常厚」，則誤。優猶，久保愛謂「優裕」之誤，高亨讀爲「優裕」，王天海讀爲「優游」。《增韻》卷2：「猶，與『游』通。《荀子》：『優猶知足。』」《洪武正韻》卷6、《正字通》並承其說。《字學三正》：「優游：自如皃。優猶：《荀子》。」〔註67〕方以智曰：「優游，一作『優猶』、『優喥』、『優繇』。」〔註68〕莊履豐、莊鼎鉉、吳玉搢、顧藹吉、朱起鳳說並同方氏〔註69〕，《四庫全書考證》卷19

---

〔註63〕吳承仕《淮南舊注校理》，北京師範大學出版社1985年版，第64頁。

〔註64〕參見蕭旭《〈啓顏錄〉校補》。

〔註65〕王引之《經義述聞》卷9，江蘇古籍出版社1985年版，第228頁。

〔註66〕朱駿聲《說文通訓定聲》，武漢市古籍書店1983年版，第680頁。

〔註67〕《字學三正》第1冊，明萬曆辛丑年刻本。

〔註68〕方以智《通雅》卷6，收入景印文淵閣《四庫全書》第857冊，臺灣商務印書館1986年版，第177頁。

〔註69〕莊履豐、莊鼎鉉《古音駢字續編》卷2，收入《四庫全書》第228冊，第472頁。吳玉搢《別雅》卷2，收入《四庫全書》第222冊，第668頁。顧藹吉《辨》卷2，收入《四庫全書》第235冊，第494頁。朱起鳳《辭通》卷11，上海古籍出版社1982年版，第1016頁。

說亦同〔註70〕。《管子・君臣下》：「故施舍優猶以濟亂。」王念孫曰：「優猶即優游，《荀子・正論篇》曰『優猶知足』是也。濟，止也。」〔註71〕洪頤煊從王念孫說〔註72〕。張之純曰：「猶，同『游』。」是宋人以迄清人，眾口一詞，早有此說，《增韻》及方、莊、吳、顧等說，《四庫全書》檢索即得，王天海陰竊其說，非別有發明也，第不知竊自何人耳。高亨讀爲「優裕」亦不誤，與「優遊」音之轉也。

（31）故盜不竊，賊不刺，狗豕吐菽粟，而農賈皆能以貨財讓

　按：郝懿行曰：「吐者，棄也（《倉頡篇》）。此蓋極言菽粟之多耳，非食而吐之也。」王先謙、孫詒讓、梁啓雄、楊柳橋從其說〔註73〕。考《淮南子・覽冥篇》：「城郭不關，邑無盜賊，鄙旅之人相讓以財，狗彘吐菽粟於〔道〕路而無忿爭之心。」〔註74〕本于《荀子》。

（32）則求利之詭緩，而犯分之羞大也

　　　楊倞注：詭，詐也。求利詭詐之心緩也。

　按：郝懿行曰：「詭者，責也。言抇人墓以求利，國法必加罪責也。詭訓責，古義也。今人但知詭詐，不知詭責，楊氏亦習於今而忘於古矣。此詭訓詐，其義難通。」王念孫、孫詒讓從郝說，孫氏《校勘記》校者按：「望謂：『詭』當爲『計』。」〔註75〕俞樾曰：「楊注其義甚迂曲。『詭』疑『說』字之誤，言古者民生富厚，求利之說在所緩也。『詭』、『說』形似致誤，楊注非。」王先謙曰：「郝說是。以犯分爲羞，非畏罪責也。」〔註76〕朱駿聲曰：「詭，叚借爲恑。」〔註77〕朱氏破讀以申楊注。熊

〔註70〕《四庫全書考證》卷19，收入《四庫全書》第1197冊，第522頁。
〔註71〕王念孫《管子雜志》，收入《讀書雜志》卷7，中國書店1985年版，本卷第119頁。
〔註72〕洪頤煊《管子義證》卷4，收入《續修四庫全書》970冊，上海古籍出版社2002年版，第531～532頁。
〔註73〕孫詒讓《荀子校勘記》，收入《籀廎遺著輯存》，中華書局2010年版，第550頁。
〔註74〕「道」字據《類聚》卷11、85、《御覽》卷79、840引補。
〔註75〕孫詒讓《荀子校勘記》，收入《籀廎遺著輯存》，中華書局2010年版，第550頁。
〔註76〕王天海引「羞」誤作「差」。
〔註77〕朱駿聲《說文通訓定聲》，武漢市古籍書店1983年版，第523頁。

公哲曰：「詭，謀慮也。」王天海曰：「《說文》：『詭，責也。』責，欲求也。此非罪責之責，乃言求利之欲也。郝訓詭爲責，是，其說則非。」詭訓責是責求、責備義，不是欲求義。楊注詭訓詐不誤，朱駿聲說亦是。《御覽》卷494引《說文》：「詭，責也。又撗（橫）射物爲詭，詐欺也。」《孟子·滕文公下》：「吾爲之範，我馳驅終日不獲一，爲之詭遇，一朝而獲十。」趙歧注：「範，法也。橫而射之曰詭遇。」孫奭《音義》：「陸云：『詭遇，詭計以要禽也。』」〔註78〕《文選·東都賦》、《東京賦》李善注並引劉熙曰：「橫而射之曰詭遇。」此文「詭」即詭計、詭詐義，用爲動詞，則謂以詭計求逐意外之利，所謂「橫而射物」是也（「射」是求逐義）。

## （33）若是則上失天性，下失地利，中失人和，故百事廢，財物詘，而禍亂起

按：趙海金據《富國篇》同句，校「天性」作「天時」，王天海謂「此自言『天性』，不得以彼律此」。趙說是也，《皇王大紀》卷80引亦誤。本書《王霸篇》：「則上不失天時，下不失地利，中得人和，而百事不廢。」是此文反面之筆，尤足證當作「天時」。本書《議兵篇》：「上得天時，下得地利。」〔註79〕《管子·參患》：「不失天時，不空地利。」又《七法》：「不失天時，毋壞地利。」馬王堆帛書《十六經·前道》：「上知天時，下知地利，中知人事。」《尉繚子·戰威》：「天時不如地利，地利不如人和。」〔註80〕銀雀山漢簡《孫臏兵法·月戰》：「天時、地利、人和，三者不得，雖勝有央（殃）。」皆以「天時」、「地利」的得失爲言，則本文當作「天時」，無庸疑也。王氏不考群書，無所據而強異趙說，亦云陋矣。

## （34）故脯巨人而炙嬰兒矣

按：冢田虎曰：「意在殷紂脯鬼侯與？」王天海曰：「脯，古代酷刑。」「脯」、「炙」對舉，非酷刑之名。此文言盜賊兇殘，脯巨人而炙嬰兒，亦非寫酷刑。古代酷刑亦無名「脯」者，王氏臆說無據。

---

〔註78〕引者按：此「陸」指唐人陸善經。
〔註79〕《韓詩外傳》卷3、《新序·雜事三》同。
〔註80〕《孟子·公孫丑下》同。

（35）若是，則有何尤扣人之墓、抉人之口而求利矣哉

　　　　楊倞注：抉，挑也。抉人口取其珠也。

　按：有，讀爲「又」。《莊子·外物篇》：「詩固有之曰：『青青之麥，生於陵
　　　陂。生不佈施，死何含珠爲？』接其鬢，壓（擪）其顪，儒以金椎控其
　　　頤，徐別其頰，無傷口中珠。」此即扣墓抉口取珠之事也。

（36）是特姦人之誤於亂說以欺愚者，而潮陷之，以偷取利焉

　　　　楊倞注：言是乃特姦人自誤惑於亂說，因以欺愚者，猶於泥潮之中陷之。
　　　　　　　　謂使陷於不仁不孝也〔註81〕。以偷取利，謂偝棄死者而苟取其利
　　　　　　　　於生者也。

　按：陷，遞修本同，四庫本作「陷」，是也。注「泥潮」，遞修本誤作「朝
　　　尼」。盧文弨曰：「『潮』當作『淖』。」郝懿行、王念孫、王先謙、羅
　　　根澤、梁啓雄、楊柳橋、熊公哲、龍宇純從盧說〔註82〕。久保愛說同，
　　　蓋襲自盧說。楊注「泥潮」云云，是所見本必作「淖」字，盧說是也。
　　　《路史》卷11：「率方輿而潮陷之。」是羅氏所見本已誤作「潮」字。
　　　于省吾曰：「『潮』字假爲『朝』，朝、周古字通。而周陷之，言而徧陷
　　　之也。」梁啓雄曰：「《釋詞》卷1：『誤，謬也。於，爲也。淖，溺也。』」
　　　《說文》：「誤，謬也。」桂馥亦引此文以證其說〔註83〕。俞敏認爲「於」
　　　不能解作「爲」，而說「『於亂說』可以是『在胡說八道裏頭』」〔註84〕，
　　　這是強詞。

（37）子宋子曰：「明見侮之不辱，使人不鬭。」

　　　　楊倞注：莊子說宋子曰：「見侮不辱，救民之鬭。」《尹文子》曰：「見侮
　　　　　　　　不辱，見推不矜，禁暴息兵，救世之鬭，此人君之德，可以爲主
　　　　　　　　矣。」宋子蓋尹文弟子。

　按：注「爲主」，遞修本作「爲王」。王天海曰：「楊注『可以爲王矣』之『王』
　　　字，原作『主』，據盧本改之。」盧氏蓋據元刻本，非是。明翻宋本《尹

---

〔註81〕王天海誤以「陷之」二字屬下句。
〔註82〕羅根澤《晚周諸子反古考》，收入《古史辨》第6冊，1938年版，第17頁。
　　　　龍宇純《荀子集解補正》，收入《荀子論集》，學生書局1987年版，第152頁。
〔註83〕桂馥《說文解字義證》，齊魯書社1987年版，第208頁。
〔註84〕俞敏《經傳釋詞札記》，湖南教育出版社1987年版，第11頁。

文子‧大道上》作「主」字，元陳仁子刻本同。

## （38）今人或入其央瀆，竊其豬彘

楊倞注：央瀆，中瀆也。如今人家出水溝也。

按：蔣超伯曰：「按訓央爲中，是矣。《甘泉賦》：『列宿乃施於上榮兮，日
月纔經於映根。』注：『服虔曰：映，中央也。』『央』爲正字，『映』
乃假借字耳。謂瀆即出水溝，非也。『瀆』即『竇』字。此『央瀆』
謂室內水竇，豬彘可經過出入者，不得謂之溝也。』」〔註85〕徐鼏亦
引《廣雅》「央，中也」以申楊注〔註86〕。邢公畹曰：「『瀆』古通『竇』，
『央竇』即是『竇中』，或有改『央』爲『缺』者，謂『缺竇』就是
『可潛逾之穴』，恐怕錯了。」〔註87〕久保愛曰：「『央』當作『缺』。
瀆、竇古字通用。缺竇，蓋可潛踰之穴。」豬飼彥博曰：「『央』當作
『決』。決瀆，決出水之溝也。」劉師培曰：「『央』字從大，兼有大
義。瀆、竇古通。」清人李寶洤校作「穴竇」〔註88〕，于鬯、鍾泰、
高亨說同李氏，楊樹達從鍾說〔註89〕。陳直曰：「楊注未允。『央』與
『旁』通。瀆讀爲竇。謂由旁竇入而竊人家之豬彘也。」駱瑞鶴曰：
「央瀆，當從楊倞說。《通雅》以爲即今之陽溝，是也。」龍宇純曰：
「『央』疑當作『矢』。『矢』古與『菌』通。矢瀆，猶云圂瀆也。」
王天海曰：「久說爲是。然『央』乃『夬』之形誤也。夬，通『缺』。」
諸說讀瀆爲竇，是也，而皆未得「央」字之誼。楊慎曰：「楊注云云，
則如今稱出水竇曰央溝，亦有本也。《御覽》引《莊子逸篇》：『羊溝
之雞。』稱『羊溝』不知何解，俗作『陽溝』，云對『陰溝』之稱，
但未見所出耳。」〔註90〕《御覽》見卷918引，誤作「年溝」，《類聚》
卷91、《事類賦注》卷18、《困學紀聞》卷10、《爾雅翼》卷13引作

---

〔註85〕蔣超伯《讀荀子》，收入《南漘楛語》卷7，《續修四庫全書》第1161冊，第
356頁。

〔註86〕徐鼏《讀書雜釋》卷4，中華書局1997年版，第47頁。

〔註87〕邢公畹《〈詩經〉「中」字倒置問題》，收入《語言論集》，商務印書館1983年
版，第139頁。

〔註88〕李寶洤《諸子文粹》卷7，嶽麓書社1991年版，第98頁。

〔註89〕楊樹達《鍾泰〈荀注訂補〉》，《清華學報》第11卷第1期，1937年版，第234
頁。

〔註90〕楊慎《丹鉛餘錄》卷14，收入景印文淵閣《四庫全書》第855冊，第97頁。

「羊溝」。《類聚》引司馬彪注:「羊溝,鬥鷄之處。」方以智曰:「《荀子》『央瀆』,《御覽》引《莊》『羊溝』,即《傳》之『匽豬』,今陽溝也。」方氏又曰:「央瀆、匽豬,陰溝也。匽(音偃),隱曲也。《傳》曰:『規匽豬。』《周禮》曰:『爲其井匽。』鄭氏曰:『匽豬,霤下地,今陽溝。』升菴曰:『匽豬,今陰溝。《御覽》引《莊子逸篇》「羊溝之鷄」,稱〔『羊溝』不知何解,俗作『陽溝』,云對『陰溝』之稱,但未見所出耳〕。』按《荀子》有『央溝』,《魯靈光賦》言『澧騰涌於陰溝』。今以塼塓下溝曰陰,明作溝者曰陽。《地官》注謂『御溝植楊,曰楊溝』,《中華古今注》曰『羊喜觸藩,爲溝隔之,曰羊溝』,此皆強說也。《荀子》『入其央瀆』,注:『中瀆也,即人家水溝。』央、羊、楊皆陽之借聲。」〔註91〕黃生曰:「舜妃女英,《大戴記》作女匽〔註92〕,此亦音之轉也。」又曰:「《荀子》云云,方以智《通雅》以爲即今之陽溝,是也。愚繹其名央,當即讀偃。舜妃女英,《大戴記》作女匽(英、匽一聲之轉),其音可見。瀆,當讀爲竇(匽,古『堰』字,『偃』則借用字)。」〔註93〕黃生說是也。「央瀆」乃「堰溝」借音,俗音轉作「陽溝」、「楊溝」、「羊溝」,「陽溝」非與「陰溝」對文也。崔豹《古今注》卷上:「長安御溝謂之楊溝,謂植高楊於其上也。一曰羊溝,謂羊喜牴觸垣牆,故爲溝以隔之,故曰羊溝也。」二說皆望文生義。《史記・平準書》《索隱》引文穎引《傳》:「陽溝之鷄。」《爾雅・釋畜》郭璞注:「陽溝巨鶬,古之名鷄。」「陽溝」即《莊子逸篇》之「羊溝」。「女英」又作「女瑩」,錢大昕曰:「瑩、匽皆英之轉。」〔註94〕《書・伊訓》:「降之百殃。」《墨子・非樂上》引《湯之官刑》「殃」作「羊」。敦煌寫卷 P.2653《韓朋賦》:「行惡得羊。」P.3873「羊」作「殃」。此皆「央」、「羊」相通之證。

---

〔註91〕方以智《通雅》卷首一、卷38,收入《方以智全書》第1冊,上海古籍出版社 1988 年版,第 28、1159 頁。原文「稱」下有脫文,據《丹鉛餘錄》補之。點校本不知有脫文,誤讀作「羊溝之鷄稱」。

〔註92〕引者按:「女英」見《列女傳》見卷1,《大戴》見《帝繫篇》。

〔註93〕黃生《義府》卷上、卷下,收入黃生、黃承吉《字詁義府合按》,中華書局 1954 年版,第 157、206 頁。

〔註94〕錢大昕《二十二史考異》卷1,收入《叢書集成新編》第 105 冊,新文豐出版公司 1985 年印行,第 248 頁。

## （39）金舌弊口，猶將無益也

> 楊倞注：金舌，以金為舌。金舌弊口，以喻不言也。雖子宋子見侵侮，金
> 舌弊口不對，欲以率先，猶無益於不鬭也。揚子《法言》曰：「金
> 口而木舌。」金，或讀為噤。

按：弊，遞修本、四庫本作「蔽」。《書叙指南》卷 4：「不言曰『金舌蔽口』
（《荀・正論》）。」方以智曰：「金口，即『噤口』。《荀子》：『金口蔽
舌。』金即噤，古『噤』、『唫』、『吟』隨用。……亦作㖔，《說文》：『口
閉也。』」〔註95〕朱駿聲曰：「金，叚借為噤。」〔註96〕皆從楊注後說。
盧文弨曰：「上云『說人以勿辱』，此蓋言舌弊猶不見聽耳。一說：遒
人木鐸，金口木舌，今即為之金舌振之，至於口弊，亦何益哉？」王
懋竑曰：「『蔽』當作『弊』。弊口，猶言舌弊也。言以金為舌，至於弊
口，無益也。註非是。」〔註97〕豬飼彥博說同王氏。俞樾曰：「楊注
云云，然上文云『今子宋子不能解人之惡侮，而務說人以勿辱也，豈
不過甚矣哉』，則金舌弊口謂說人，非謂不言，楊注非也。此文當作『金
口弊舌』。金，讀為唫。《說文》：『唫，口急也。』弊，讀為㪍。言雖
說之至於口唫舌㪍，猶無益也。《戰國策・秦策》：『舌㪍耳聾。』此可
證『㪍舌』之義。今作『金舌弊口』，義不可通。據楊注引《法言》『金
口而木舌』，又似本作『金口』者，豈為後人改竄故歟？」孫詒讓、梁
啟雄、楊柳橋、熊公哲從俞說〔註98〕。李中生亦取俞說，但謂不必改
作，「荀子在這裏是有意造成錯位」〔註99〕。蔣禮鴻曰：「舊說『金舌』
皆不了。案：《說文》：『牸，牛舌病也。』《玉篇》作『舓』。引申之為
凡舌病。金舌即病舌，故與『弊口』相對也。」〔註100〕高亨、龍宇純
說同蔣氏。龍宇純後又自訂其說云：「『金』字義不可通，疑『銷』若

〔註95〕方以智《通雅》卷 18，收入《方以智全書》第 1 冊，上海古籍出版社 1988
年版，第 638 頁。

〔註96〕朱駿聲《說文通訓定聲》，武漢市古籍書店 1983 年版，第 93 頁。

〔註97〕王懋竑《荀子存校》，《讀書記疑》卷 11，收入《續修四庫全書》第 1146 冊，
第 355 頁。

〔註98〕孫詒讓《荀子校勘記》，收入《籀廎遺著輯存》，中華書局 2010 年版，第 550
頁。

〔註99〕李中生《〈荀子〉文句異例誤校舉例》，收入《荀子校詁叢稿》，廣東高等教育
出版社 2001 年版，第 17～18 頁。

〔註100〕蔣禮鴻《義府續貂》，其說又見蔣禮鴻《讀荀子集解》，收入《蔣禮鴻集》卷
2、3，浙江教育出版社 2001 年版，第 138、285 頁。

『鈆』字壞誤。余前爲《集解補正》，以爲『衿』字之借，殆不然。」
〔註101〕劉如瑛曰：「弊，借爲鏊。《說文》：『鏊，河內謂臿頭金也。』
金舌鏊口，以喻口舌的鋒利。」王天海曰：「金舌，喻舌之堅利也。弊
口，言亟說之使口疲敗也。此承上言『務說人』者，楊注未得，諸說
改讀改字亦未了。」王天海說實同王懋竑、豬飼彥博，其書《前言》
第 5 頁雖知王懋竑《荀子存校》，而《引用及參攷文獻》卻未列，《校
釋》偶有引用王懋竑說者，實從董治安《彙校彙注》一書轉鈔，王天
海未見《存校》，故失引處甚多。然王懋竑說實不妥，既言金舌之堅，
何遽至於口弊哉？其比喻不倫也。楊注引《法言》不當，讀金爲噤則
不誤，方以智、朱駿聲說亦是。此文分二層意思，第一層言務說人以
勿辱則過甚，第二層則從反面即不說人以勿辱則無益言之。不是以「金
舌弊口」申說「務說人以勿辱」。金之言禁也〔註102〕，禁口之專字則
從口作「噤」或「唫」。《說文》：「噤，口閉也。」《慧琳音義》卷 18：
「舌噤：琴禁反。《韻英》云：『口閉也。』《韻詮》云：『口急不開也。』
或從金作『唫』，古字也。」弊、蔽，並讀爲閉〔註103〕。《楚辭・九歎・
思古》：「口噤閉而不言。」《文選・謝平原內史表》李善註引《慎子》：
「臣下閉口，左右結舌。」《漢書・杜業傳》：「自尚書近臣皆結舌杜口。」
《潛夫論・明忠》、《賢難》並有「鉗口結舌」語，「鉗口」亦「噤口」
轉語〔註104〕。皆即此「噤舌閉口」之誼。

## （40）藉靡舌繆

楊倞注：藉，見陵藉也。靡，繫縛也，與「縻」義同，即謂胥靡也。謂刑
　　　　徒之人以鐵鑠相連繫也〔註105〕。舌繆，未詳。或曰：《莊子》云：

〔註101〕龍宇純《荀子集解補正》、《讀荀卿子三記》，並收入《荀子論集》，學生書局
　　　　1987 年版，第 153、290 頁。
〔註102〕《釋名》：「金，禁也，其氣剛嚴（《御覽》卷 809 引作「剛毅」），能禁制也。」
　　　　又「金鼓：金，禁也，爲進退之禁也。」《白虎通・五行》：「金在西方，西方
　　　　者，陰始起，萬物禁止，金之爲言禁也。」
〔註103〕《金樓子・立言篇上》：「衛太子以紙閉鼻。」《書鈔》卷 104 引《三輔故事》
　　　　作「持紙蔽其鼻」。
〔註104〕《漢書・鼂錯傳》：「臣恐天下之士拑口不敢復言矣。」《史記》作「噤口」。
　　　　錢大昕曰：「拑、噤聲相近，皆群母。」錢大昕《二十二史考異》卷 5，收入
　　　　《叢書集成新編》第 105 冊，新文豐出版公司 1985 年印行，第 268 頁。
〔註105〕王天海本脫「連」字。

「公孫龍口呿而不合，舌舉而不下。」謂辭窮，亦恥辱也。

按：注「見陵藉」之「見」，遞修本誤作「是」。王懋竑曰：「疑有誤字。注引《莊子》非是。竊意『籍（藉）靡舌繛』四字皆衍文。」〔註106〕洪頤煊曰：「《儀禮・鄉射禮記》：『倍躬以爲左右舌。』鄭注：『居兩旁謂之个，左右出謂之舌。』《考工記・梓人》鄭司農注：『舌，維持侯者。』舌謂縛罪人於木，如繫侯於舌也。」〔註107〕孫詒讓從洪說〔註108〕。湯壽潛說同洪氏〔註109〕，蓋即闇襲洪說。孫詒讓又曰：「楊引《莊子》文（《秋水篇》），與此義無會。疑『舌繛』當爲『后縛』……『后』與『後』通。后縛，猶言反縛。《莊子・天地篇》：『罪人交臂歷指。』《釋文》引司馬彪云：『交臂，反縛也。』」章詩同、熊公哲從孫說。物双松曰：「『繛』字字書不見。箝制其舌，不得發聲，恐即此。然則『繛』是『絆』字。」劉師培曰：「楊注讀靡爲縻，其訓至礭。藉亦係也。《莊子・應帝王篇》：『執斄之狗來藉。』成疏云：『狗以執捉狐狸，每遭係頸。』是『藉』爲係頸之刑。『舌』疑『昏』訛，《易・坤卦》『揯囊』，今作『括』字，是其例。昏猶結也。『繛』字未詳。『昏繛』二字蓋亦約束執拘之義。」劉師培又曰：「『藉』當作『相』，蓋由『相』訛爲『楮』，後人復加草作『藉』也。相、胥一聲之轉。則『相靡』即『胥靡』，謂刑名。『舌』蓋『括』之省文。括，約束也。『繛』字《說文》未載，惟《玉篇》有『搟』字，從手，訓舉。朱駿聲謂即『揵』字。竊疑此『繛』字亦當從『建』。凡從『建』之字均有拘藏之義……相靡、括繛，均指拘繫約束言也。」蔣禮鴻曰：「楊解『藉』非是。藉亦繫也。《莊子・應帝王篇》：『執斄之狗來藉。』《釋文》：『司馬云：「藉，繩也，由捷見結縛也。」崔云：「藉，繫也。」』……『繛』字雖未詳，其字從糸，則亦繫縛之義。『舌』當爲《易・坤》『括囊』之括，非口舌字。『藉靡舌繛』四字同義，謂見束縛也。《荀》或解亦非。」〔註110〕高亨亦訓藉爲繫。梁啓雄從孫、高說。

〔註106〕王懋竑《荀子存校》，《讀書記疑》卷11，收入《續修四庫全書》第1146冊，第355頁。

〔註107〕洪頤煊《讀書叢錄》卷15，收入《續修四庫全書》第1157冊，第690頁。

〔註108〕孫詒讓《荀子校勘記》，收入《籀廎遺著輯存》，中華書局2010年版，第551頁。

〔註109〕參見《湯壽潛史料專輯》，收入《蕭山文史資料選輯》第4輯，蕭山市政協文史工作委員會編，1993年版，第447頁。

〔註110〕蔣禮鴻《義府續貂》，其說又見蔣禮鴻《讀荀子集解》，收入《蔣禮鴻集》卷

徐復曰：「孫氏謂『繂』為『縛』字之誤近是。惟『舌』非『后』字之誤，亦非『括』字之省文。郭沫若《荀子的批判》謂『舌舉』疑當作『告舉（經）』〔註111〕。其說『舌』為『告』之誤是也，惟其說義，猶嫌未審。《說文》：『告，牛觸人，角著橫木，所以告也。』引申則為梏桎，桎為手械，為拘禁之義。」楊柳橋曰：「繂，疑係『絕』字之別體，『舉』、『絕』雙聲。絕，截也。舌截。蓋截舌之刑。」洪頤煊所引「侯」指箭靶，「个」、「舌」皆箭靶的組成部分，「舌」指箭靶左右伸出的部分，其說「舌謂縛罪人於木，如繫侯於舌」沒有確證。「繂」字僅見於此，他處未見。孫氏改作「后縛」，物氏改作「舌絆」，劉氏改作「括鞬」，郭氏改作「告經」，徐氏改作「告縛」，楊氏改作「舌絕」，都是臆改，存疑待攷。劉師培、蔣禮鴻、高亨謂藉訓繫，是也。藉訓繩索，是「索」字音轉〔註112〕。古書言「胥靡」者，亦「索縻」之轉〔註113〕。然則「藉靡」即「胥靡」也。

（41）**是榮辱之分也，聖王以為法，士大夫以為道，官人以為守，百姓以〔為〕成俗，萬世不能易也**

　　楊倞注：言上下皆以榮辱為治也。

按：王念孫曰：「本作『百姓以成俗』，呂本無『為』字。《禮論篇》：『官人以為守，百姓以成俗』，亦無『為』字。」王先謙、楊柳橋從王說。于鬯曰：「王說當是。惟《荀子》自有『成俗』字，《正名篇》云：『則從諸夏之成俗。』楊注云：『成俗，舊俗，方言也。』則此『成俗』作『舊俗』解，正自無害。」鍾泰曰：「『為』字非衍。《正名篇》曰：『諸夏之成俗曲期。』『成俗』自成一名，不與『為』字複也。呂本無『為』字，蓋不知者刪之。」王天海曰：「三『為』字，皆猶『成』也。『成俗』上

---

2、3，浙江教育出版社 2001 年版，第 140、285 頁。

〔註111〕徐先生誤記作「告舉」，郭氏原文曰：「疑是『告經』之誤。」郭沫若《十批判書·荀子的批判》，收入《郭沫若全集·歷史篇》卷 2，人民出版社 1982 年版，第 236 頁。

〔註112〕《易·震》：「震索索。」馬王堆帛書本作「昔昔」。《易·繫辭上》：「探賾索隱。」馬王堆帛書本「索」作「錯」。尹灣漢簡《神烏傳（賦）》：「己行（形）胱腊，毛羽隨（墮）落。」「胱腊」即「光昔」增旁俗字，讀為「光索」。

〔註113〕吳國泰曰：「胥靡者，索縻之借字，謂以繩索羈縻罪人使不得逸而作役也。《文選·解嘲》注引《墨子》『傅說被褐帶索庸築傅巖』，可證也。」吳國泰《史記解詁》第 1 冊，1933 年成都居易簃叢著本，本冊第 25 頁。

諸本有『爲』字者非。」王天海不引王念孫、于鬯、鍾泰說，其以「成」
上有「爲」字爲非，即竊自王念孫說。然王說非是，于、鍾說是也。「成
俗」上當據諸本補「爲」字，本書《臣道》即有「以爲成俗」語。《禮
論篇》亦脫「爲」字。「以爲」連文，楊注「以榮辱爲治」是也。

（42）今子宋子案不然，獨詘容爲己，慮一朝而改之，說必不行矣

楊倞注：其謀慮乃欲一朝而改聖王之法。

按：劉師培曰：「猶言思一朝而改之。」鍾泰說同，梁啓雄從劉說。王天海
曰：「慮，猶大凡也，大抵也。謂大概某一天就會改變自己的做法。」
劉、鍾說是，慮訓思，引申訓「欲」，表示意願的助動詞。王說不通。

（43）譬之是猶以塼塗〔而〕塞江海也，以僬僥而戴太山也

楊倞注：塼塗，以塗壘塼也。僬僥，短人，長三尺者。

按：董治安曰：「巾箱本、劉本、遞修本『塞』上有『而』字。」四庫本亦
有「而」字，《記纂淵海》卷82引同〔註114〕，當據補。盧文弨曰：「『塼』
俗字，《荀》書當本作『摶』。摶塗泥而塞江海，必無用矣。」王先謙、
久保愛、梁啓雄、熊公哲、董治安從盧說。邵瑞彭曰：「楊說非，盧改
『摶』則與下文『焦僥』不儷。《詩·斯干》傳：『瓦，紡塼也。』毛
公爲孫卿弟子，字當有本。盧云俗字尤謬。」〔註115〕王天海曰：「塼
塗，即摶磚之泥。塗，泥也。」王天海既從盧說作「摶」，又以「塼」
作「磚」，是何說邪？且「摶磚之泥」又何謂乎？盧氏校作「摶塗」，
是也，猶言捏成泥團。《記纂淵海》引亦誤作「塼」。元·徐碩《至元
嘉禾志》卷22《眞如教院華嚴閣記》：「摶塗塞海，始若茫然；聚毛成
裘，久乃見效。」明·魏學洢《定志賦》：「筴夸父之捷步兮，堙瀚海
而摶塗。」即用此典，正作「摶」字。邵說尤爲妄謬，哪有以紡塼塞
江海的書證？

（44）二三子之善於子宋子者，殆不若止之，將恐得傷其體也

楊倞注：二三子，慕宋子道者也。止，謂息其說也。傷其體，謂受大辱。

按：盧文弨曰：「得，未詳。或云：古與『礙』通。」俞樾曰：「『得』字無

〔註114〕四庫本《記纂淵海》在卷51。
〔註115〕邵瑞彭《荀子小箋》，《唯是》第3期，1920年版，第27頁。

－401－

義，疑『復』字之誤。復者，反也。」劉師培曰：「『殆』字係衍文。『不
若』當作『若不』。」于省吾曰：「俞說非是。『得』應讀作中，今字去
聲。」章詩同曰：「得，中。得傷，猶中傷。」章氏當即襲取于說。龍
宇純曰：「得，疑是『敗』字之誤。」〔註116〕楊柳橋曰：「得，猶能也。」
王天海曰：「殆，恐怕、大概之義，字不衍，劉說非。『不若』二字亦
不倒。將，猶抑也，或也。得傷，中傷，章說是。」王天海謂劉說非，
是也，餘說皆誤。又王天海失引于說，而取章說，是謂數典忘祖也。「傷
其體」連文，非「得傷」成詞也。「得」字俞說可備一解，余謂「得」
是「特」字音轉，猶口語曰「只」。「將」猶抑或，是表示選擇的連詞，
非其誼也。「將」是時間副詞，「將恐」即「恐將」。殆，猶必也，當也
〔註117〕，表示肯定語氣。

## （45）上賢祿天下，次賢祿一國，下賢祿田邑

按：《淮南子·繆稱篇》：「故楚莊謂共雍曰：『有德者受吾爵祿，有功者受吾
田宅。』」

## （46）今子宋子嚴然而好說，聚人徒，立師學，成文曲

楊倞注：嚴，讀為儼。好說，自喜其說也。文曲，文章也。

按：王念孫曰：「『曲』當為『典』。成文典，謂作《宋子》十八篇也。《非
十二子篇》云『終日言，成文典』，是其證。」久保愛說同，王先謙、
孫詒讓從王說〔註118〕。徐復曰：「章先生曰：『文曲，即文句也。』」
王天海曰：「文曲，文章之統稱，楊注是。俗所言文曲星者，主文章之
星也。此亦證『文曲』之說早有之，王說非也。《非十二子篇》『終日
言，成文典』，『典』亦『曲』之誤。終日言成文章則可，言成文典則
未必也。」章說是。文曲星主文章是宋元以後人之說，不得附會為先
秦人已有此說。《後漢書·祭祀志》李賢注引《元命包》：「緣天地之所
雜樂為之文典。」

---

〔註116〕龍宇純《讀荀卿子三記》，收入《荀子論集》，學生書局1987年版，第291頁。
〔註117〕「殆，猶必也」參見裴學海《古書虛字集釋》，中華書局1954年版，第463
　　　　～464頁。「殆，猶當也」參見蕭旭《古書虛詞旁釋》，廣陵書社2007年版，
　　　　第207～208頁。
〔註118〕孫詒讓《荀子校勘記》，收入《籀廎遺著輯存》，中華書局2010年版，第551頁。

# 卷第十三

## 《禮論篇》第十九校補

**（1）爭則亂，亂則窮**

按：久保愛曰：「《史記》無『亂則窮』三字，義似優。」久說非是，《類聚》
卷 38、《御覽》卷 523、《西山讀書記》卷 8、《皇王大紀》卷 80 引同摹
宋本。「爭則亂，亂則窮」二語亦見本書《富國篇》，又《王制》：「爭則
亂，亂則離，離則弱，弱則不能勝物。」此則總之曰「亂則窮」。

**（2）芻豢稻粱，五味調香，所以養口也**

按：久保愛曰：「《史記》無『調香』二字，似是。」久說非是，《史記·禮
書》省文作「稻粱五味」。王念孫校「香」作「盉（和）」，豬飼彥博說
同，是也。

**（3）寢兕、持虎、蛟韅、絲末、彌龍，所以養威也**

楊倞注：彌，如字，又讀爲弭。弭，末也。謂金飾衡軛之末爲龍首也。徐
廣曰：「乘輿車以金薄繆龍爲輿倚較，交虎伏軾，龍首銜軛。」

按：張文虎曰：「官本『銜』，與《續漢志》合，各本譌『衡』。」〔註1〕是
也。彌龍，《史記·禮書》同。《爾雅翼》卷 30《音釋》從楊倞注。盧
文弨曰：「『彌』即《說文》之『䲐』。《廣韻》引《說文》云：『䲐，乘

---

〔註1〕張文虎《校刊史記集解索隱正義札記》，中華書局 1977 年版，第 278 頁。

興金耳也。』『讀若涒水，一讀若《月令》靡艸之靡。』〔註 2〕金耳，
謂車耳，即重較也。銜軛，當從《史記》注作『衡軛』爲是。徐廣說爲
得之。」王念孫、郝懿行從其說，王念孫並指出「此亦段說也，今本《說
文》作『乘輿金飾馬耳』，經段氏校正，說見段氏《說文注》。王筠從
段說〔註 3〕，黃以周、朱駿聲說同〔註 4〕，蓋亦取段說。王引之校《說
文》作「乘輿金爲耳也」，又曰：「『彌』與『靡』通。」〔註 5〕郝懿行
又曰：「金耳者，金飾車耳也……龍，取其威也。」諸說「彌」是也，
然猶未盡。蔣超伯引《淮南子・本經篇》「寢兕伏虎，蟠龍連組」以說
《荀子》〔註 6〕，是也。高誘注：「蟠龍詰屈相連，文（交）錯如織組
文也。」〔註 7〕「彌」同「弭」，讀爲辟〔註 8〕，卷屈、盤折義，字亦作
襞〔註 9〕，與「蟠」讀爲般（俗作「盤」）義同。「靡」即車飾金耳的專
字，取義于盤曲之龍。于省吾曰：「『彌』疑讀作欄，字亦作柅、作鑈。
《易・姤》《正義》引馬云：『柅者在車之下，所以止輪令不動者也。』
欄龍，雕龍爲欄也。」非是。

## （4）故大路之馬必倍至教順，然後乘之，所以養安也

　　楊倞注：倍至，謂倍加精至也。或以『必倍』爲句，倍，謂反之，車在馬
　　　　　　前，令馬孰識車也。至極教順，然後乘之，備驚奔也。

按：王懋竑曰：「『倍』當從《史》作『信』。」〔註 10〕久保愛說同。王先謙

〔註 2〕引者按：「讀若」云云，此今本《說文》語，盧引文未晰。
〔註 3〕王筠《說文解字句讀》「靡」、「較」二條，中華書局 1988 年版，第 473、576
　　　　頁。
〔註 4〕黃以周《禮書通故》第 46《車制通故二》，收入《續修四庫全書》第 112 冊，
　　　　上海古籍出版社 2002 年版，第 351 頁。朱駿聲《說文通訓定聲》「靡」、「璽」、
　　　　「鑈」三條，武漢市古籍書店 1983 年版，第 495、615 頁。
〔註 5〕王引之《春秋名字解詁》，收入《經義述聞》卷 23，江蘇古籍出版社 1985 年
　　　　版，第 548 頁。
〔註 6〕蔣超伯《讀淮南子》，收入《南滑桔語》卷 7，《續修四庫全書》第 1161 冊，
　　　　第 364 頁。
〔註 7〕吳承仕《淮南舊注校理》校「文」作「交」，北京師範大學出版社 1985 年版，
　　　　第 65 頁。
〔註 8〕《禮記・效特牲》鄭玄注：「辟讀爲弭。」
〔註 9〕參見蕭旭《「便辟」正詁》。
〔註 10〕王懋竑《荀子存校》，《讀書記疑》卷 11，收入《續修四庫全書》第 1146 冊，
　　　　上海古籍出版社 2002 年版，第 355 頁。

曰：「倍，當依《史記》作『信』，形近而訛。據楊注，則所見本已誤。信至，謂馬調良之極。」張之純曰：「大路六馬。必倍，謂倍其數。《周禮・夏官》所謂『天子十有二閑也』，舊說俱謬。」安積信曰：「『順』古與『馴』通。」徐仁甫曰：「教順，即教馴也。」李中生曰：「倍，義爲倍加〔註11〕。至，極也，副詞。『倍至』連用，表示格外、極其之義。《史記》作『信至』，疑有人不明『倍至』之義而妄改。」王天海曰：「倍至，加倍極致也。教順，調教馴良也。楊注未洽。」王天海明明就是說同楊注「至極教順」，如何說「楊注未洽」？「教順」安、徐說是，「倍」字諸說皆誤。《埤雅》卷 12：「馬二歲曰駒，三歲曰駣，八歲曰駥。馬八歲一變，故從八也。語曰『七駱八白』，言馬至八歲，驪變而白矣。傳曰『大夫乘駒』，蓋駒血氣未定，則有蹄齧之虞，故大夫乘之。《荀子》云云。倍言年長以倍，今群牧選馬十六歲以上，乃以進御，此遺象也。」倍至，言選十六歲以上的老馬，其馬血氣已定，溫馴，乃可以進御於君。《史記》作「信」，當據此校正，《後漢書・輿服志》李賢注引《史記》已誤。杭世駿但出異文〔註12〕，而無辨正。

## （5）孰知夫出死要節之所以養生也

楊倞注：孰，甚也。出死，出身死寇難也。要節，自要約以節義，謂立節也。使孰便甚知其出死要節，盡忠於君，是乃所以受祿養生也。若不能然，則亂而不保其生也。

按：《穎川語小》卷下引「出死」上有「士」字，與《史記・禮書》同。王懋竑曰：「熟，與『孰』同，當從《史》作『孰』。」〔註13〕王念孫曰：「『士』即『出』字之譌。」〔註14〕物双松引孫鑛曰：「古熟、孰通，作『誰』字解爲長。」冢田虎曰：「熟，熟習意。《史記正義》『審知』解，是也。《索隱》『誰知』解，非也。倞注爲『甚』，亦不是也。」鍾

〔註11〕 王天海引「倍加」誤倒作「加倍」，非李氏原文。
〔註12〕 杭世駿《史記考證》卷 4，收入《續修四庫全書》第 263 冊，上海古籍出版社 2002 年版，第 444 頁。
〔註13〕 王懋竑《荀子存校》，《讀書記疑》卷 11，收入《續修四庫全書》第 1146 冊，上海古籍出版社 2002 年版，第 355 頁。
〔註14〕 王念孫《史記雜志》，收入《讀書雜志》卷 2，中國書店 1985 年版，本卷第 28 頁。

泰曰：「『孰』如本訓，讀『誰孰』之孰。」王天海曰：「孰，深詳也。
諸本又作『熟知』。出死，出生入死之謂也。要節，守節也。要，約也。
約，守約也。楊注未切，他說亦未得也。」王天海說「孰，深詳也」，
與冢說「熟習」並無不同；其說「要，約也」，即本楊注；然二說皆誤。
又其說「出死」爲「出生入死」，則不知「出」義，增字爲訓。「孰知」
當取《索隱》說解爲「誰知」，孫鑛、王懋竑、鍾泰說是。句末「也」
用同「邪」。「夫」是語助詞，用同「乎」。《呂氏春秋·本味》：「非賢
其孰知乎事化？」「孰知夫」即「孰知乎」。楊注「出死」不誤。本書
《富國》楊注：「出死，謂出身致死亡也。」出，棄，捐獻，非「出入」
之「出」。要，求取也。要節，求取名节。《淮南子·繆稱篇》：「子之
死父也，臣之死君也，世有行之者矣，非出死以要名也，恩心之藏於
中而不能違其難也。」《文子·精誠》作「出死以求名」，此「要」訓
「求」之確證。此文「出死要節」即「出死以要名」之誼。

## （6）孰知夫出費用之所以養財也

楊倞注：費，用財以成禮，謂問遺之屬，是乃所以求奉養其財，不相侵奪
也。

按：郭嵩燾曰：「『用』上疑奪文，或作『出費制用』，四句爲一例。」〔註15〕
王先謙曰：「《史記》『出』作『輕』，文義大異。」楊柳橋曰：「出，讀
爲黜。《說文》：『黜，貶下也。』〔註16〕《廣雅》：『黜，減也。』〔註17〕
《史記·禮書》作『輕』，正是其義。」龍宇純曰：「『出』字義不可通，
當從《史記》作『輕』。」〔註18〕李滌生從龍說。王天海曰：「出，猶去
也。出費用，即去其費用也。楊倞注無當，諸說亦未得。」郭氏說非是，
「用」上無奪文，《史記·禮書》作「輕費用」。楊倞、王先謙說是，「出」
是拿出義，出費用指拿出財物問遺別人以成禮。王天海解作去其費用，
然則如何成禮，又如何養財？

## （7）故禮上事天，下事地，尊先祖而隆君師

---

〔註15〕王天海引脫「上」字。郭氏謂「用」字上有奪文，疑補「制」字。
〔註16〕王天海引「黜」誤作「出」。
〔註17〕楊柳橋引「減」形誤作「減」，王天海照鈔，而不知檢正。
〔註18〕龍宇純《荀子集解補正》，收入《荀子論集》，學生書局1987年版，第154頁。

按：劉師培曰：「《大戴·禮三本篇》作『宗事先祖而寵君師』〔註19〕，宗、尊音轉義同。」羅焌曰：「隆亦尊也。」寵、隆亦音轉義同，尊也。《初學記》卷21引《禮記》：「禮上事天，下事地，尊先祖而崇君師。」

### （8）故王者天太祖，諸侯不敢壞

楊倞注：謂不祧其廟，若魯周公。《史記》作「不敢懷」，司馬貞云：「思也。」蓋誤耳。

按：王懋竑曰：「壞，《史》作『懷』，此二字皆難解，宜缺。」〔註20〕久保愛曰：「壞，毀廟也。」劉師培曰：「諸侯不敢壞者，即不敢壞始祖之廟也，如魯不敢壞文王之廟。『懷』蓋『壞』字之訛文。」王天海不引劉說，竊其說云：「不敢廢太祖廟也。」楊注「不祧其廟」是也。祧指遷廟。《大戴·禮三本篇》亦作「懷」，借字。王念孫曰：「壞、懷古字通。」〔註21〕瞿方梅曰：「《索隱》二說皆非也。《荀子》『懷』字作『壞』，謂不祧其廟，若魯周公是也。今本《大戴禮》改『懷』從『壞』，是為得之。」〔註22〕

### （9）郊止乎天子

按：洪頤煊曰：「《大戴禮》『止』當是『匹』字之誤。疇，匹也。」〔註23〕王先謙曰：「《史記》作『郊疇乎天子』，《索隱》：『疇，類也。天子類得郊天，餘並不合祭。』」《索隱》又云：「今《大戴禮》作『郊止乎天子』，是也。『止』或作『疇』，因誤耳。」張文虎曰：「『疇』當作『止』，『止』與『時』音近，『疇』則由『時』而誤也，《說文》：『時，天地五帝所基止，祭地也。』是時亦有止義。」〔註24〕疇、時音轉〔註25〕，時、止

---

〔註19〕 王天海引誤點作「《大戴禮·三本篇》」，王氏未曾讀《大戴禮記》也，連篇名都出錯，陋甚。

〔註20〕 王懋竑《荀子存校》，《讀書記疑》卷11，收入《續修四庫全書》第1146冊，上海古籍出版社2002年版，第355頁。

〔註21〕 王念孫《荀子雜志》，收入《讀書雜志》卷11，中國書店1985年版，本卷第4頁。

〔註22〕 瞿方梅《史記三家注補正》卷3，《學衡》第43期，1925年版，第2頁；又收入《二十五史三編》第2冊，嶽麓書社1994年版，第95頁。

〔註23〕 洪頤煊《讀書叢錄》卷17，收入《續修四庫全書》第1157冊，上海古籍出版社2002年版，第712頁。

〔註24〕 張說轉引自瀧川資言《史記會注考證》，上海古籍出版社1986年版，第674

亦音轉，指神靈所居止，非誤字也。

## （10）而社止於諸侯

按：止，遞修本、四庫本作「至」。王先謙曰：「《史記》作『社至諸侯』，《索隱》：『言天子已下至諸侯得立社。』『止』字義不合，當作『至』，形近而誤。」《大戴·禮三本篇》亦誤作「止」。

## （11）祭，齊大羹而飽庶羞

楊倞注：祭，月祭也。齊，讀爲嚌，至齒也。謂尸舉大羹，但至齒而已矣，至庶羞而致飽也。

按：盧文弨曰：「《大戴禮》『齊』作『嚌』，《史記》『嚌』下有『先』字。」朱駿聲曰：「齊，叚借爲嚌。」〔註26〕俞樾曰：「齊，當爲『躋』，升也。《大戴記·禮三本篇》作『嚌』，疑即『躋』之壞字。《史記·禮書》『嚌』下有『先』字，疑史公原文作『先大羹』，後人因《大戴》之文妄增『嚌』字耳。」王先謙、梁啓雄、王天海從俞說，謂「楊注非」。久保愛曰：「《大戴禮》、《史記》『齊』作『嚌』，是也。」《史記集解》引鄭玄曰：「嚌，至齒。」此楊注所本。鄭、楊、朱說是也，俞說誤。躋訓升是登義，非此文之誼。嚌訓至齒者，謂淺嘗之，與「飽」字對舉成義。今吳方言尚有「食嚌」之語。《書·顧命》：「太保受同，祭嚌。」

## （12）利爵之不醮也

楊倞注：醮，盡也。謂祭祀畢，告利成，利成之時，其爵不卒，奠于筵前也。《史記》作「不啐」。

按：王懋竑曰：「醮，當從《史》作『啐』。醮，注『盡也』，則與『醨』同。啐，《大戴記·禮三本篇》作『卒』，此脫旁『口』字。」〔註27〕《史記集解》引鄭玄曰：「啐，入口也。」《大戴》作「卒」，則「啐」借字。「醮」謂飲酒盡，與「啐」義近，字借作醨。《說文》：「醨，飲酒盡也。」字

頁。未檢得原始出處，待考。

〔註25〕從邑從寺相通之例，參見張儒《漢字通用聲素研究》，山西古籍出版社 2002年版，第 112～113 頁。

〔註26〕朱駿聲《說文通訓定聲》，武漢市古籍書店 1983 年版，第 572 頁。

〔註27〕王懋竑《荀子存校》，《讀書記疑》卷 11，收入《續修四庫全書》第 1146 冊，上海古籍出版社 2002 年版，第 355 頁。

亦作漱，《說文》：「漱，盡也。」指水盡。「釃」則酒盡之專字。字又作
湫，《廣雅》：「湫，盡也。」

## （13）朱絃而通越也

楊倞注：朱絃疏越，鄭玄云：「朱絃，練朱絃也。練則聲濁。越，瑟底孔
也。畫疏之，所以發越其聲，故謂之越。疏通之，使聲遲也。」
《史記》作「洞越」。

按：王天海曰：「通越，疏通瑟底之孔。《史記·禮書》序又作『洞越』，《尚
書大傳》作『達越』，《禮·樂記》作『疏越』，《淮南子·泰族》作『漏
越』，其義皆同也。」《史記·禮書》、《大戴記·禮三本篇》作「通越」。
王氏所舉異文，皆出自朱起鳳《辭通》卷 22，此又王氏陰竊前人之說
也。《呂氏春秋·適音》、《史記·樂書》亦作「疏越」，朱氏未舉《呂
氏》例，王氏因亦不知。朱起鳳曰：「『通』字古亦叚作『洞』，又叚
爲『達』。『通』字字從辵，『疏』字從疏，形相似而義亦互通。『漏』
與『通』同義通用。」〔註28〕

## （14）凡禮，始乎稅，成乎文，終乎悅校

楊倞注：《史記》作「始乎脫，成乎文，終乎稅」。言禮始於脫略，成於文
飾，終乎稅減。《禮記》曰：「禮主其減。」校，未詳。《大戴禮》
作「終於隆」，〔隆〕，盛也。

按：始乎稅，各本作「始乎悅」。王懋竑曰：「始乎稅，當從《史》、《戴》
作『脫』。終乎悅校，《史》作『終乎稅』，亦非是，當從《大戴》作『隆』。」
〔註29〕劉台拱曰：「《淮南子·本經訓》：『其言略而循其理，其行悅而
順情。』高注：『悅，簡易也。』『稅』、『悅』假借字。」郝懿行曰：「稅
者，斂也。『校』當作『恔』。恔者，快也。」王先謙、劉師培、李滌
生從郝說。孫詒讓從劉、郝說〔註30〕。孫詒讓又曰：「悅校，當讀爲
『娧姣』。《說文》：『娧，好也。』『姣』說解同。蓋禮彌文則彌姣好，

〔註28〕朱起鳳《辭通》卷 22，上海古籍出版社 1982 年版，第 2421 頁。
〔註29〕王懋竑《荀子存校》，《讀書記疑》卷 11，收入《續修四庫全書》第 1146 冊，
上海古籍出版社 2002 年版，第 355 頁。
〔註30〕孫詒讓《荀子校勘記》，收入《籀廎遺著輯存》，中華書局 2010 年版，第 552
頁。

即《大戴禮・禮三本篇》『終於隆』之意〔註 31〕。楊釋稅爲減，郝讀校爲恔，並未得其義。」李中生從孫說。久保愛曰：「宋本『梲』作『稅』。此篇據《史記》，當讀爲脫。『校』字衍。悅，《索隱》曰『和悅人情』，且考《禮記》『禮減而進，以進爲文』，然則《史記》作『終乎稅』者，亦非也。」劉師培曰：「『梲』係『殺』字之脫文，蓋古簡之『殺』字缺其上半，後人又妄改爲『梲』也（《史記》又由『梲』誤爲『脫』）。」包遵信曰：「『梲』乃是木杖，杖可擊殺人，故『梲』引申亦有殺意。劉謂『梲』乃『殺』之誤，恐非。」楊柳橋曰：「『悅』字當涉上文『梲』字而誤衍，當作『終乎校』。校者，教也。言禮終於教化也。」龍宇純曰：「楊謂『言禮始於脫略，成於文飾，終乎稅減』是也。《大戴》作『終乎隆』，『隆』當爲『降』，降亦減也，非隆盛之義。當據《史記》改『梲』爲『脫』，改『悅』爲『稅』，『校』字蓋即『稅』字之誤而重者。」〔註 32〕王天海曰：「稅，諸本並作『梲』，《史記》作『脫』，《索隱》曰：『脫，猶疏略也。』當借爲脫。終乎悅校，《史記》作『終乎稅』，《集解》引徐廣曰：『一作悅。』《索隱》曰：『稅，音悅。言禮終卒和悅人情。』校，通『恔』，郝訓是也。」①始乎稅（梲），劉台拱說是。《大戴禮記・禮三本篇》作「始於脫」。《索隱》訓疏略，是也，楊注「脫略」云云，即本其說。《左傳・僖公三十三年》：「無禮則脫。」《國語・周語中》同。杜預注：「脫，易也。」韋昭注：「脫，簡脫也。」《禮記・喪服小記》鄭玄注：「稅讀如『無禮則稅』之稅。」《釋文》本「稅」作「說」。沈欽韓曰：「『脫』當爲『倪』，《淮南・本經訓》：『其行倪而順情。』注：『說，易也。』《晏子・內篇》：『其動作倪順而不逆。』《魏志・王粲傳》：『體弱通倪。』裴松之曰：『通倪者，簡易也。』脫乃倪之假借。《史記・禮書》：『凡禮，始乎脫。』《荀子・禮論》又訛下『脫』。」〔註 33〕朱駿聲曰：「《淮南》云云。按：脫略疏闊之意。」〔註 34〕「脫」亦借字（其本義是消瘦），久保愛、王天海以今律古，

---

〔註31〕 王天海引脫一「禮」字，誤點作「《大戴禮・三本篇》」。

〔註32〕 龍宇純《讀荀卿子札記》，收入《荀子論集》，學生書局 1987 年版，第 203 頁。

〔註33〕 沈欽韓《春秋左氏傳補註》卷 4，收入《叢書集成新編》第 109 冊，新文豐出版公司 1985 年版，第 363 頁。

〔註34〕 朱駿聲《說文通訓定聲》，武漢市古籍書店 1983 年版，第 654 頁。

誤以借字爲本字也。「梲」訓擊殺，非減殺義（此義讀所介反），包遵信說大誤。②「悅校」龍宇純說是。《索隱》又云：『禮始於脫略，終於梲。梲亦殺也，殺與脫略，是始終相應也。』亦是也。

### （15）情文代勝

楊倞注：不能至備，或文勝於情，情勝於文，是亦禮之次也。

按：《史記·禮書》同，《索隱》：「或文勝情，或情勝文，是情文更代相勝也。《大戴禮》作『迭興』也。」今本《大戴禮·禮三本》作「佚興」。代、迭一聲之轉，音轉亦作「替」。章太炎曰：「《說文》：『迭，更迭也。』今謂新故更代爲替，實即迭字入轉爲去耳。《匡謬正俗》引《爾雅》：『替，廢也』。『謂前人既廢，後人代之。』說雖可通，然非其本。《方言》：『庸、怂、比、㢮、更、佚，代也。』郭璞曰：『佚音蹉跌〔之跌〕。』佚即迭字也。」〔註35〕章說至精，所引《匡謬正俗》見卷8，所引《方言》見卷3。《文選·西都賦》李善注引《方言》作「迭，代也」，《廣雅》同。「代替」連文者，即一語音變而成詞，「等待」是其比。

### （16）以爲下則順，以爲上則明，萬物變而不亂，貳之則喪也

楊倞注：禮在下位則使人順，在上位則治萬變而不亂。貳謂不一在禮。喪，亡也。

按：王先謙曰：「『貳』乃『貣』之誤字，說見《天論篇》。《大戴禮》作『貸之則喪』。《五經文字》云：『貸，相承或借爲貣。』《呂覽》、《管子》、《史記》皆以『貣』爲『忒』。」楊柳橋從王說。梁啓雄曰：「貳，離也。喪，失也。」王天海曰：「貳，違背，背叛。楊注是。」王先謙說是，其說本於王念孫。《天論》：「脩道而不貳。」王念孫曰：「脩當爲循，字之誤也。貳亦當爲貣，字之誤也。『貣』與『忒』同（《管子·正篇》：『如四時之不貣。』《史記·宋世家》二衍貣，並以貣爲忒。字本作忒，又作貸，說見《管子·勢篇》；又作慝、作匿，說見後『匿則大惑』下）。忒，差也。《禮論》云云，貳亦當爲貣。貣，差也。言禮能治萬變而不亂，若於禮有所差忒，則必失之也。《大戴記·禮三本篇》

〔註35〕章太炎《新方言》卷2，收入《章太炎全集（7）》，上海人民出版社1999年版，第33頁。「之跌」二字據戴震說補。戴震《方言疏證》，收入《戴震全集（5）》，清華大學出版社1997年版，第2341頁。

作『貸之則喪』，是其證。楊云：『貳謂不一』，亦失之。」〔註36〕桂馥亦謂「貳」是「貣（忒）」之誤〔註37〕。王天海完全無視《大戴》作「貸」及清人成果，一步倒退到唐代。

### （17）至文以有別，至察以有說

　　　　楊倞注：言禮之至文，以其有尊卑貴賤之別；至察，以其有是非分別之說。

　　　　　　　司馬貞曰：「說音悅。言禮之至察，有以明鴻殺委曲之情文，足以悅人心也。」

按：楊注二說皆誤，王念孫已辨之。注「鴻殺」，遞修本、四庫本作「隆殺」。王天海曰：「楊注引司馬貞語『明隆』之『隆』原作『鴻』，此據《史記》改之。」王天海不明古音而妄改，「鴻殺」亦作「洪殺」，與「隆殺」一音之轉。「洪」音轉作「浲」，是其比。《周禮・考工記》：「橈之以視其鴻殺之稱也。」又《春官・宗伯》鄭玄注：「回則其聲淫衍，無鴻殺也。」《禮記・少儀》鄭玄注：「說，謂鴻殺之意所宜也。」《釋文》：「鴻，字又作洪。」又《樂記》鄭玄注：「繁瘠廉肉，聲之鴻殺也。」《釋文》：「鴻，本亦作洪。」孔疏：「鴻謂麤大，殺謂細小。」《史記・樂書》《集解》引鄭玄注作「洪殺」。《論衡・商蟲》：「蟲之種類，眾多非一……或白或黑，或長或短，大小鴻殺，不相似類。」《文選・長笛賦》：「洪殺衰序，希數必當。」又《新刻漏銘》：「洪殺殊等，高卑異級。」李善注引陸機《漏刻賦》：「擬洪殺於漏鍾，順卑高而爲級。」皆其例。

### （18）入焉而溺

按：溺，《史記・禮書》作「弱」，省借字。

### （19）擅作典制辟陋之說

按：辟，《史記・禮書》作「褊」。久保愛曰：「辟，音僻。」褊，讀爲偏。

---

〔註36〕王念孫《荀子雜志》，收入《讀書雜志》卷11，中國書店1985年版，本卷第59～60頁；其說又見王念孫《管子雜志》，收入《讀書雜志》卷8，本卷第17頁；其說又見王引之《經義述聞》卷20，江蘇古籍出版社1985年版，第486～487頁。

〔註37〕桂馥《說文解字義證》「貣」、「蝛」二條，齊魯書社1987年版，第538、1153頁。

二字義同。

（20）其理誠高矣，暴慢恣睢、輕俗以為高之屬，入焉而隊

　　　　楊倞注：隊，古「墜」字，墮也。

按：王天海曰：「正文『以爲高』三字諸本無，依此上文例，三字不當有，
　　疑旁注之文混入也。《史記》有此三字，可知誤在唐前。」王氏誤點作
　　「暴慢、恣睢、輕俗，以爲高之屬」，因據後出之誤本刪「以爲高」三
　　字，又欲改《史記》，誤甚。

（21）故繩墨誠陳矣，則不可欺以曲直

按：包遵信曰：「下文曰『故繩者』，疑『繩墨』之『墨』爲衍文。」龍宇純
　　曰：「《史記・禮論》無『墨』字，當是《荀子》原文。」〔註38〕包、龍
　　說非是，下文脫「墨」字。《禮記・經解》亦作「繩墨誠陳」，《劉子・
　　正賞》：「繩墨誠陳，不可誣以曲直。」亦有「墨」字。《史記》作「繩
　　誠陳」，亦脫「墨」字。

（22）君子審於禮，則不可欺以詐偽

按：王天海曰：「以上三『誠』字皆訓眞正、確實。審，亦猶誠也。」「審」
　　是動詞，不作副詞「誠」用，王說非是。本書《君道》及《韓詩外傳》
　　卷4並有「審禮」一詞。欺以詐偽，《史記・禮書》同，《禮記・經解》
　　作「誣以姦詐」。《韓子・有度》：「故審得失有法度之制者，加以群臣之
　　上，則主不可欺以詐偽；審得失有權衡之稱者，以聽遠事，則主不可欺
　　以天下之輕重。」正本其師說。

（23）文理繁，情用省，是禮之隆也

　　　　楊倞注：文理，謂威儀。情用，謂忠誠。

按：王先謙曰：「《史記》『理』作『貌』，『用』作『欲』。下同。」駱瑞鶴曰：
　　「情用，猶實用。」王天海採駱說。龍宇純曰：「此以『用』借爲『欲』
　　也。」〔註39〕龍說是也，《淮南子・詮言篇》：「省事之本，在於節欲；
　　節欲之本，在於反性。」又《泰族篇》、《文子・下德》作「節用」。裴

〔註38〕龍宇純《讀荀卿子三記》，收入《荀子論集》，學生書局1987年版，第291頁。
〔註39〕龍宇純《荀子集解補正》，收入《荀子論集》，學生書局1987年版，第155頁。

學海曰：「『用』乃『欲』之借字。《荀子》云云，《史記・禮書》作『情欲』。」〔註40〕是裴氏早發其說，龍氏失察也。《說苑・辨物》：「彼獨不用雨乎？祠之何益？」《晏子春秋・內篇諫上》「用」作「欲」。《御覽》卷146、606並引《韓詩外傳》：「節用聽聰，敬賢勿慢，使能勿賤。」《說苑・談叢篇》作「節欲」。亦其證。

### （24）步驟、馳騁、厲騖，不外是矣

楊倞注：厲騖，疾騖也。《史記》作「廣騖」。言雖馳騁，不出於隆殺之間。

按：騖，劉本、遞修本、四庫本從鳥作「鶩」。高亨曰：「厲，借爲騔。《說文》：『騔，次弟馳也。』《廣雅》：『騔，犇也。』楊注訓厲爲疾，未切。」楊柳橋從高說。龍宇純曰：「『厲』當依《史記》作『廣』。廣者，橫也。王念孫《史記雜誌》主據此本書改『廣』爲『厲』，其說誤。」王天海曰：「厲騖，喻奮求也。厲，振奮。騖，追求。」高說是也，其說本於王念孫，但謂楊注訓厲爲疾未切，則未允，「疾」指疾奔；又所引《說文》亦誤，「騔」訓次第馳，騔之言列，謂成行列，與訓犇的「騔」當是同形異字。王念孫曰：「『廣騖』當爲『厲騖』，字之誤也。『厲』字本作『騔』。《廣雅》曰：『騔、驟、馳、騖、騁，奔也。』《說文》：『騔，次弟馳也。』《玉篇》力世切。古通作『厲』，《楚辭・遠遊》『颯弭節而高厲』是也。步驟、馳騁、厲騖，皆兩字平列。若作『廣騖』，則非其指矣。」〔註41〕郭嵩燾、楊樹達從王說，郭氏謂「王氏之言墻不可易」〔註42〕。王念孫又曰：「《說文》云云，《玉篇》音厲。《荀子・禮論》云云，《楚辭・遠遊》云云。『厲』與『騔』通，厲亦疾意也，《月令》云『征鳥厲疾』，是也。」〔註43〕「厲騖」即《廣雅》之「騔騖」。章太炎曰：「《月令》：『征鳥厲疾。』《樂記》：『發揚蹈厲之已蚤。』王肅曰：『厲，疾也。』孳乳作騔，《說文》：『騔，次第馳也。』《廣雅》：

〔註40〕裴學海《評高郵王氏四種》，《河北大學學報》1962年第2期，第114頁。
〔註41〕王念孫《史記雜志》，收入《讀書雜志》卷2，中國書店1985年版，本卷第30頁。
〔註42〕郭嵩燾《史記札記》卷3，商務印書館1957年版，第123頁；又收入《郭嵩燾全集》第5冊，嶽麓書社2012年版，第88頁。楊樹達《古書句讀釋例》，中華書局1954年版，第116頁。
〔註43〕王念孫《廣雅疏證》，收入徐復主編《廣雅詁林》，江蘇古籍出版社1992年版，第542頁。

『駕，奔也。』曹憲音例。今廣信謂奔走追逐為駕，音如烈。」〔註44〕
字亦作駛、驪，《玉篇》：「駛，奔走也。」又「驪，馬馳。」《篆隸萬
象名義》：「駛，奔。」敦煌寫卷 P.2011 王仁昫《刊謬補缺切韻》：「驪，
馬馳。駛，奔。」蔣斧印本《唐韻殘卷》、P.2011 王仁昫《刊謬補缺切
韻》、P.3696《箋注本切韻》、《玉篇》並云：「驪，馬馳。」《廣韻》：「驪，
馬馳。駛，上同。」《集韻》：「駕，驟也，或書作駛。」字亦省作列，
本書《哀公篇》：「兩驂列，兩服入廄。」另詳《哀公篇》校補。又音
轉作趥，《說文》：「趥，超特也。」「超特」乃「超騰」音轉〔註45〕。
瀧川資言曰：『步驟』以下當依《荀子》作『步驟、馳騁、厲騖不外
是矣』，厲亦馳也。」〔註46〕杭世駿但出異文〔註47〕，而無辨正。王
天海於前人成果全無知聞，信口雌黃。

## （25）方皇周挾

楊倞注：方皇，讀為仿偟，猶俳徊也。挾，讀為浹，匝也。

按：鍾泰曰：「方、皇，皆有廣大之意，猶周浹也，注非也。」李滌生、王
天海從鍾說。包遵信曰：「《莊子釋文》：『仿偟，猶翱翔也。』楊注非
是。」本書《君道篇》亦有「方皇周浹」語。《史記・禮書》作「房皇
周浹」，《索隱》：「房音旁。旁皇猶徘徊也。周浹猶周帀。」此楊注所
本，其說不誤，「徘徊」指回旋往返。《莊子釋文》「仿偟」訓翱翔者，
義亦相因，下文楊倞注：「徘徊，回旋飛翔之貌。」包氏未會通。字亦
作「仿偟」、「彷徨」、「徬徨」、「傍偟」、「傍偟」、「旁皇」、「旁遑」、「旁
徨」、「傍皇」、「坊皇」等形〔註48〕。挾、浹，並讀為帀，俗作匝。鄭
珍曰：「浹，古本作『挾』。『挾』與『帀』義同音近。《荀子・禮論篇》
『方皇周挾』，《儒效篇》『盡善挾洽之謂神』，楊倞並云：『挾，讀為浹，

〔註44〕章太炎《新方言》卷 2，收入《章太炎全集（7）》，上海人民出版社 1999 年版，
第 77 頁。
〔註45〕參見蕭旭《〈爾雅〉「貄貐」名義考》，收入《群書校補（續）》，花木蘭文化出
版社 2014 年版，第 1819～1821 頁。
〔註46〕瀧川資言《史記會注考證》，上海古籍出版社 1986 年版，第 676 頁。
〔註47〕杭世駿《史記考證》卷 4，收入《續修四庫全書》第 263 冊，上海古籍出版社
2002 年版，第 448 頁。
〔註48〕參見蕭旭《「狼抗」轉語記》，收入《群書校補（續）》，花木蘭文化出版社 2014
年版，第 2341～2342 頁。

帀也。』楊注每擬古本從俗字，非注古書家法。」〔註49〕朱駿聲曰：
「周借爲訇，浹即帀之俗字。」〔註50〕

## （26）君子以倍叛之心接，臧穀猶且羞之，而況以事其所隆親乎

　　楊倞注：「臧」已解在《王霸篇》。《莊子》曰：「臧與穀相與牧羊。」《音
　　　　義》云：「孺子曰穀。」或曰：「穀」讀爲「鬭穀於菟」之穀。穀，
　　　　乳也，謂哺乳小兒也。

　按：王天海以「臧穀」二字屬上句，非是。《史記・魯仲連傳》：「臧獲且羞
　　　與之同名矣。」文例同。楊注所引《莊子》見《駢拇篇》，世德堂本《莊
　　　子》及日藏宋本《釋文》「穀」作「穀」〔註51〕，《類聚》卷 94、《意
　　　林》卷 2、《御覽》卷 902、《事類賦注》卷 22、《記纂淵海》卷 4 引同
　　　〔註52〕，字從木，不從禾。本書《王霸篇》：「如是則雖臧獲不肯與天
　　　子易埶業。」楊註：「臧獲，奴婢也。《方言》云：『荊、淮、海岱之間，
　　　罵奴曰臧，罵婢曰獲。燕、齊亡奴謂之臧，亡婢謂之獲。』或曰：取
　　　貨謂之臧，擒得謂之獲，皆謂有罪爲奴婢者。」物雙松曰：「《方言》：
　　　『荊、淮、海岱之閒，孥（奴）曰臧，婢曰獲。』〔註53〕是當以獲音
　　　穀，因而想之。」王天海從物說。朱駿聲曰：「穀，叚借爲穀。《漢書・
　　　敘傳》：『楚人謂乳〔爲〕穀。』〔註54〕《左莊三十傳》：『鬭穀於菟。』
　　　《荀子・禮論》『臧穀猶且羞之。』《莊子・駢拇》：『臧與穀二人。』
　　　崔注：『孺子曰穀。』」王叔岷從朱說〔註55〕。朱駿聲又曰：「《方言三》：
　　　『罵婢曰獲，女而婦奴謂之獲，亡婢謂之獲。』《楚辭・哀時命》：『釋
　　　管晏而任臧獲兮。』《莊子・駢拇》『臧與穀二人。』以『穀』爲之。」

---

〔註49〕鄭珍《說文新附考》卷 5，收入《續修四庫全書》第 223 冊，上海古籍出版社
　　　2002 年版，第 322 頁。
〔註50〕朱駿聲《小爾雅約注》，收入《續修四庫全書》第 189 冊，第 528 頁。
〔註51〕北圖藏宋元遞修本、通志堂本《釋文》並同。
〔註52〕《事類賦注》、《記纂淵海》皆據宋刻本，四庫本《記纂淵海》在卷 55。四庫
　　　本字皆從禾作「穀」。
〔註53〕《方言》卷 3 作「荊、淮、海岱雜齊之間，罵奴曰臧，罵婢曰獲」。
〔註54〕淳化本作「楚人謂乳爲穀」，增一「爲」字，語義尤明。《左傳・宣公四年》：
　　　「楚人謂乳穀。」唐石經及《御覽》卷 362、891 引亦「穀」上亦有「爲」字。
〔註55〕朱駿聲《說文通訓定聲》，武漢市古籍書店 1983 年版，第 374 頁。王叔岷
　　　《莊子校詮》，中央研究院歷史語言研究所專刊之八十八，1988 年版，第
　　　322 頁。

〔註56〕久保愛曰：「《王霸篇》『穀』作『獲』，賤役之名。其字雖異，其義全同。以音近，或作『穀』也。」尙節之曰：「穀、獲音近通用。」

〔註57〕《廣雅》：「穀，子也。」王念孫曰：「穀之言孺也，字本作穀，通作穀。《莊子・駢拇篇》：『臧與穀二人相與牧羊。』崔譔本『穀』作『穀』，云：『孺子曰穀。』《方言》：『北燕朝鮮洌水之閒，爵子及雞雛皆謂之穀。』義與穀相近也。」〔註58〕錢繹曰：「《廣雅》：『獲，辱也。』《玉篇》同，云：『婢之賤稱也。』《廣雅》又云：『濩，污也。』《楚辭・漁父》：『又安能以皓皓之白，而蒙世俗之溫蠖乎？』濩、蠖，聲並與『獲』相近，皆污辱之稱也。又通作穀，《莊子・駢拇篇》云云，又《荀子・禮論篇》云云。按：臧之本訓爲善，穀之本訓亦爲善，又爲生。獲之本訓爲得，義取相反，故又爲醜惡死亡之稱。而崔譔以爲『好書曰臧，孺子曰穀』，楊倞讀穀爲『穀於菟』之穀，謂爲哺乳小兒，望文生義，胥失之矣。」〔註59〕日藏宋本《莊子釋文》：「與穀，崔本作穀，云：『孺子曰穀。』」三字皆從木作「穀」，顯誤，故王念孫引改下二「穀」作「穀」；盧文弨校本則改正條從禾作「穀」，下二字作「穀」，作「與穀，崔本作穀，云：『孺子曰穀。』」〔註60〕余謂崔譔本當從禾作「穀」。①綜合諸說，物双松、錢繹、朱駿聲、久保愛、尙節之謂「臧穀」即「臧獲」，是也。崔譔、盧文弨、王念孫、朱駿聲謂「穀」得義於乳子，錢繹謂「獲」取污辱義，又云「穀訓善訓生。獲訓得，義取相反」，皆誤。《類聚》卷35引《風俗通》：「古制本無奴婢，犯事者原之。臧者，被罪沒入爲官奴；獲者，逃亡復得爲婢。」〔註61〕《楚辭・哀時命》王逸注：「臧，爲人所賤繫也。獲，爲人所係得也。」《文選・報任少卿書》：「且夫臧獲婢妾。」李善注引晉灼曰：「臧獲，敗敵所破（被）虜爲奴隸。」〔註62〕是「獲」得義於捕获也。②臧爲奴

〔註56〕朱駿聲《說文通訓定聲》，武漢市古籍書店1983年版，第458頁。

〔註57〕尙節之《荀子古訓考》，北京《雅言》1941年第6期，第23頁。

〔註58〕王念孫《廣雅疏證》，收入徐復主編《廣雅詁林》，江蘇古籍出版社1992年版，第505頁。

〔註59〕錢繹《方言箋疏》卷3，上海古籍出版社1984年版，第177～178頁。

〔註60〕盧文弨《經典釋文》校本，收入《叢書集成初編》第1199冊，中華書局1985年影印，第1472頁。

〔註61〕《初學記》卷19引「奴」、「婢」皆作「奴婢」。

〔註62〕《漢書・司馬遷傳》顏師古注引「破」作「被」。

僕，有三說：臧之言善，《周禮‧夏官‧校人》：「秋，祭馬社臧僕。」
鄭玄注引鄭司農曰：「臧僕，謂簡練馭者，令皆善也。」《文選‧報任
少卿書》李善注引韋昭曰：「善人以婢爲妻，生子曰獲。奴以善人爲
妻，生子曰臧。」臧之言藏，《楚辭‧哀時命》王逸注引或曰：「臧，
守藏者也。」臧之言贓、臟，《王霸篇》楊註：「取貨謂之臧。」三說
皆誤。楊樹達謂「臧」本作「戕」，從臣從戈會意，臣訓牽，象臣服
之形，「臧獲」是其本義，「臧」爲戰敗屈服之人，「獲」言戰時所獲，
晉灼說得之〔註63〕。郭沫若、于省吾、李孝定說略同楊氏〔註64〕，是
也。

### （27）禮者，謹於吉凶不相厭者也

　　楊倞注：厭，掩也。謂不使相侵掩也。或曰「不使相厭惡」，非也。

　按：朱駿聲曰：「厭，叚借爲弇，或爲犯。」〔註65〕楊柳橋曰：「厭，合也，
　　　當也。」楊、朱說是。《白虎通義‧喪服》：「凶服不敢入公門者，明尊
　　　朝廷，吉凶不相干。」《公羊傳‧文公元年》何休注：「書者譏喪娶，吉
　　　凶不相干。」《後漢書‧輿服志上》：「禮，吉凶不相干也。」

### （28）卒禮之凡，變而飾，動而遠，久而平

　　楊倞注：《禮記》子游云：「飯於牖下，小斂於戶內，大斂於阼，殯於客位，
　　　　　　祖於庭，葬於墓，所以即遠也。」久則哀殺如平常也。

　按：王天海曰：「動，古『慟』字。」王說非是。「動」即「移動」之動，楊
　　　注所引《禮記》云云，即所謂動而遠也。

### （29）翫則厭，厭則忘，忘則不敬

　按：久保愛曰：「『忘』當作『怠』，字似而誤。」久說無據，《儀禮經傳通解
　　　續》卷15、《妙絕古今》卷1引並作「忘」，是宋人所見本並同。

〔註63〕楊樹達《積微居字說‧釋「臧」》，《復旦學報》1947年第3期，第534頁；又
　　　　收入《積微居小學述林》卷2，中華書局1983年版，第59頁。
〔註64〕郭沫若《卜辭通纂》眉批，收入《郭沫若全集‧考古編》第2卷，科學出版
　　　　社1983年版，第374頁。于省吾《甲骨文字詁林》，中華書局1999年版，第
　　　　641～642頁。李孝定《甲骨文字集釋》卷3，中央研究院歷史語言研究所專
　　　　刊之五十，1970年再版，第995～996頁。
〔註65〕朱駿聲《說文通訓定聲》，武漢市古籍書店1983年版，第138頁。

（30）久而平，所以優生也

　　　　楊倞注：優養生者，謂送死有巳，復生有節也。

　按：王天海本「巳」作「已」，與摹宋本不合。遞修本、四庫本注「優養生者」作「優生，養生也」，「巳」作「禮」，《儀禮經傳通解續》卷 15 引同。下文「豈不以送死有已、復生有節也哉」，《禮記・三年問》同，是楊注所本。

（31）然而禮兼而用之，時舉而代御

　　　　楊倞注：御，進用也。時吉則吉，時凶則凶也。

　按：王念孫曰：「此『時』字非謂天時。時者，更也。《方言》：『蒔，更也。』古無『蒔』字，故借『時』爲之。《莊子・徐無鬼篇》云：『是時爲帝者也。』《淮南・齊俗篇》云：『見雨則裘不用，升堂則蓑不御，此代爲帝者也。』（帝，今本誤作『常』）《說林篇》云：『旱歲之土龍，疾疫之芻靈，是時爲帝者也。』（今本脫『時』字，據高注補）《太平御覽・器物部十》引馮衍《詣鄧禹牋》云：『見雨則裘不用，上堂則蓑不御，此更爲適者也。』（『適』讀『嫡子』之嫡，《廣雅》：『嫡，君也。』）或言『時爲』，或言『代爲』，或言『更爲』，是『時』、『代』皆『更』也。（《方言》：『更，代也。』《說文》：『代，更也。』）。」孫詒讓從王說〔註 66〕。郭庆藩說同王氏〔註 67〕，當本王說。章詩同曰：「時，隨時。」楊柳橋曰：「時，調也。」熊公哲曰：「時，謂有時也。」王天海曰：「時舉，以時而用。王、章二說皆非。楊注『時』字已明，王說未曉也。」王念孫說是，王先謙、梁啓雄從其說，王所引《淮南子・齊俗篇》，《御覽》卷 694 引有注：「代，更也。」「時」、「代」同義對舉，猶言更迭、輪流。此文言禮兼而輪流用之。王天海不之解，妄駁王念孫說。

（32）故其立文飾也，不至於窕冶

　　　　楊倞注：窕，讀爲姚。姚冶，妖美也。

　按：其立，王天海本誤倒作「立其」。

---

〔註 66〕 孫詒讓《荀子校勘記》，收入《籀廎遺著輯存》，中華書局 2010 年版，第 553 頁。

〔註 67〕 郭慶藩《莊子集釋》，中華書局 1961 年版，第 868 頁。

（33）其立麤衰（惡）也，不至於瘠棄

　　　楊倞注：立麤衰（惡）以為居喪之飾，亦不使羸瘠自棄。

　按：棄，遞修本、四庫本作「弃」，古字。冢田虎曰：「瘠棄，言如乞丏也。」
　　久保愛曰：「瘠，薄也。」邵瑞彭：「《樂論篇》云：『其送死瘠墨。』
　　『弃』疑『墨』字之誤。」〔註68〕龍宇純曰：「楊說誤也。前文云：『送
　　死不忠厚、不敬文謂之瘠。』此文『瘠』字當如此解。『弃』當作『弁』，
　　借為褊而義為急。」包遵信曰：「瘠棄猶毀瘠、羸瘠也。」王天海曰：
　　「瘠，貧窮也。棄，乞也，二字一聲之轉。瘠棄，猶窮乞也。」龍宇
　　純說「瘠」字是。弃，龍氏妄改文字，包氏無訓詁理據，王氏亂說音
　　轉，皆不可信。《釋名》：「不得埋之曰棄，謂棄之於野也。」言喪禮
　　麤惡，但不至於瘠薄而棄屍不埋。

（34）其立哭泣、哀戚也，不至於隘慑傷生

　　　楊倞注：隘，窮也。慑，猶戚也。

　按：劉師培曰：「『慑』義當與狹、蹙同，猶之隘也，故與『流淫』並文。《管
　　子‧內業篇》云『大充傷而形不藏，大攝骨枯而血沍』，據彼說，知反
　　充為攝，慑、攝義同。」劉師培又曰：「《左傳‧成六年》云：『民愁則
　　墊隘。』杜注云：『墊隘，羸瘦困苦也。』〔註69〕『攝』與『執』同
　　（《釋名》云：『執，攝也。』《國語‧吳語》：『攝少司馬。』賈訓攝為
　　執。），則『慑』亦與『墊』同。《方言》云：『墊，下也。』故孔疏申
　　杜義，謂『地之下濕狹隘，猶人之羸瘦困苦』。又《襄九年》：『夫婦辛
　　苦墊隘。』《二十五年》：『久將墊隘。』均即《荀子》『隘慑』二字之
　　所本。蓋地之下者為墊隘，人有憂患則志慮屈抑，故以墊隘為喻，而
　　《荀子》復以之喻哀戚。楊注訓隘為窮，失其本義矣。」久保愛曰：「隘，
　　隘窘。慑，失氣也。」楊柳橋曰：「慑，失氣也，猶怯惑。」王天海曰：
　　「隘慑，當讀如『嗌塞』。《素問‧至真要大論》：『嗌塞而咳。』朱起
　　鳳曰：『氣不通利曰嗌塞。嗌字作隘，形之近也。塞字作攝〔註70〕，

────────────────

〔註68〕邵瑞彭《荀子小箋》，《唯是》第3期，1920年版，第27頁。
〔註69〕杜注但作「羸困也」，「羸瘦困苦」是孔疏語，王天海照鈔，而不知檢正，又
　　　誤二「墊」從執作「摯」。
〔註70〕朱氏引本書「慑」誤作「攝」，王天海照鈔，雖近在目前，而不知改正。朱起
　　　鳳《辭通》卷24，上海古籍出版社1982年版，第2704頁。

聲之混也。』」劉氏後說是，章太炎解《左傳》「墊隘」亦曰：「墊即懾，
猶執之爲攝也。《荀子》云云。懾亦憂愁之意也……墊、隘皆憂也。」
〔註71〕《老子》第 50 章：「善攝生者。」馬王堆帛書甲、乙本並作「執」。
《玄應音義》卷 9：「懾，古文埶，或作𧟰、儑二形，同。」「懾服」
或作「執服」、「埶服」。皆其音轉之證〔註72〕。

## （35）故情貌之變，足以別吉凶、明貴賤親疏之節，期止矣。外是，姦 也。雖難，君子賤之

楊倞注：「期」當爲「斯」。

按：王天海曰：「難，通『戁』，恭敬也。」王說非是。「難」讀如字，言喪
禮足以別吉凶、明貴賤親疏之節即止矣，不求煩難，否則君子亦棄而不
用也。

## （36）故量食而食之，量要而帶之

按：王天海曰：「量食，限食。量要，限腰也。」王說非是。「量」是度量義。
此言喪禮之節儉。

## （37）相高以毀瘠，是姦人之道也，非禮義之文也，非孝子之情也，將 以有爲者也

楊倞注：非禮義之節文，孝子之眞情，將有作爲以邀名求利，若演門也。

按：盧文弨曰：「注『演門』，未詳。」久保愛曰：「注『演門』，地名。《莊
子·外物》：『演門有親死者，以善毀，爵爲官師，其黨人毀而死者半。』」
劉文典、徐仁甫亦指出「演門」用《莊子》典。梁啓雄曰：「演門，宋
城門名，見《莊子·外物》。」楊柳橋曰：「演門，當爲人名。」王天
海曰：「演門，即『寅門』，戰國時宋國都城之東門。」考《莊子釋文》：
「演門，宋城門名。」成玄英疏：「演門，東門也。亦有作『寅』者，
隨字讀之。」林希逸注：「演門，地名也。」陳景元注：「演門，似淺
切。成云：『宋城門名。』一云楚邑名。」羅勉道曰：「演門，黨名。」
久說本於林注，王天海說本於《釋文》及成疏。《韓子·內儲說上》：「宋

〔註71〕章太炎《春秋左傳讀》，收入《章太炎全集（2）》，上海人民出版社 1982 年版，
　　　第 438～439 頁。
〔註72〕另參見蕭旭《〈爾雅〉「蟄，靜也」疏證》。

－421－

崇門之巷人服喪，而毀甚瘠，上以爲慈愛於親，舉以爲官師。」亦用《莊子》典，蔣禮鴻謂「崇門」是「東門」形誤〔註73〕，竊謂「崇」爲「寅」形誤。

### （38）故說豫娩澤，憂戚萃惡，是吉凶憂愉之情發於顏色者也

楊倞注：說，讀爲悅。豫，樂也。娩，媚也，音晚。澤，顏色潤澤也。萃，與「顇」同。惡，顏色惡也。發，見也。

按：王念孫曰：「娩讀若問。娩澤，謂顏色潤澤也。楊云『娩，媚也，音晚』，則讀爲婉娩之娩，分『娩澤』爲二義，且與『萃惡』不對矣。」王先謙、孫詒讓從王說〔註74〕。王念孫娩讀問音，是也；楊注音晚亦不誤，但釋爲媚則非是。娩讀爲曼，字亦作脕。《楚辭‧大招》：「曼澤怡面，血氣盛只。」《玉篇》：「脕，無阮、無怨二切，色肥澤也。又音問，新生草也。」《廣韻》：「脕，無遠切，色肥澤，又音曼。」銀雀山漢簡《尉繚子》：「……者誰也？曰口澤好色也。」整理者曰：「『澤』上一字左旁殘泐，右旁從『免』聲，疑當讀爲『曼』。」〔註75〕此字當是「娩」或「脕」。

### （39）餰鬻

按：物双松曰：「『餰』、『饘』同。」王天海曰：「餰鬻，亦作『餐鬻』，同『餰粥』，稠粥也。又作『饘粥』。」「餰」、「饘」不同，餰之言衍，取褻厠義，猶言混合。「饘」同「饍」，讀爲饌，與「羼」亦音通，亦混合義。

### （40）性僞合，然後成聖人之名一，天下之功於是就也

楊倞注：一謂不分散。言性僞合，然後成聖人之名也。

按：各本無「成」字，《皇王大紀》卷80引同，是也。摹宋本涉注文衍「成」字，龍宇純已辨之〔註76〕。久保愛、梁啓雄、王天海不知其爲衍文，誤

〔註73〕蔣禮鴻《讀韓非子小記》，《國師季刊》1940年第10期，第90頁。

〔註74〕孫詒讓《荀子校勘記》，收入《籀廎遺著輯存》，中華書局2010年版，第553頁。

〔註75〕《銀雀山漢墓竹簡〔壹〕》，銀雀山漢墓竹簡整理小組，文物出版社1985年版，第80頁。

〔註76〕龍宇純《讀荀卿子三記》，收入《荀子論集》，學生書局1987年版，第293頁。

以「一」屬下句。

## （41）卒禮者，以生者飾死者也，大象其生以送其死也

按：王天海曰：「象，通『橡』，飾也。」王氏妄說通借，非是。「象」即下
文「象生執也」、「象徙之道也」之「象」，如也，似也，讀如字。此即
事死如生之誼。

## （42）象生執也

楊倞注：象生執，謂象生時所執持之事。「執」或爲「持」。

按：久保愛曰：「『執』當作『術』，音之誤也。術，道也。」于省吾曰：「『執』
乃『埶』字之譌。謂象生時之形埶也。」王天海從于說。楊注不誤，諸
家改字非也。《書敘指南》卷 20、《儀禮經傳通解續》卷 15、《儀禮集釋》
卷 21 引作「執」，是宋人所見本固作「執」字。

## （43）不沐則濡櫛三律而止，不浴則濡巾三式而止

楊倞注：律，理髮也。今秦俗猶以批（枇）髮爲栗。濡，濕也。「式」與
「拭」同。

按：注「批」，盧文弨校作「枇」，是也，遞修本正作「枇」。方以智曰：「三
律者，栗髮也。《荀子·禮論》注云云，當是『瀝髮』，《楚辭》：『晞髮』，
瀝之而晞也。」〔註77〕郝懿行曰：「律，猶類也。今齊俗亦以比（枇）
去蟣蝨爲律，言一類而盡除之也。律、栗音同，注內『栗』字依正文
作『律』，亦可不必別出『栗』字也。」王先謙從郝說。龍宇純曰：「此
『律』疑讀同《非十二子》『不律先王』之律，爲『聿』之轉注。其義
爲順。」祝總斌謂「律」的理髮義「是由『律』字的約束、規正之義
引申出來的」〔註78〕。王天海曰：「律，當讀爲捋，一聲之轉。捋者，
以手持之順抹之也。」「律」有梳理之義，故用爲理髮之名。《齊民要
術·大小麥》：「緣以棘柴律土壅麥根。」繆啓愉注：「律，梳理之意。
《荀子》楊注云云。」〔註79〕王天海讀律爲捋，「捋」或作「寽」，本

---

〔註77〕方以智《通雅》卷 18，收入《方以智全書》第 1 冊，上海古籍出版社 1988
年版，第 635 頁。

〔註78〕祝總斌《關於我國古代的「改法爲律」問題》，收入《材不材齋文集——祝總
斌學術研究論集（上編）》，三秦出版社 2006 年版，第 332 頁。

〔註79〕繆啓愉《齊民要術校釋》，農業出版社 1998 年版，第 136 頁。

訓以五指捋取，非其本字。黃敬安謂「捋」的梳理義即《荀子》之「律」字〔註80〕，亦未探本。「律」當讀爲率、達，《白虎通義・五行》：「律之言率，所以率氣令生也。」《御覽》卷16引《春秋元命苞》：「律之爲言率也，所以率氣令達也。」又引宋均注：「率，猶導也。」《後漢書・律曆志》劉昭注引蔡邕《月令章句》：「律，率也，聲之管也……律者，清濁之率法也。」〔註81〕《廣雅》：「律，率也。」此皆聲訓之例。《說文》：「達，先道也。」「道」同「導」，經傳皆借「率」或「帥」爲「達」。「律髮」謂「率髮」。導髮使順，即所謂梳理也。又考《釋名》：「導，所以導櫟鬢髮，使入巾幘之裏也。或曰：櫟鬢，以事名之也。」〔註82〕此即「導髮」之說。音轉作刷，《左傳・桓公二年》：「藻率鞞鞈。」孔疏：「服虔以率爲刷巾……服言《禮》有『刷巾』。」〔註83〕《史記・周本紀》《集解》引徐廣曰：「率，音刷。」《說文》：「嗺，小歠（飲）也。」《文選・魏都賦》：「刷馬江洲。」劉淵林注：「刷，小嘗也。」司馬相如《梨賦》曰：『唰嗽其漿。』」《集韻》：「唰，小嘗也。」「刷（唰）」即「嗺」。此「率」、「刷」音轉之證，《釋名》：「刷，帥也，帥髮長短皆令上從也。言亦瑟也，刷髮令上瑟然也。」《書鈔》卷136引二「帥」作「率」。此「率髮」、「刷髮」之說。丁山改二「帥」作「飾」，未達音訓之旨〔註84〕。「刷」或作「㕞」，《說文》：「㕞，拭也。」刷拭、刮摩義，引申則爲整理義。道藏本《韓子・內儲說下》：「是以人主久語，而左右鬻懷刷。」《文選・養生論》：「勁刷理鬢。」李善注引《通俗文》：「所以理髮謂之刷也。」〔註85〕是理髮之具亦稱爲刷，名、動相因也。俗字亦作唰、嗍，《玉篇》：「唰，鳥治毛衣也。」《廣韻》：「嗍，鳥理毛也。」《龍龕手鑑》：「唰，音刷，鳥理毛也。」鳥理毛爲

〔註80〕黃敬安《閩南話考證——證〈說文解字〉舉例》，文史哲出版社1977年版，第65頁；其說又見黃敬安《閩南話考證——〈荀子〉、〈史記〉、〈漢書〉例證》，文史哲出版社1985年版，第74、158頁。

〔註81〕《御覽》卷16引略同。

〔註82〕徐復曰：「『櫟』本作『擽』，與『掠』通。」《隋書・禮儀志》引上「櫟」作「擽」，《御覽》卷688引二「櫟」作「掠」。徐復《〈釋名〉補疏中篇》，收入《徐復語言文字學晚稿》，江蘇教育出版社2007年版，第35頁。

〔註83〕《說文》亦云：「刷，刮也，《禮》有『刷巾』。」「有」原譌「布」，據《古今韻會舉要》卷27引改，段氏已訂正。

〔註84〕丁山說轉引自任繼昉《釋名匯校》，齊魯書社2006年版，第246頁。

〔註85〕《御覽》卷714引同。

唰，人理髮爲刷，其義一也。鳥理毛以口爲之，故加口旁作唰。俗字亦作捼，《玉篇》、《集韻》並云：「捼，捽也。」《玄應音義》卷 4：「捼身：捼，謂揩捼也。」又卷 25：「阿奴律陀：亦作捼。此云隨順義，人名也。」捼即揩擦義。俗字亦作㨨，《廣韻》、《集韻》、《類篇》並云：「㨨，以手理物。」《正字通》：「㨨，音栗，以手理物，從栗無義。」張氏謂「從栗無義」，亦未達音轉之旨也。「捽」訓捽理，亦「率」音借，《周禮・考工記》鄭玄注引鄭司農曰：「銟，讀爲刷。」《玉篇》：「篗，同『等』。」又「銟，同『銟』。」《集韻》：「銟，或作率。」又「唯、嗹、呼，或從率、從孚。」又「等、篗，或從律。」又「銟、銟，古從率。」皆是其證。

### （44）木器不成斲，陶器不成物，薄器不成內

> 楊倞注：木不成於雕斲，不加功也。瓦不成於器物，不可用也。薄器，竹葦之器，不成內，謂有其外形，內不可用也。「內」或爲「用」。《禮記》曰：「竹不成用，瓦不成味。」鄭云：「成，善也。竹不可善用，謂邊無縢也。味，當作『沫』。〔沫〕，靧也。」〔註86〕

按：注「沫」字摹宋本不重，據遞修本、四庫本補。王念孫謂「內」當作「用」，是也。物双松曰：「『物』與『沫』通。其曰『靧也』，取其洗面有光澤也。」劉師培曰：「《禮記・檀弓》作『瓦不成味』，疑此『物』亦當作『沫』，鄭注云云。『瓦不成沫』字當從未，故與『勿』字相同。」龍宇純曰：「味讀爲沫。物與味古音互爲去入，物即味也。『鬼物』即『鬼魅』，是其比。」〔註87〕王天海曰：「物，用也。」諸說惟劉氏謂「字當從未」是，餘說皆誤，王天海云「物，用也」，尤是臆造訓詁，甚非治學之道。《家語・曲禮子夏問》：「是故竹不成用，而瓦不成滕。」《白虎通義・三教》：「故竹器不成用，木器不成斲，瓦器不成沫。」「沫」是「沫」形誤，「滕」、「沫」當作「味」。本書作「物」，乃「味」借字。此三句寫明器，瓦不成味，言瓦器足以受飲食，但不足以成味也〔註88〕。陳直

---

〔註86〕訓「靧」之字當從「未（wei）」作「沫」，不從「末」作「沫」。宋本作「沫」，難辨是何字，遞修本作「沫」，明顯是「沫」字，四庫本同。王天海本誤作「沫」，疏甚。

〔註87〕龍宇純《讀荀卿子三記》，收入《荀子論集》，學生書局 1987 年版，第 294～295 頁。

〔註88〕參見蕭旭《孔子家語校補》，收入《群書校補（續）》，花木蘭文化出版社 2014

曰：「戰國墓葬所出陶器皆完好，與《荀子》之說異。」則誤從楊倞解「物」爲「器物」也。

（45）竽（竽）笙具而不和，琴瑟張而不均

　　　楊倞注：鄭玄云：「無宮商之調也。」

　按：冢田虎曰：「『均』即『韻』。」梁啓雄曰：「均，調也。」《禮記·檀弓上》：「琴瑟張而不平，竽笙備而不和。」《家語·曲禮子夏問》、《白虎通義·三教》同。「均」爲古「韻」字，取音聲平和爲義。

（46）故壙壟，其貌象室屋也

　　　楊倞注：壙，墓中。壟，冢也。貌，猶意也。

　按：王天海曰：「注『冢』字，原誤作『家』，徑改。」遞修本、四庫本、久保愛本正作「冢」，《儀禮經傳通解續》卷15引同，王氏失校耳。

（47）故曰無適不易之術也

　　　楊倞注：適，往也。無往不易，言所至皆不可易此術。或曰：適，讀爲敵。

　按：不易，盧校謝刻本誤作「不是」。郝懿行曰：「按依注，『是』當爲『易』，轉寫之譌。又據或曰『適讀爲敵』，亦通。」物双松曰：「無適，亦猶不易。言理極於此，而不可它適也。」久保愛說同物氏。冢田虎曰：「無適，猶惟我事不貳適之言，無所他適之也。」日人皆從楊注前說訓適爲往，楊柳橋亦然。梁啓雄、趙帆聲則從楊注或說〔註89〕。熊公哲曰：「『無適』兩字，殊難索解。楊注引或說，亦覺未安。『適不』二字，其衍文歟？」王天海曰：「無適，無論何時何地。此句《三年問》作『無易之道也』。」「適不」二字無緣致衍，熊氏據《禮記·三年問》刪之，非是。王天海尤是臆說，毫無理據。《方言》卷13：「適，牾也。」郭璞注：「相觸迕也。」無適，猶言無相抵觸。

（48）齊衰、苴杖、居廬、食粥、席薪、枕塊，所以為至痛飾也

　　　楊倞注：《禮記》：「斬衰、苴杖。」苴，謂以苴惡死竹爲之杖。

　　　年版，第522～523頁。
　〔註89〕趙帆聲《古史音釋》，河南大學出版社1995年版，第567頁。

按：久保愛曰：「『齊』當作『斬』。」王天海不引久說，竊作己說，云：「齊衰，當作『斬衰』。楊注所引是。」然其說非是，此文不必盡同於《禮記》，《禮記・三年問》「席薪」作「寢苫」，文亦不同。本書《哀公》：「資衰、苴杖者不聽樂。」楊注：「『資』與『齎』同。苴杖，竹也。苴謂蒼白色自死之竹也。」「齎」一作「齊」。是《荀子》自作「齊衰」，本篇下文亦作「齊衰」。《禮記・喪服小記》：「斬衰括髮以麻，……齊衰惡笄以終喪。」《釋文》：「齊，音咨，又作齋。」「齊衰」、「斬衰」皆為五服之一。《禮記・間傳》：「斬衰何以服苴？苴，惡貌也，所以首其內而見諸外也。斬衰貌若苴，齊衰貌若枲，大功貌若止。小功緦麻，容貌可也。」又《學記》鄭注：「五服，斬衰至緦麻之親。」孔疏：「五服，斬衰也，齊衰也，大功也，小功也，緦麻也。」王天海不達厥誼，亂改本書。

## （49）有知之屬莫不愛其類

按：「愛」上《禮記・三年問》有「知」字。

## （50）今夫大鳥獸則失亡其群匹

按：王天海曰：「『匹』諸本作『疋』。匹，偶也。作『匹』是也。」「疋」是「匹」俗字，王氏不識也。

## （51）小者是燕爵，猶有啁噍之頃焉，然後能去之

按：《慧琳音義》卷95：「啁噍：顧野王云：『小鳥鳴也。』」《集韻》：「噍，燕雀聲。《禮》：『啁噍之頃。』通作『啾』。」《正字通》：「噍，音啾。啁噍，小鳥群沸聲。」《說文》：「啾，小兒聲也。」段玉裁注：「《倉頡篇》：『啾，眾聲也。』《三年問》：『啁噍之頃。』此假噍為啾也。」〔註90〕朱駿聲曰：「啁噍，小鳥之聲也。」〔註91〕久保愛曰：「啁噍，哀鳴之貌。」王天海曰：「《禮記》『能』上有『乃』字。『能』與『乃』通。能去之，乃去之也。」《禮記・三年問》《釋文》：「啁，張留反。噍，子流反。啁噍聲。」《書敘指南》卷14：「鳥哀其侶曰啁啾之頃。」《白氏六帖事類集》卷29正條作「啁啾」，注文引《禮》作「啁秋」

〔註90〕段玉裁《說文解字注》，上海古籍出版社1981年版，第54頁。
〔註91〕朱駿聲《說文通訓定聲》，武漢市古籍書店1983年版，第253、268頁。

－427－

〔註 92〕。「秋」是「啾」脫誤。《合璧事類備要》別集卷 73 引《禮》亦作「啁啾」。敦煌寫卷 P.2011 王仁昫《刊謬補缺切韻》、《廣韻》並云：「啁，啁噍，鳥聲。」「啁噍」同「啁啾」。《說文》：「啁，啁嘐也。」又「嘐，誇語也。」指大言。啾之言摯，從秋從焦之字古通用，多有小而急促之義〔註 93〕。啁啾，聲急貌。《潛夫論‧斷訟》：「啁啾罵詈，晝夜鄂鄂。」《太平寰宇記》卷 79 引《九州要記》：「山上有鳥，千百群飛，鳴呼啁啾，歲凡六大集。」〔註 94〕「能」讀如字，不讀為乃。如王天海說，則《禮記》作「乃能去之」不通。

## （52）則彼朝死而夕忘之，然而縱之

按：縱，《禮記‧三年問》作「從」。王念孫曰：「從讀為放縱之縱。言若縱其朝死夕忘之心，則是鳥獸之不若也。下文曰『然而遂之』，彼言遂君子之心，此言縱小人之心，『縱』與『遂』義相近也，《荀子》正作『然而縱之』。」〔註 95〕朱彬、劉師培、梁啟雄皆從王說。王天海不引王念孫說，竊作己說，云：「縱之，放縱其朝死而夕忘之心。」俞樾則曰：「按『從』字注及《正義》皆無解，《釋文》無音，則當讀如本字。『從』與『由』同義，上云『將由夫患邪淫之人』，與此云『然而從之』，從即由也。下文曰『然而遂之』，遂即從也。《荀子‧禮論篇》作『然而縱之』，蓋後人不得其旨而加糸旁耳。王氏《經義述聞》謂當從《荀》作『縱』，非是。」〔註 96〕俞說義長，此則王天海所不知也。

## （53）母能食之，不能教誨之

楊倞注：食者飼也。

---

〔註 92〕《白帖》在卷 95，皆作「啁啾」。

〔註 93〕參見蕭旭《古國名「渠搜」命名考》，收入《群書校補（續）》，花木蘭文化出版社 2014 年版，第 2159～2166 頁。

〔註 94〕《御覽》卷 44 引「啁啾」同，《太平寰宇記》卷 80 作「啁唽」（四庫本誤作「啁唽」），《後漢書‧郡國志》劉昭注引郭義恭《廣志》亦作「啁唽」，《水經注‧淹水》同，義略異。《楚辭‧九辯》洪興祖補注：「啁唽，聲繁細貌。」

〔註 95〕王念孫說轉引自王引之《經義述聞》卷 16，江蘇古籍出版社 1985 年版，第 389～390 頁。

〔註 96〕俞樾《群經平議》卷 22，收入王先謙《清經解續編》卷 1383，上海書店 1988 年版，第 5 冊，第 1154 頁。

按：王天海曰：「楊注『飼』原作『嗣』，此徑改。別本又作『食音嗣也』，是改『者』作『音』也。」王校非是，當從別本，摹宋本「者」是「音」形誤。《儀禮經傳通解續》卷 11 引正作「食，音嗣」。古注「食音嗣」者不可勝舉。

## （54）皆使其須足以容事

楊倞注：須，待也。謂所待之期也。

按：王引之曰：「須者，遲也（《論語》樊須，字遲）。謂遲其期，使足以容事也。」豬飼彥博曰：「『須』當作『頃』，間也。」楊柳橋曰：「須，謂留止。」王天海曰：「須，需也。」王引之、楊柳橋說是，王先謙從王說。王天海說誤。

## （55）祭者，志意思慕之情也

按：王念孫曰：「『情』與『志意』義相近。『情』當爲『積』。」鍾泰曰：「『情』字不誤，下文云『其於志意之情者』，王氏說非也。」駱瑞鶴亦駁王說。劉禾曰：「志者，誌也，義爲標誌、表明。意者，義爲內心。即表明內心思慕的眞情。」李亞明曰：「情，當讀爲誠。誠者實也。」龍宇純曰：「『情』或是『憒』字之誤。」王天海曰：「情者，情形也。諸說未切。」鍾泰、李亞明說是。《禮記·祭統》：「夫祭者，非物自外至者也，自中出生於心也……祭者，所以追養繼孝也。」可移以釋此文。